建筑装饰企业管理实战要领

主　编　张绪海
副主编　江　程　宋　辉
主　审　晏绪飞

中国建筑工业出版社

图书在版编目（CIP）数据

建筑装饰企业管理实战要领 / 张绪海主编；江程，宋辉副主编 .—北京：中国建筑工业出版社，2022.5
ISBN 978-7-112-27361-4

Ⅰ.①建… Ⅱ.①张…②江…③宋… Ⅲ.①建筑装饰—建筑企业—企业管理—研究—中国 Ⅳ.①F426.9

中国版本图书馆CIP数据核字（2022）第070597号

本书系统、全面地阐述了建筑装饰企业的管理要点，总结企业管理理论，将装饰行业特点和实践经验相结合。本书共分综合管理、专业管理、要素管理、管理基础工作四大部分，每个部分都有具体的各项管理活动要求和管理要点。

责任编辑：张　磊　杨　杰
责任校对：张　颖

建筑装饰企业管理实战要领

主　编　张绪海
副主编　江　程　宋　辉
主　审　晏绪飞

*

中国建筑工业出版社出版、发行（北京海淀三里河路9号）
各地新华书店、建筑书店经销
北京点击世代文化传媒有限公司制版
天津翔远印刷有限公司印刷

*

开本：787毫米×1092毫米　1/16　印张：19　字数：391千字
2022年6月第一版　　2022年6月第一次印刷
定价：**69.00**元
ISBN 978-7-112-27361-4
（38884）

版权所有　翻印必究
如有印装质量问题，可寄本社图书出版中心退换
（邮政编码　100037）

本书编委会

主　编：张绪海

副主编：江　程　宋　辉

编　委：向海威　徐仁莲　刘　挺　刘凌峰

主　审：晏绪飞

序 一

近年来，伴随着城镇化进程的不断推进，城乡居民可支配收入增加，促使人们越来越注重人居环境改善。中国建筑装饰市场持续发展壮大，虽然受国家经济结构性改革和房地产分类调控的影响，传统以房地产为依托的建筑装饰业务趋向萎缩，但生态修复、城市更新、老旧小区改造、智慧城市等成为新的市场热点，极大地刺激了建筑装饰的内在需求，不断推动建筑装饰企业转型升级、快速成长。

我国建筑装饰行业起步晚，从1981年我国成立第一家深圳海外装饰公司算起，迄今也不过40年。回顾40年，我国建筑装饰行业发生了天翻地覆的变化。2019年我国建筑装饰行业总产值已经达到4.6万亿，占国民经济总量已经达到4.6%。市场集中度不断提升，行业龙头企业发展迅猛，A股上市公司数量达到24家，苏州金螳螂建筑装饰股份有限公司入围中国500强企业。此外，中国建筑装饰行业在立足本土市场的基础上，充分利用"一带一路"倡议等合作契机，积极拓展海外市场，取得了较好成绩。目前，中国建筑装饰行业已形成以公装、家装及幕墙为主业的格局，并辐射上下游产业的全产业链发展，涌现出一批资质高、规模大、具有一定市场影响力的中高端企业。

当前，建筑装饰行业市场增速放缓、行业利润率连续下滑，面临诸多问题及挑战。一方面宏观形势不容乐观。宏观经济形势仍然复杂严峻，为装饰企业发展带来较多不确定性，集中体现在行业人工、材料涨价较快，业主资金困难导致工程款拖欠，地产行业部分龙头房企经营困难造成危机传导，如此种种导致行业面临巨大压力。另一方面行业改革步入阵痛期。近两年备受装饰行业关注、倍感危机的主要有建筑工程总承包制和资质改革。实行总承包制，市场及利润空间被压缩，资质合并乃至逐步取消使不少企业一度产生了迷茫和恐慌。同时随着行业增长势头减缓，市场竞争进一步加剧。近年来我国建筑装饰行业企业数量表现出稳定的减少趋势，5年时间里减少了24%，未来装饰市场份额将加快向龙头公司聚集。另外"双碳""能耗双控"挑战严峻，趋势上也要求装饰企业通过科学管理、技术创新与采用"节约资源、保护环境、减少排放、提高效率、保障品质"的建造方式相结合，实现绿色健康装饰。

建筑装饰行业由大大小小十数万家企业汇聚而成，做好企业管理，行业矛盾和风险将得到很大程度的化解。建筑装饰行业门槛偏低，竞争激烈，获取市场难；质量要求高，安全责任大，业主需求不一；材料、人工等下游资源依赖性高，议价空间小，企业利润薄。上述种种都是摆放在企业管理者面前的难题，需要下力气解决。绪海同志从事建筑装饰行业工作多年，担任过装饰企业主要负责人。他认为抓好企业管理是建筑装饰企业发展的有效途径。有些企业在企业经营管理过程中，把市场和管理对立起来，崇尚偶然经营、机会经营，忽略市场营销也是企业管理的重要组成部分，这样的发展是不全面的，也是不可持续的。项目是建筑装饰企业管理的中心，以项目为中心统筹企业管理，接项目、干项目、靠项目盈利，丰富管理活动；履约是项目管理的大局，以履约为主线开展项目活动，项目部对业主负责，奉献精品、提供服务，对企业负责，赚取利润、培养人才，落实企业管理的各项要求。建筑装饰企业管理必须立足"二基"、把握"三点"、解决"四要求"，即，立足于企业自身的基本情况和各项管理的基本要求，把握管理工作的特点、重点、难点，解决好装饰业务的聚焦、为承接和履约项目服务、对各类风险的防控以及企业利润的获取。建筑装饰企业管理朴素平淡，不应该也不能追求波澜壮阔，必须不折不扣地带动、引导、督促企业各管理主体做好每一项管理活动，扎扎实实地完成好管理活动的每一个环节工作。我在建筑企业和装饰行业工作40多年，对他的这些观点是非常赞同的。行业里这些年一批企业登陆资本市场，开辟了建筑装饰企业管理的新境界，极大丰富了企业管理的要求和内容、追求和使命，这是非常令人高兴和振奋的，但是以从事建筑装饰业务为主要业务的企业管理还是一刻也不能好高骛远，这本要典的总结对于促进行业企业管理是大有裨益的。

建筑装饰行业是朝阳行业，常做常新，新时代新人，新手段新法。我对建筑装饰行业充满热爱，也对建筑装饰企业深怀感情。绪海同志嘱我作序，借此机会我祝愿建筑装饰行业常青，建筑装饰企业茁壮成长。

中国建筑装饰协会会长
刘晓一
2021年12月8日

序 二

建筑装饰企业管理活动内容丰富、形式多样、事务繁杂，如何统筹好整体和局部、重点和一般、当前和长远，落实"科学、常态、高效"的管理要求，全面提升工作质量，是每个管理者需要认真思考和积极实践的重要问题。探求管理规律，总结管理特性，把握管理原则，是合格管理者的基本素养。在日常工作中，至少有以下十个方面的管理特性需要引起管理者的高度重视。

一是规律性。正确的认识指导正确的行动，管理者必须掌握规律、遵循规律、运用规律，推动企业在科学规范的轨道上运行。规律反映了事物发展的客观要求，是企业实现科学管理的必然选择。离开规律的指导，企业管理工作就容易出现经验主义错误，产生盲目性倾向，经营发展就会受到阻碍。在知识经济时代，发现规律、运用规律的能力，已经成为企业管理者必须具备的基本素质。

具体来讲，要认识市场经济规律，特别是价值规律、竞争规律和供求规律等，实现分析形势、把握大局、科学决策的目的；要探求行业发展规律，推进工厂化施工，推广新材料、新技术、新工艺和新设备，改善企业管理机制，提高企业竞争能力；要掌握企业运营规律，结合现代企业管理要求，建立符合自身特点的企业管理模式，推行目标管理、量化管理、流程管理，提高企业运行的精细化和高效化程度；要运用专业管理和项目管理规律，使企业在市场营销管理、财务资金管理、工艺技术管理、物流采购管理等方面始终处于较高水平。作为建筑装饰企业，更要充分运用现代项目管理理论，围绕成本、工期、质量、安全、环保、效果六大目标开展高效有序的管理工作；要遵循人才成长规律，培育人才队伍、提升人才素质、凝聚人才力量、发挥人才作用，实现人才与企业共成长。

二是原则性。发现原则、提炼原则、落实原则，是管理者处理事务的核心要求。原则是指导工作开展的方针和准绳，只有掌握了原则，处理事务才能"随心所欲不逾矩"，从而提高效率、完善结果。合格的管理者必须不断地学习知识、丰富经验，提升驾驭管理原则的能力。同时，必须要坚持原则性与灵活性相结合，缺乏灵活性的原则是教条的原则，会在实践面前败下阵来。

企业管理工作应该遵循以下原则：一是全面原则，管理覆盖企业经营、生产乃至文化、党群活动的一切领域,必须时时讲、处处讲;二是重点原则,凡事皆有重点与一般,把握不住重点,容易走偏,重点抓不好,难有成效;三是持续原则,管理必须实现持久,讲求传承,并保持持续改进,不可进行掠夺式管理;四是匹配原则,市场无疆,资源有限,管理必须与企业掌控的资源相匹配;五是简单原则,要化繁为简、以简驭繁,重执行,找规律,求实效;六是有效原则,以结果检验过程,追求结果至上;七是"四从"原则,从快、从细、从严、从实,追求高效、科学、精细、务实的管理。

三是预见性。预见性是指管理者对尚未发生的管理活动进行预先判断,提前采取应对措施。预见性强调见微知著,对管理活动中的各种倾向和征兆,管理者必须尽早察觉,发现问题,引正纠偏,使管理的整个过程保持正确方向。当前,深入开展项目策划管理是提高管理预见性的具体要求。通过制订科学的项目施工、商务、安全、环保等管理规划,并结合实际情况严格落实,可以化解管理风险,提高执行效率。增强管理预见性离不开长期的实践,特别是管理意识的提升、管理知识的丰富和管理经验的积累。同时,管理预见性也来自高度的责任感,做管理的"有心人",才能厚积薄发,于细微处明察秋毫,于刹那间洞穿变易。

在实践中,缺乏预见性制约着管理者能力的发挥,由于对变化情况缺乏判断或者判断不全,导致管理陷入被动局面。其原因主要在于,一是管理知识和经验的缺乏;二是信息渠道不畅通、信息不对称;三是警惕意识不强,存在侥幸心理;四是应急机制不健全。若想成为一名优秀的领导者,必须通过提高管理预见性,强化管理效能,提升管理水平。

四是针对性。管理针对性强调员工具体的工作方向和目标。日常工作在按部就班中开展,却时刻瞄准发展的方向,关注阶段性的重点。每个管理人员头脑中,必须对自己工作有着清晰的方向和概念,这源自对企业战略目标的认识,源自对企业方针的内化和具化。比如,以部门责任状为代表的方针目标管理要在企业得到全面推行,部门管理人员一定要时刻注重部门工作的进展情况,以责任状为管理总纲,以目标方针展开图为指导,分阶段、有重点、有计划地推进各系统管理工作。

坚持管理的针对性,尤其要做到抓住重点工作和工作的重点内容。解决好重点问题和问题的重点方面,一般问题就会迎刃而解,管理效率就能得到提升。骨干员工还要突出亮点工作,把管理的一般性要求与部门的针对性工作进行有机结合,体现出自身特色。抓重点、盯热点、补弱点、破难点、推亮点,是抓好管理的五点基本要求。

五是及时性。"日事日毕,日清日高",海尔的管理法则对管理及时性作了最好的诠释。及时性源自商业竞争的需要,商机转瞬即逝,容不得半点拖延,快人一步,胜人一筹。及时性源自流程控制的需要,流程管理具有明确的时间要求,丧失及时性的流程是失败的流程。及时性源自管理条件的需要,管理必须"趁势而为",方可事半功倍,缺少"东风"相助,唯有空留遗憾。及时性源自提升效率的需要,运行快速、节奏良好的管理系统，必然会为企业带来实际的效益。

管理不及时是管理惰性的具体表现。提倡"快、细、严、实"的工作作风，提倡"抢前争先"的工作态度，其目的在于克服惰性，实现"管理从容"，也是管理常态化的基本要求。建筑装饰施工"短、平、快"的特性，使资源、时间等矛盾相对集中，及时解决问题是有效避免矛盾累积，理清管理思绪，保证工作有序的重要方法。

六是确定性。确定性就是强调管理要明确，对工作落实到位、交接细致、考虑周全，不可含糊不清。举例而言，施工技术交底是最能够体现确定性要求的基础管理工作，对施工部位、时间要求、质量标准、操作流程、材料消耗等，必须明确而具体。管理指示明晰是管理者对工作负责、对同事负责的表现。管理者要善于将简单的指令复杂化，就是要考虑到问题的各个方面，对执行中的风险进行预防，对执行过程进行控制，以确保效果。

管理的确定性是管理者的基本工作要求。然而，国内企业在精确管理方面仍有较长道路要走。管理目标不具体、工作标准缺乏量化、考核监督随意性大等问题显而易见。企业尽可能开展管理量化活动，就是要系统地推进企业管理确定性。通过管理量化，实现目标更具体、流程更清晰、职责更明确的目的。

七是计划性。计划、组织、指挥、协调、控制是管理的基本内容，而计划是管理的首要职能。"凡事预则立，不预则废"，"自古不谋万世者，不足谋一时；不谋全局者，不足谋一域"。计划是贯穿管理活动的主线，计划越科学、细致、周全，管理工作就越清晰，纠正与控制就越明确，执行效率就越高。每项工作一旦启动，就如同运转中的机器，每个齿轮相互咬合，按自身节奏转动，计划就是设计机器的蓝图。离开了计划，或者计划水平低下，就容易打乱仗。领导者如同救火队长，四处奔波，疲于奔命，管理的有效性就无从谈起。

加强管理计划性是提高企业管理水平的重要途径。一些企业计划管理工作在部门和项目层次得到广泛推行，但是在材料采购、劳务管理等工作中，仍存在计划不严、落实不实、执行不力等问题，必须花大力气尽快解决，使目标更明确，标准更准确，措施更具体，考核更科学。计划精细性直接决定了管理精细化程度，项目策划更是指导项目提高管理水平的首要工作。树立计划优先、计划严密、计划科学的认识，对于企业发展具有非常重要的意义。

八是系统性。企业必须要求每一位管理者建立系统全面的思维习惯，不可一叶障目，不见泰山。用系统的眼光看待问题，是从根本上解决矛盾的基本思维方式。世间事物广泛联系，管理的系统性源于管理的复杂性。剖开管理工作，可以发现，构成矛盾的内因，涉及不同的管理系统。比如，项目成本控制的问题，就涉及商务管理、财务管理、采购管理、项目管理、甚至绩效管理等多方面内容，如果仅抓住一点，而不从全盘进行控制，就无法实现成本控制的目标。

在企业规模快速扩张的形势下，管理系统性更显重要。面对日益扩张的经营、生产规模，要想取得良好的效益，就必须贯彻系统管理的思想，兼顾管理工作的各个层面。抓经营规模的扩张，也要追求经营质量的提升；抓项目进度控制，同时也确保质量、安全、成本目标的实现；抓市场开拓，更要注重从源头控制风险。工作目标要具备系统性，企业管理更讲求系统性。解决一个管理问题，必须要协调各系统、各部门的力量，从剖析矛盾、研究对策、理清职责、制订日程、检查监督等各方面入手，分阶段、分重点进行推进，根除隐患，提升效能。可以说，系统论是管理科学的重要理论基础。

九是组织性。组织是构成企业的肌体，组织机构设置是否科学、合理、严密，直接决定了企业的执行效率，决定了企业应对市场环境变化的能力。在成本竞争日益激烈的今天，组织"扁平化"的要求越来越突出，既要保证管理职能的实现，又要最大限度控制企业成本、发挥企业效能。组织对员工的基本要求是遵循组织秩序，严格按照组织规定的程序和方法处理事务，以减少摩擦，保证方向一致。

在具体工作上，要加强组织建设，使各系统管理职能在总部和分支机构得到充分发挥，特别是生产管理系统、财务管理系统等，必须实现管理的全面覆盖；要推进组织人才培养，为企业发展储备专业性人才，形成干部队伍的梯队式结构；要强调组织纪律，不折不扣地落实管理制度，充分发挥机关"五型三部"职能，确保项目运行顺畅有序，提升管理执行力；要体现组织关怀，在工作、生活、学习等方面为员工创造良好环境，使企业成为员工成长与发展的平台。

十是成果导向性。管理重在实践，"结果至上"是检验管理有效性的根本法则，达不成结果的管理行为，对于追求卓越的管理者而言，显得苍白无力，只能证明管理的过程存在欠憾。追求成果导向性，既要设定明显的目标，更要规定详细的路径；既要开展全面细致的策划，更要时刻掌握管理的全部过程；既要掌控管理大局的进展，更要关注每一个管理细节。唯有管理成果最终实现，管理循环方可闭合。

强调成果导向性，需要关注过程，并且用成果来检验过程；强调成果导向性，要提倡"敢于成功、善于成功"，坚持用比较高而实际的标准对待各项工作，追求"谋其上，得其中，谋其中，得其下"；强调成果导向性，要坚持"守正出奇、自强不息"，不畏惧过程的艰难，采取灵活的方法和手段；强调成果导向性，必须反对不择手段，反对歪门邪道，追求个人、集体和社会的共同利益。

管理十性从内容上讲，既是所有追求卓越的管理者应不断修炼的内功，在功能上，针对不同层次的管理者又各有侧重。掌握规律、把握原则、提高管理预见性是决策者，尤其是公司和分公司领导引导企业沿正确方向又好又快发展的保障。处于上传下达、协调执行的中层管理人员，尤其是部门负责人和项目经理，需着重在计划性、系统性和组织性原则上下功夫。而处于具体操作层的员工，要提高工作能力，提升工作效率，重点在于不断增强管理的针对性、及时性和确定性。各层次管理者必须在坚持基本准则的条件下着重提升在某些方面的管理水平和能力。在日常工作中，管理人员要自觉树立管理意识，提升管理标准，加强管理训练。通过持之以恒的有效锻炼，必将极大促进管理技能的提升，从而使企业管理工作持续进步。

  这是我十五年前的一篇旧文，表达了对建筑装饰企业管理的一些功能性、职能性认识，这里刊发作序，以期世界同仁批评指正。

张绪海

2021 年 12 月 12 日

前 言

建筑装饰是指为使建筑物内、外部空间达到预期的实用或美化效果以及环境质量要求，使用装饰装修材料，对建筑物外表和内部进行修饰处理的工程建筑活动。建筑装饰集设计、生产、技术、工艺、产品于一体，比传统的建筑业更注重环境和艺术效果，具有实用性、舒适性、艺术性、多样性和可重复更新性等特点。

伴随着建筑装饰行业市场规模不断扩大，行业竞争也愈发激烈，呈显著分化趋势，一些适应不了市场竞争的中小企业逐步被淘汰。资质优良、管理机制健全的中高端装饰企业得以快速发展壮大，以中建装饰集团、上海建工装饰、中建不二幕墙装饰等为代表的国有装饰企业，以金螳螂、浙江亚夏、江河集团、广田集团等为代表的上市企业，近些年经营规模持续扩大，收入增速整体加快，综合竞争力持续加强，推动行业朝着更为集中的方向发展。

由此可见，现代化企业管理对建筑装饰企业的重要性不言而喻，优质高效的管理体系和机制能够有力推动企业实现快速发展。而那些逐步被市场所淘汰的企业要么存在无管理制度、无管控意识、施工组织混乱、施工成本控制意识淡薄等问题，要么就是单纯仿照建筑工程的管理方法，没有结合装饰行业的特性和自己的实际情况建立相适应的管理制度，导致管理效率低下、经济效益不佳。对于建筑装饰企业而言，要想在激烈的市场竞争中占有一席之地，就必须要认清装饰行业发展趋势，顺势而为，充分运用现代化企业管理理念，注重与建筑装饰行业发展及特性相结合，与企业实际相结合，持续强化内控体系，优化完善管理机制，不断提升自身的管理水平，从而实现高质量发展。

为系统、全面地阐述建筑装饰企业管理要点，我们根据企业管理理论，将装饰行业特点和实践经验相结合，将本书分为综合管理、专业管理、要素管理和管理基础工作四大部分，每个部分都有具体的管理活动要求和管理要点。其中，综合管理部分主要包括战略、组织、项目和文化管理等，专业管理部分主要包括市场营销、生产、设计、质量、安全、合同商务管理等，要素管理部分主要包括人力资源、技术、财务资金、劳务、物资、机械设备管理等，管理基础工作部分主要包括合规和风险、标准化、信息化、文件档案、定额计量、统计管理等。本书主要有以下特点：一是与专业贴近，注重将装饰行业特有的特点与管理理论、实践相结合,更加强调行业特性,切合建筑装饰企业实际情况;二是与应用共生,本书汇编的管理要点除了传统的管理方法之外,还结合实践经验总结出了一些更加实用有效的管理流程和案例,既方便理解,又可以结合实际直接应用操作;三是与简单偕行,通过对管理概念特点把握,钩玄提要,尽可能抓住每一项管理的重点、难点,促进理解把握。

本书主要适用于建筑装饰企业管理人员及在校大中专学生,希望通过本书的提示,比较全面、系统地认识了解建筑装饰企业的管理体系、要点和流程,更加全面地提升自身综合素养,注重将理论知识运用到实际工作中,为企业的发展贡献力量。由于水平有限,认识和理解难免有局限偏颇,不足之处敬请读者批评指正。

目 录

第1章 小宏观视角：综合管理 ··· 001

  1.1 建筑装饰企业战略管理 ·· 001
      1.1.1 基本概念 ·· 001
      1.1.2 主要特点 ·· 002
      1.1.3 管理难点 ·· 002
      1.1.4 管理重点 ·· 003
      1.1.5 管理要点 ·· 007
      1.1.6 模板推荐 ·· 008

  1.2 建筑装饰企业组织管理 ·· 009
      1.2.1 基本概念 ·· 009
      1.2.2 主要特点 ·· 010
      1.2.3 管理难点 ·· 010
      1.2.4 管理重点 ·· 011
      1.2.5 管理要点 ·· 013
      1.2.6 模板推荐 ·· 019

  1.3 建筑装饰企业项目管理 ·· 022
      1.3.1 基本概念 ·· 022
      1.3.2 主要特点 ·· 022
      1.3.3 管理难点 ·· 022
      1.3.4 管理重点 ·· 023
      1.3.5 管理要点 ·· 024
      1.3.6 典型案例 ·· 029
      1.3.7 模板推荐 ·· 030

  1.4 建筑装饰企业文化管理 ·· 034
      1.4.1 基本概念 ·· 034
      1.4.2 主要特点 ·· 035

		1.4.3 管理难点	035
		1.4.4 管理重点	036
		1.4.5 管理要点	036
		1.4.6 模板推荐	039

第 2 章 直面业务链：专业管理 ········· 043

2.1 建筑装饰企业市场营销管理 ········· 043
- 2.1.1 基本概念 ········· 043
- 2.1.2 主要特点 ········· 044
- 2.1.3 管理难点 ········· 044
- 2.1.4 管理重点 ········· 045
- 2.1.5 管理要点 ········· 045
- 2.1.6 经典案例 ········· 049
- 2.1.7 模板推荐 ········· 050

2.2 建筑装饰企业生产管理 ········· 053
- 2.2.1 基本概念 ········· 053
- 2.2.2 主要特点 ········· 053
- 2.2.3 管理难点 ········· 053
- 2.2.4 管理重点 ········· 054
- 2.2.5 管理要点 ········· 054
- 2.2.6 典型案例 ········· 055
- 2.2.7 模板推荐 ········· 056

2.3 建筑装饰企业设计管理 ········· 058
- 2.3.1 基本概念 ········· 058
- 2.3.2 主要特点 ········· 058
- 2.3.3 管理难点 ········· 058
- 2.3.4 管理重点 ········· 059
- 2.3.5 管理要点 ········· 059
- 2.3.6 典型案例 ········· 061
- 2.3.7 模板推荐 ········· 062

2.4 建筑装饰企业质量管理 ········· 064
- 2.4.1 基本概念 ········· 064
- 2.4.2 主要特点 ········· 064
- 2.4.3 管理难点 ········· 064

		2.4.4	管理重点	065
		2.4.5	管理要点	065
		2.4.6	典型案例	069
		2.4.7	模板推荐	070
	2.5	建筑装饰企业安全环境、职业健康管理		072
		2.5.1	基本概念	072
		2.5.2	主要特点	072
		2.5.3	管理难点	073
		2.5.4	管理重点	073
		2.5.5	管理要点	074
		2.5.6	典型案例	076
		2.5.7	模板推荐	077
	2.6	建筑装饰企业合同商务管理		083
		2.6.1	基本概念	083
		2.6.2	主要特点	083
		2.6.3	管理难点	084
		2.6.4	管理重点	084
		2.6.5	管理要点	085
		2.6.6	典型案例	094
		2.6.7	模板推荐	095

第3章 有限的资源：要素管理 ········ 109

3.1	建筑装饰企业人力资源管理		110
	3.1.1	基本概念	110
	3.1.2	主要特点	110
	3.1.3	管理难点	110
	3.1.4	管理重点	111
	3.1.5	管理要点	111
	3.1.6	模板推荐	125
3.2	建筑装饰企业技术管理		129
	3.2.1	基本概念	129
	3.2.2	主要特点	129
	3.2.3	管理难点	129
	3.2.4	管理重点	130

3.2.5	管理要点	……………………………………	130
3.2.6	典型案例	……………………………………	133
3.2.7	模板推荐	……………………………………	134

3.3 建筑装饰企业财务资金管理 …………………………………… 136

3.3.1	基本概念	……………………………………	136
3.3.2	主要特点	……………………………………	136
3.3.3	管理难点	……………………………………	136
3.3.4	管理重点	……………………………………	137
3.3.5	管理要点	……………………………………	137
3.3.6	经典案例	……………………………………	145
3.3.7	推荐模板	……………………………………	147

3.4 建筑装饰企业劳务管理 …………………………………… 153

3.4.1	基本概念	……………………………………	153
3.4.2	主要特点	……………………………………	153
3.4.3	管理难点	……………………………………	153
3.4.4	管理重点	……………………………………	154
3.4.5	管理要点	……………………………………	155
3.4.6	典型案例	……………………………………	159
3.4.7	模板推荐	……………………………………	160

3.5 建筑装饰企业物资材料和供应链管理 …………………………………… 169

3.5.1	基本概念	……………………………………	169
3.5.2	主要特点	……………………………………	169
3.5.3	管理难点	……………………………………	169
3.5.4	管理重点	……………………………………	170
3.5.5	管理要点	……………………………………	171
3.5.6	典型案例	……………………………………	176
3.5.7	模板推荐	……………………………………	178

3.6 建筑装饰企业机械设备管理 …………………………………… 192

3.6.1	基本概念	……………………………………	192
3.6.2	主要特点	……………………………………	192
3.6.3	管理难点	……………………………………	192
3.6.4	管理重点	……………………………………	193
3.6.5	管理要点	……………………………………	194
3.6.6	典型案例	……………………………………	197

  3.6.7 模板推荐 ·· 198

第4章 扎实打基础：管理基础工作 ·························· 207
4.1 建筑装饰企业合规和风险管理 ·························· 208
  4.1.1 基本概念 ·· 208
  4.1.2 主要特点 ·· 208
  4.1.3 管理难点 ·· 208
  4.1.4 管理重点 ·· 209
  4.1.5 管理要点 ·· 210
  4.1.6 推荐模板 ·· 212
4.2 建筑装饰企业标准化管理 ·································· 216
  4.2.1 基本概念 ·· 216
  4.2.2 主要特点 ·· 217
  4.2.3 管理难点 ·· 217
  4.2.4 管理重点 ·· 218
  4.2.5 管理要点 ·· 219
  4.2.6 流程图及模板 ·· 223
4.3 建筑装饰企业信息化管理 ·································· 227
  4.3.1 基本概念 ·· 227
  4.3.2 主要特点 ·· 227
  4.3.3 管理难点 ·· 227
  4.3.4 管理重点 ·· 228
  4.3.5 管理要点 ·· 229
4.4 建筑装饰企业档案管理 ···································· 232
  4.4.1 基本概念 ·· 232
  4.4.2 主要特点 ·· 233
  4.4.3 管理难点 ·· 233
  4.4.4 管理重点 ·· 234
  4.4.5 管理要点 ·· 235
  4.4.6 模板推荐 ·· 236
4.5 建筑装饰企业定额和计量管理 ·························· 247
  4.5.1 基本概念 ·· 247
  4.5.2 主要特点 ·· 248
  4.5.3 管理难点 ·· 248

	4.5.4 管理重点	248
	4.5.5 管理要点	249
4.6	建筑装饰企业统计管理	258
	4.6.1 基本概念	258
	4.6.2 主要特点	258
	4.6.3 管理难点	259
	4.6.4 管理重点	260
	4.6.5 管理要点	261
	4.6.6 推荐模板	268
4.7	建筑装饰企业沟通与冲突管理	273
	4.7.1 基本概念	273
	4.7.2 主要特点	273
	4.7.3 管理难点	274
	4.7.4 管理重点	275
	4.7.5 管理要点	278
	4.7.6 典型案例	281

项目是中心——代后记 ······ 283

第1章 小宏观视角：综合管理

随着建筑装饰市场竞争日趋激烈和行业分工越来越细，要求装饰企业必须解放思想、转变观念，根据市场需求、发展形势和自身实际，制定科学合理的战略规划，更加注重组织体系、机制建设，承接优质工程，实现优质履约，从而实现企业的健康可持续发展。本章对建筑装饰企业战略、组织、项目和文化等综合管理的基本概念、重难点和操作要点进行了详细阐述。

建筑装饰企业战略管理是从宏观层面对企业的发展目标、使命等全局性、长远性重大问题进行管理规划；组织管理是以实现内部资源高效配置为目标，对企业的体系架构和权责进行设计，对组织绩效进行考核；项目管理是从装饰企业生产单元载体着手，对生产经营全过程行为进行规范管理；企业文化管理是以文化建设和氛围营造为手段，统一员工意志、规范行为、凝聚力量，为企业发展服务。上述内容归纳在本章节，可以使读者更加全面、系统地认识建筑装饰企业管理之大者，有效应用到实践中，达到优化建筑装饰企业管理体系的目的。

1.1 建筑装饰企业战略管理

1.1.1 基本概念

战略管理是指建筑装饰企业根据组织外部环境和内部条件设定战略目标，并为确保目标实现进行谋划和实施，以及在实施过程中进行控制的动态管理过程。

战略规划是企业战略管理的核心，是建筑装饰企业制定的相对长远、全面的发展计划，表达了对企业基础、长期的整体认知，一般以五年为期，短则三年，长可十年。

建筑装饰企业制定战略规划，有利于明确战略目标和路径，建立企业和员工的共同愿景，增强员工对组织的归属感和奉献精神，促进企业发展目标的实现。

1.1.2 主要特点

1. 方向性

方向是战略管理的灵魂，建筑装饰企业战略界定了企业的经营方向、愿景目标，明确了企业的经营方针和行动指南，筹划了实现目标的发展轨迹及指导性的对策和措施，为企业经营管理活动提供了明确的方向。

2. 中长远性

企业战略着眼于长期生存和长远发展，确立中长期目标，谋划实现目标的发展轨迹及管理对策、措施。同时，为实现战略目标，企业必须经历持续、长远的奋斗过程，除根据市场变化进行必要的调整外，战略措施不能朝夕令改，具有相对长效的稳定性。

3. 系统性

企业战略管理主要包括战略研究、战略设计、战略实施、战略评估和战略调整，各阶段相辅相成，融为一体，战略研究是战略设计的前提，战略设计是战略实施的基础，战略实施是战略评估的依据，而战略评估又为战略设计和实施提供保障。对战略管理各阶段进行系统设计和衔接，才能保证战略目标的整体实现。

4. 综合性

企业战略管理的综合性体现在多方面，一是管理内容的综合，它涵盖企业管理的多个方面；二是管理方式方法的综合，要运用多种管理方法来实现企业战略目标；三是管理的站位要体现综合，不能简单从局部专业角度抓企业的战略管理，要站在企业战略高度，运用战略思维、通过战略视角综合统筹管理战略。

1.1.3 管理难点

1. 战略意识不足

有的企业意识不到战略定位的重要性，企业成立和运行仅出于对地方资源的即时利用或短期出现的市场需求，缺乏长远的规划；有的企业认为环境或市场变化太快，制定长远的战略没有意义；还有的企业领导在做决策时考虑得不够透彻，不够长远，到了实战阶段发现存在较大漏洞，于是就会频繁更换战略；有的企业制定战略时或缺乏理性的分析，或缺乏量化的客观分析，习惯以经验代替战略。

2. 实施方案不具体

有的企业制定战略规划流于书面报告，没有明确的、切实可行的战略目标；有的企业生搬硬套教科书上的模型，战略制定出来后挂在墙上，目标体系分解不系统、不科学，波动性失衡，过程跟踪与指导失位，制定出来的战略可行性和操作性差。企业必须将战略落实在具体的生产经营过程中，将其量化为具体的、标准化的、规范化的行动方案，建立起战略实施的监督管理体系，保障战略的实施。

3. 缺乏战略定力和执行力

企业战略的价值归根结底在于它可以指导企业长远的发展方向。部分企业缺少战略定力，盲目追踪市场"热点"，短期内可能会给企业带来比较高的收益，但同时也潜藏着很大的风险，一旦市场"热点"转移，企业必将蒙受重大损失。所以，战略管理要务必坚定初心使命，切忌盲目追随"热点"。同时，战略制定以后要形成企业上下共识，有些企业战略共识不够，是不太可能有较强的执行力的。

1.1.4 管理重点

1. 战略环境分析

建筑装饰企业与其他社会组织一样，是一个开发的系统，必须与环境相交换。进行战略环境分析，是建筑装饰企业科学有效制定战略规划的前提。企业战略环境分析分为外部环境分析和内部环境分析。

1）外部环境分析

建筑装饰企业外部环境分析的目的在于确认和评价政治、经济、技术和社会文化等因素对于企业战略目标和战略选择的影响。根据对企业生产经营活动影响的方式和程度，一般可将企业外部环境分为宏观环境和行业环境两类，二者彼此关联、相互影响。

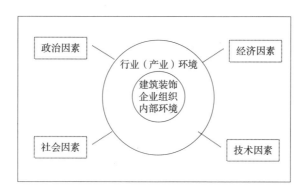

宏观环境分析通常从政治（Political）、经济（Economic）、社会（Social）和技术（Technological）这四类影响企业的主要因素进行分析（即 PEST 分析法）。建筑装饰属于建筑业范畴，受国家宏观经济政策（如政府基础设施建设、银行货币政策）、社会文化（如环境保护、资质准入）、技术进步（如建筑工业化、绿色装饰）影响极大，当开拓海外市场时，国内国际政治形势也会为重要的影响因素。当然企业可以根据实际情况灵活确定分析维度，无需面面俱到，例如：某建筑装饰企业从国际政治经济形势更加复杂多变、中国经济稳中向好的基本趋势没有改变、政府重大战略举措为企业发展提供空间等方面分析企业面临的宏观经济环境，得出充分加大竞争、适度扩大规模的环境分析意见。

行业（产业）环境分析通常从行业发展阶段、行业内产业结构及竞争态势、主要竞争对手情况等方面进行分析。行业发展阶段包括形成期、成长期、成熟期、衰退期四个阶段，每个阶段特点不尽相同，清楚认识行业发展所处阶段对企业制定战略至关重要，我国建筑装饰行业仍处于大有可为的成长期。行业内产业结构及竞争态势分析主要从行业上下游产业情况、行业企业集中及竞争情况、行业企业核心竞争力等角度进行分析。行业企业核心竞争力及竞争对手分析可选取行业龙头企业或同一梯队企业主要指标（比如营业收入、利润总额、营业收入利润率、经营性现金流、应收账款周转率、人均劳动生产率等）进行横向比较，以此发现企业的优劣势。

通过行业环境分析，建筑装饰企业可以明确行业发展特点及竞争程度，选择合理的战略方向，制定适宜的发展策略。

2）内部环境分析

企业内部战略环境是企业内部与战略有重要关联的因素，是企业经营的基础，是制定战略的出发点、依据和条件，是竞争取胜的根本。在《孙子兵法·谋攻篇》中，孙子曰："知彼知己，百战不殆；不知彼而知己，一胜一负；不知彼不知己，每战必殆"。企业内部环境分析有助于企业制定有针对性的战略，有效地利用自身资源，发挥企业的优势；同时避免企业的劣势，或采取积极的态度改进企业劣势。

企业内部环境分析角度可以从企业内部管理分析、市场营销能力分析、企业财务分析和其他内部因素分析等几个方面进行。企业内部管理分析包括计划、组织、激励、任用和控制五个职能领域，它们互相依赖、互相影响，计划是其他四种职能的基础。市场营销能力分析即从企业的市场定位和营销策略两方面来分析企业在市场营销方面的长处和弱点；企业财务分析可以从企业财务管理水平和企业财务状况分析两方面进行。其他内部因素分析主要从企业文化方面进行分析。

2. 战略选择

1）战略愿景和目标选择

（1）战略愿景选择

愿景就是企业未来要在什么领域成为一个什么样的企业。愿景是企业对未来发展的最重要的选择，选择好了愿景就是选择了企业整体的发展方向。

企业愿景的设定包括以下两个方面：第一，确认企业目的，企业目的就是企业存在的理由，即企业为什么要存在；第二，明确企业使命，企业使命和企业宗旨是同义语，是企业经营理念指导下，企业为其生产经营活动的方向、性质、责任所下的定义，它是企业经营哲学的具体化，集中反映了企业的任务和目标，表达了企业的社会态度和行为准则。

例如：建筑装饰行业龙头企业金螳螂的企业使命为"致力于改善人居环境"，企业愿景为"成为客户首选、员工自豪、同行尊重、社会认可的公司"，企业目标为"成为中国装饰行业持续领跑者"。

（2）战略目标选择

战略目标是企业为实现其愿景在一定时期内对主要成果期望达成的目标值。战略目标对企业发展速度与发展质量提出了要求。战略目标有两个核心选择：

①发展速度。企业的发展速度应该保持多少？是发展、维持，还是收缩？如果选择发展，是高速发展、中速发展，还是低速发展？这些通常是战略目标选择重要思考的课题。根据建筑装饰企业的特点，发展速度目标可以通过合同额、营业收入、利润总额等关键性指标来量化。在制定企业发展速度的过程中，可以同时制定低预期和高预期情形下的指标取值并组织实施，在低预期中明确发展速度的确保值，在高预期中明确发展速度的追求值，使企业发展做到既能仰望星空，又不忘脚踏实地。

②发展质量。企业发展过程中，发展质量应该保持什么样的水平？是速度优先，还是质量优先？这些通常是战略目标选择重要思考的课题。建筑装饰企业的发展质量同样可以通过具体的指标加以量化，包括净利润、资产负债率、应收账款周转率、经营性现金净流入、"两金"总量等。在具体目标制定时，可以通过确保值和发展值两套目标数值，将发展质量控制在合理范围之内，实现质量、效益与规模均衡发展。

2）业务战略选择

业务战略是将公司战略所包括的企业目标、发展方向和措施具体化，即给定企业的经营范围，在某一个具体的行业或市场中，一个业务单元如何去竞争并获取竞争优势。业务战略的本质是竞争战略，是企业对在未来业务发展方面的重大选择、规划及策略。

20世纪90年代末，美国著名战略学家迈克尔·波特提出了成本领先战略、差异化战略和集中化战略三种基本竞争战略。成本领先战略就是要最大努力降低成本，通过低成本降低产品价格，维持竞争优势，比如某建筑装饰公司通过集中采购、加强管理等方式降低企业成本，实现规模经济效益；差异化战略是指企业提供的产品或服务要别具一格，在功能或款式上对顾客有更大吸引力，比如某建筑装饰公司通过新型装饰材料研发及工业化生产，在批量住宅精装修方面为业主提供更加多样化、个性化服务，赢得竞争；集中化战略是指企业主攻某个特定的客户群、某产品系列的一个细分区段或某一个地区市场，比如某建筑装饰企业集中力量主攻高端酒店精装和医院洁净装修，竞争力强劲。实践中，采取哪种战略或哪几种组合战略要视企业所处环境、竞争位置、企业能力而定。

3）职能战略选择

职能战略是指企业为实现愿景、战略目标、业务战略，在企业职能方面的重大选择、规划及策略。职能战略首先要根据愿景、战略目标、业务战略，考虑整体上的核心发展能力；为实现核心发展能力，又进一步考虑市场营销战略、技术研发战略、生产履约战略、人力资源战略和财务投资战略。

企业整体核心发展能力（核心竞争力）可以从营销拓展能力、人力资源能力、财务资金能力等方面综合分析选定。建筑装饰企业市场营销战略选择通常包括品牌（资质）选择、目标区域及客户选择、客服战略选择等；技术研发战略选择通常包括设计战略选择、技术战略选择、研发战略选择等；项目履约战略选择通常包括项目组织战略选择、项目管控战略选择、项目成本战略选择等；财务资金战略选择通常包括筹资战略选择、投资战略选择、财务运营战略选择等；人力资源战略选择通常包括组织发展战略选择、人员配置战略选择、人员激励战略选择、人员开发战略选择等。

3. 战略实施

战略实施是战略管理过程第三阶段活动，它把战略制定阶段所确定的意图性战略转化为具体的组织行动，保障战略实现预定目标。战略实施常常要求企业在组织结构、经营过程、能力建设、资源配置、企业文化、激励制度、治理机制等方面作出相应的变化和采取相应的行动，也涉及对战略进行定期评估。

1）统一思想，广泛宣贯

建筑装饰企业作为劳动密集型企业，企业战略要实现全员知悉、全员认同、全员执行，在战略规划制定和实施过程中，要广泛宣传、研讨、沟通，统一全员思想，提高对企业和了解和对规划的认识，努力实现"上下同欲、左右对齐"。

2）目标分解，过程跟踪

战略规划编制不是一蹴而就，需要全过程，全周期地组织实施，才能取得理想的效果。在战略实施阶段，只有兼顾时间纬度、空间纬度、管理线条纬度、组织层级纬度等，多方面统筹考虑，才能确保目标体系分解到位。在此基础之上，还需要建立严格的过程跟踪与指导管理机制，形成"年初定标、过程监管、年末考核、次年调整"的动态循环目标管理体系，才能有效推进战略规划落地。

3）权责明晰，优化管控

建筑装饰企业一般实行"总部-项目部"组织层级，中大规模企业会有分支机构层级，企业集团可能还会有多层级分支机构。不同层级的组织职能定位不同，对企业权责利设计构成挑战，若权责利设计不当，对企业运行效率、战略落地将造成不良影响。建筑装饰企业要审时度势，以公司本部为起点，系统、合理地划分各层级权责利关系，实现公司层面"抓大放小"、分支机构"适度放权"、项目单位"规范履约"的理想状态。

4）定期评估，动态调整

战略实施是一项系统性工程，实施过程中需要建立完善的评估质询制度，在内外部环境因素发生重大变化时，及时对发展策略和措施做出调整，必要时对战略目标和方向进行调整。

1.1.5 管理要点

1. 战略规划体系

1）企业总体发展规划

（1）内外部环境分析：对公司内外部环境、现有核心业务的市场前景、经营状况、核心竞争力、问题和不足作出系统分析和综合评价。

（2）战略定位及目标：分析并确定公司使命、愿景、现有业务和新拓展业务的战略定位、发展目标及业务组合选择。

（3）核心业务发展策略：公司核心业务经营区域、发展目标和发展策略等。

（4）战略规划支撑与保障措施：包括组织机构管理、人力资源管理、资金管理、投资管理、市场营销、项目管理、科技研发、信息化建设、企业文化建设、法制建设等内容。

（5）资源配置安排：为实现公司的战略目标需要配置的资源类别、数量，并通过量化和表格化的形式予以体现。

2）企业专项规划

为确保企业总体规划落地，企业应当对规划的重大目标、事项及战术编制专项规划或方案。企业专项规划由相关部门在总体规划框架下牵头编写，参考的专项战略规划有：市场营销规划、项目管理规划、税务资金规划、人力资源规划、科技发展规划等。

2. 战略规划制定程序

（1）办公室牵头对战略规划编制工作进行全面策划，对战略规划编制工作的指导思想和原则、需重点研究的问题、战略规划的内容、战略规划的组织领导和时间安排等进行明确，经企业董事会审议通过后发布。

（2）办公室在全面调查研究的基础上，起草企业总体发展规划（征求意见稿），经企业战略管理委员会初审后，下发至各部门征求意见，必要时应组织召开务虚会及专题研讨会。

（3）办公室根据各方反馈意见对企业总体发展规划（征求意见稿）进行修改完善和专项论证后，再次提交企业战略管理委员会审议，并提交企业董事会审议、股东会审定通过后实施。

（4）若企业存在上级机构，总体发展规划还应报上级机构批准。

（5）企业相关部门依据企业总体发展规划编制相应的专项规划。专项规划应经过企业战略管理委员会立项批准后启动相关编制工作，并在征求相关部门意见后提交公司决策机构进行审批、发布实施。

3. 战略目标分解

在战略规划正式发布后，企业应将战略规划目标和重大举措按时间和责任主体逐级分解，并与年度预算和年度经营业绩考核挂钩，确保各项战略规划目标和措施实现。

4. 战略过程监控

在战略规划编制完成进入实施阶段后，公司要结合绩效考核工作，定期（原则上每年一次，内外部环境发生重大变化时适时）对战略规划分解目标和重大举措的落实情况进行检查。同时，公司总部部门应在各自专项检查当中就战略规划执行情况进行检查与督促。

5. 战略评估

经正式发布后的战略规划在有效期内原则上应保持相对稳定。如遇到外部环境（如宏观经济形势和行业政策等）和内部条件发生重大变化的情形，可以对战略规划进行适当修订并及时调整。

1.1.6 模板推荐

战略规划模板

前　言

大致包括宏观环境概述、行业发展环境分析、公司优劣势分析、公司面临的挑战和机遇等内容。

第一章　公司愿景及目标

一、愿景、定位

二、战略目标

（一）主要经济指标：

包括合同额、营业收入、利润总额、净利润、营业收入净利润率、资产负债率、应收账款周转率、经营性现金流入占营业收入比重、百元收入管理费等。

（二）企业文化建设目标：

（三）员工收入与成长目标：

（四）其他相关发展目标

三、总体发展策略

第二章　业务发展策略

四、××业务、××业务（可分述）

（一）业务定位

（二）业务目标

（三）业务关键要素配置

五、业务机构优化

第三章　区域发展策略

六、××区域、××区域（可分述）

（一）目标市场及区域定位

（二）区域目标

（三）关键要素配置：

（人力资源、客户资源、劳务资源、分供方资源等）

第四章　战略支撑措施

七、组织机构管理

八、人力资源开发

九、市场开拓

十、项目管理

十一、科技研发与应用

十二、标准化、信息化建设

十三、合规及风险管控体系、内控体系建设

十四、公共关系及品牌建设

十五、企业文化建设

第五章　战略规划执行

十六、战略目标的分解与考核

十七、战略规划运行情况的沟通与监控

十八、战略质询分评价

1.2　建筑装饰企业组织管理

1.2.1　基本概念

建筑装饰企业组织管理是指为了实现企业战略目标，设计形成组织内部的各个部门、各个层次之间固定的排列方式，明确各部门、各层级权利职责，对组织绩效进行考核，从而实现企业效益效能的一系列管理活动。其本质是为实现组织战略目标而采取的企业决策权划分以及部门分工协作体系,是企业经营管理活动开展的框架和载体。

1.2.2 主要特点

1. 战略匹配

企业组织管理必须以企业战略任务和经营目标为依据,并以实现企业战略任务和经营目标为最终目的,这是企业组织管理工作的出发点和落脚点。

2. 精简高效

企业组织管理要在统筹兼顾各层级、各部门、各岗位的分工协作基础上,尽力做到权责利对等一致,集权与分权相结合,机构与流程精简,最大限度提高组织运行效率。

3. 动态管理

企业组织结构要在保持相对稳定的基础上进行动态管理,要具有一定的柔性和较强的适宜性,能够在企业内外部环境发生较大变化时进行及时调整,保持对环境变化的适应能力。

1.2.3 管理难点

1. 企业战略方向不明,组织机构缺乏前瞻性

我国建筑装饰企业以中小企业居多,一些企业没有明确的战略目标,仅有大概的方向或年度经营计划,有的甚至就是摸着石头过河。企业组织机构往往是根据企业现有业务特点或现有人员能力设计,缺乏战略前瞻性,随着企业业务变化几乎年年都要调整。组织机构的频繁调整势必造成部门和人员频繁变动,增加企业的管理成本,降低管理效率。

2. 部门职责不清,出现职能重叠和空白

部门职责不清是组织架构中最常见的问题,建筑装饰企业主要表现在人力资源部和办公室在员工办公秩序管理上有重叠、市场商务和项目管理部门在物资采购、分包方管理上有重叠等。除了职能重叠外,职能空白也很常见,中小企业经常在战略规划和企业文化建设等方面的职能出现空白,这极容易造成部门之间产生矛盾,影响工作效率和质量。

3. 管理层级多,管理效率不高

管理层级包括两个方面,一是组织层级,二是岗位层级。建筑装饰企业一般规模不大,管理层级不宜过多。但有的公司组织层级达到3~4层,包括公司总部—子公司—分公司—项目部,造成信息传递、决策缓慢,管理效率低下;岗位层级从董事长到普通员工岗位层级超过6级,员工汇报工作要逐层逐级汇报审批,严重影响了工作效率。

4. 企业授权体系不健全，责权不统一

有序有效授权是企业高效运行的保障。一些企业由于内控体系不规范、健全，经常出现"一抓就死、一放就乱"情况，无法实施有效授权，造成权责不匹配，经常出现推卸责任情况，影响工作主动性，增加协调成本，影响企业运行效率。

5. 部门协同差，组织效率低

现代企业组织架构是在专业化分工的基础上建立的，但与此同时容易引发另外一个问题，就是部门壁垒严重，部门之间出现推诿和扯皮现象。解决部门壁垒除了营销协作配合的文化氛围、明晰完善部门职责外，通过建立横向沟通协调组织也是有效的措施。

1.2.4 管理重点

1. 组织架构设计

1）组织架构模式

根据传统组织管理理论，企业组织架构一般有直线制、职能制、直线职能制、事业部制、模拟分权制和矩阵制六种模式。根据建筑装饰企业特点，大多数中小型企业采用直线职能制，部分大型企业或企业集团有的会采用事业部制或模拟分权制。

直线职能制的优点是：既保证了企业管理体系的集中统一，又可以在各级行政负责人的领导下，充分发挥各专业管理机构的作用。其缺点是：职能部门之间的协作和配合性较差，职能部门的许多工作要直接向上层领导报告请示才能处理，这一方面加重了上层领导的工作负担；另一方面也造成办事效率低。为了克服这些缺点，可以设立多种横向综合协调委员会，或建立各种会议制度，起到沟通作用，以协调各方面的工作。

2）组织层级及定位

组织层级是从最高管理机构到最低管理机构的纵向划分，其实质是组织内部纵向分工的表现形式，主要是各种决策权在组织各层级之间的划分。管理层级的多少取决于公司的规模、组织的分散程度、管理者的能力、员工素质、市场环境的复杂性、公司集权程度等因素。管理层级如果过多，会导致组织臃肿、决策缓慢、反应迟钝、管理效率降低。

我国建筑装饰装修企业普遍规模不大，大部分企业适用于"公司总部—项目部"的单层级组织架构；较大规模企业可以采用两级组织层级，即"公司总部—区域分公司—项目部"；还有一些大型综合投资施工企业集团，装饰业务仅作为企业的一个业务板块，这样的企业集团一般采用三级组织层级，即"集团总部—专业公司—区域分公司—项目部"。

对于单层级组织架构，公司总部职能一般包括经营管理、市场开拓、资源配备、生产履约等，项目部在公司管理下从事生产服务活动；对于多层级组织架构，公司总部职能一般包括战略管控、资源调配、监督考核、重点经营和重点履约，大部分经营

生产职能下放至下级单位。

3）组织部门管理

部门划分即活动分组，是指按照一定的方式将相关的工作活动予以划分和组合，形成易于管理的组织单位，如部、处、科、室、组等，这些通称做部门。

在进行企业部门设置时，必须要根据企业层级定位，从价值链及价值创造出发，重点考虑：组织的定位和职能是什么，职能如何划分，管理层次如何划分。这三个问题考虑清楚了，设置几个管理部门、每个职能部门的职责权限是什么、各管理层级的功能作用就清晰了。

部门设置要重点做到：一是战略匹配、精简高效；二是职责清晰，不重不漏；三是目标均衡，避免忙闲不均；四是监督制衡，监督检查和业务部门分设；五是弹性灵活，随业务的需要而增减。

根据建筑装饰企业业务特点，对于小型企业，公司总部部门设置一般包括办公室、财务资金部、市场商务部、工程管理部、质量安全监督部五个部门；中型企业一般会增设人力资源、合约、物资采购、设计等部门；大型国有企业一般还会增加科技、纪检、党建等部门。

2. 组织岗位管理

岗位管理是以组织中的岗位为对象，科学地进行岗位设置、岗位分析、岗位描述、岗位监控和岗位评估等一系列活动的管理过程，包括岗位设计、岗位分析和岗位评价三方面内容。

1）岗位设计

岗位管理首要的工作是岗位设计，它是设置岗位并赋予各个岗位特定功能的过程。岗位设置须以管理科学的原理、所在行业和企业本身的特点、生产流程的特点以及职能部门的职能为依据，它体现企业的经营管理理念和整体管理水平，反映企业或部门机构的人员素质和生产技术水平等。

岗位设置的数量方面要符合最低数量原则，即以尽可能少的岗位设置来承担尽可能多的任务。为了追求效益最大化，其岗位数量应限制在有效地完成任务所需岗位的最低数。一般来说，企业生产任务和经营管理活动的存在和发展，需要多少岗位，就应该设多少岗位，需要什么样的岗位就设什么样的岗位。

因事设岗是岗位设置的基本原则，同时还应坚持不相容岗位相互分离、相互制约的原则，规避舞弊行为发生。

2）岗位分析

规范性实施岗位管理，其目的是通过科学有效地利用好和管好各个岗位，使岗位功能得以有效地发挥，以保证各部门职能或机构职能的实现，最终保证企业目标的实现。企业进行岗位分析的核心是建立关键岗位的岗位说明书。

岗位说明书内容有：岗位基本情况、岗位设置目的、岗位职责和任职资格条件四项内容。其中，岗位职责是岗位说明书的重点。

3）岗位评价

岗位评价是对岗位价值、对企业的贡献度进行评价，是岗位基础薪酬确定的依据。在进行岗位评价工作时，有以下问题需要特别注意：企业进行岗位评价的核心是实施标杆岗位的岗位价值评估：一是要征得管理层，特别是第一领导者的重视，这是岗位评价成功的必要条件；二是选择包括公司各层级员工的专家组；三是针对不同的岗位，应确保评价标准的一致性，有助于真实地判断岗位的价值，也有助于统一专家组的评价结果；四是要严格控制岗位评价环境的设计和过程，保证评价结果的权威性。

3. 组织管理权限设计

组织管理权限设计的目的是建立"集权有度、分权有序、授权有据、用权合规"的权责管理体系，确保企业运营效率得到提升。依据职责定位不同，企业各责任主体对管理活动拥有的权限主要包括提案权或发起权、参与权、审核权、审批权、知情权等。

（1）提案权或发起权：指组织中的管理机构根据其职责，有对某项管理活动或事项提出建议或解决方案的权利。一般而言，履行提案权或发起权的机构也是推进该项工作事项的主责部门，应提出解决该项事项的初步方案。在管理权限表中表现为"发起主办或牵头审核"。

（2）参与权：指基于机构职责承担某一方面或某一环节的具体工作，而对某项管理活动提出意见或建议的权力。在管理权限表中表现为"参与会签、讨论或评审"的权限。但对某些需各个机构广泛参与的事项，权责指引表中未予以体现，如：制度编制过程中需广泛征求各部门意见。

（3）审核权：审查议定相关提案，提出处理意见，并报上级或相关部门审批。在管理权限表中表现为"审核"及"审核顺序"。

（4）审批权：对某一事项作出最终决定的权利。在管理权限表中表现为"审批"。

（5）知情权：即对某一事项（活动）过程或结果的知晓权，在管理权限表以"备案权"予以体现。下级单位对上级单位管理活动过程或结果的知情权，一般通过公司公文发放范围予以体现，不特别注明。

（6）其他：管理制度的制定权、各层级组织和岗位职责权限的制定权、执行权、协调权、检查权、奖罚权等。

1.2.5 管理要点

1. 机构管理（主要适用于多层级机构）

1）机构管理原则

（1）经济效益原则：有利于提高企业的市场占有率，能为企业创造良好的经济效益，具有较好的发展前景。

（2）精干高效原则：有利于实现集约化和扁平化管理，裁短管理链条，集中有效和优势资源，实现效能最大化。

（3）结构优化原则：有利于优化产业结构，加速专业化进程，能形成对组织主业的支撑。

（4）报批核准原则：有利于企业统一管理，对经营风险的全面管控，对经营区域的合理布局。

2）机构管理要求

（1）从风险防控角度出发，企业应严控实体机构设立工作，设立前须对其必要性、可行性进行全面论证，并对未来发展前景、业务支撑、投资回报等进行全面测算。

（2）对实体机构的定位、名称、管理权限进行严格审批，对规模较小的实体机构，无论企业性质如何，推荐按照分公司模式进行管理，其人、财、物的管理权均集中到公司总部，相关经营和管理活动由公司总部授权后开展。

（3）对机构的变动和终止管理

机构的变更包括：股权变更、企业并购与受让参股股权、机构分立以及法人实体机构名称变更、注册资本变更、经营范围变更等其他事项变更。机构的终止主要指实体机构的解散和撤销，机构有下列情形之一的应予以终止：

①出现《公司法》中规定的解散事由或者《公司章程》中规定的其他解散事由；

②市场环境发生重大变化，任务量严重不足，或经济效益严重不佳；

③因经营布局或专业结构进行重大调整，直接影响机构继续经营；

④施工生产、市场开拓、企业管理等发生重大失误，被地方政府强制要求撤出市场；

⑤其他影响企业正常生产经营或机构正常运转的事项。

2. 部门管理

1）部门管理原则

（1）战略匹配原则：要与其战略定位相匹配，能为战略实施提供支撑和服务，并有利于战略目标的顺利实现。

（2）经营模式匹配原则：要满足企业经营模式的需要，并有利于"法人管项目"模式的有效实施。

（3）分工协作原则：要纵向专业分工明确，横向协作配合到位，有利于提高工作效率，降低协调成本。

（4）报批核准原则：要按照规定程序履行报批核准手续，严格控制部门数量，认真审核职责分工，确保部门设置精干高效并满足生产经营工作需要。

2）部门管理要求

（1）企业初始设立应对根据企业定位、业务、阶段规模对部门设置进行详细设计，在内外部环境发生变化时应及时对部门设置进行调整。

（2）部门设置及调整由办公室牵头拟订方案，经相关部门会签、分管领导审核、决策会审批后实施。

3. 岗位管理

1）岗位管理原则

（1）不相容岗位分离原则。在岗位设置时，必须坚持不相容岗位相互分离、相互制约的原则，规避舞弊行为发生。

（2）动态评审原则。各单位对岗位应进行动态管理和评审，确保符合企业经营生产需要。

（3）核准报批原则。要按照规定程序履行报批核准手续，认真审核职责分工，确保岗位设置精干高效并满足生产经营工作需要。

2）岗位管理要求

（1）岗位设置

建筑装饰企业岗位设置参考见模板。办公室为部门岗位设置管理的归口部门。当需要新设岗位时，由相关部门提出岗位设置和调整方案（新设机构时由办公室直接提出），经分管领导同意后提交办公室，由办公室统筹审核汇总形成方案，报企业决策机构审批后实施。

企业岗位设置应保持相对稳定，每年根据需要，办公室要不定期组织对岗位设置情况进行评估，并依据评估结果进行调整。当出现下列情形时，应进行岗位设置或调整：

①新设机构；

②机构出现分立、合并，及其他原因须对公司岗位进行重新设置的；

③部门发生变化，或职责发生较大调整时；

④其他需要调整的情形。

（2）岗位描述

每个岗位应有相应的《岗位说明书》，它是岗位评估、员工招聘、绩效考核、培训与开发、薪酬分配等工作的重要依据。人力资源部门根据岗位设置，组织制定《岗位说明书》，对岗位进行文字性的描述和界定，内容应包括工作描述、任职资格、其他事项等内容。《岗位说明书》实行动态管理，根据部门职责调整和岗位评估情况，人力资源部门不定期组织对《岗位说明书》进行修订和发布。

4. 权限管理

1）管理原则

（1）依法合规原则。权限管理应符合国家有关法律、法规、条例和标准、规范，上市企业还需符合上市准则相关要求。

（2）收放结合原则。既要考虑企业风险管控集权需要，又要充分调动各单位积极性适当予以放权。

（3）权责对等原则。坚持有权必有责，权限管理权利应与企业定位、组织职责对等一致。

（4）边界清晰原则。要按照专业系统职责及所涉及的管理活动进行梳理并统筹审核，确保边界清晰、不重不漏。

2）权限主体

主要指企业决策机构、评审机构、领导层、相关专业委员会及各部门、各层级机构、项目部等。

3）管理活动识别

主要指企业日常运营管理中所涉及的各项管理活动的"关键事项"，不包含一般事项。

4）管理要求

（1）统筹好"规范"和"效率"两方面的要求。将重要管理权限集中，日常管理权限下放；将发展影响大的管理权限集中，经营风险小的权限下放；将非标准管理权限集中，标准管理权限下放；将有利于统筹管理的权限集中，具有基层管理特点的权限下放。

（2）兼顾业务特点和差异。充分考虑不同业务特点和发展阶段管理活动的权限差别，实现在公司总部的有效管控下充分发挥各经营主体的自主性。

（3）做好分权管理。对可能涉及下放、整合的，应把握以下原则：对企业制度未规定或明确的权限，原则上应予以下放，由项目部履行；对管理活动前后环节存在重复审核、确认的，要遵循提高管理效率原则进行整合。

5. 组织绩效管理

1）管理要求

（1）强化战略引导作用。在设计企业考核指标体系时要统筹考虑战略规划执行情况，下达目标原则上不能低于规划目标。

（2）突出价值创造导向。在下达经济指标时，应包含利润总额（或模拟净利润）及营业收入净利润率（或营业收入利润率）、项目平均净利润率等体现企业盈利能力的指标。

（3）注重提升发展质量。除要体现企业盈利能力外，还应重视夯实发展基础，提升发展质量，可将资产负债率、应收账款周转率、经营性现金净流入占营业收入比重、自营项目比例等指标（若适用）纳入其中。

（4）加强管理短板考核。下达指标时一定要结合各单位实际，充分识别被考核对象的管理短板，通过短板考核切实解决管理中存在的突出问题，持续提升企业管理水平。

（5）加大考核的激励约束力度。要明确激励（加分）指标和约束（扣分）指标，明确倡导什么，约束什么，努力塑造"创先争优"的良好发展氛围。

（6）细化评分细则。目标责任书均应制订详细的评分细则，并确保评分科学合理。评分细则可以在目标责任书中体现，亦可另行以正式文件发布。

2）责任书框架及内容

企业目标责任书推荐采用"归类指标"框架，即：经济类指标、管理类指标、令行禁止类指标。

指标类别	参考最高得分	参考权重
经济类指标	120	60%~80%
管理类指标	120	20%~40%
令行禁止类	最多加10分，最多扣10分	直接加减分，不设权重
合计	130	100%

（1）经济类指标

经济类指标是公司层面重点关注的核心指标，反映企业的发展规模、经济效益及发展质量，包括合同额、营业收入、利润总额、上缴收益、现金流量、成本费用等方面的指标。

（2）管理类指标

管理类指标关注企业运营管理的质量，监督引导各单位加强过程管理，提升管理水平，重点从财务资金、人才建设、履约服务、项目结算、项目利润等指标中选取。

（3）令行禁止类指标

令行禁止类指标关注企业运营中突出的问题和短板，以及企业所倡导和所禁止的事项，包括加分项和扣分项。加分项指为企业发展作出突出贡献、提升管理、推动转型的重大变革或创新措施，扣分项指突破企业底线管理、安全管理的行为。令行禁止类指标在考核时直接加减分，指标数量原则上不超过5项。

3）责任书制定流程

（1）每年年初，办公室依据本单位战略规划及上年度经营管理情况，牵头拟定所属各分公司责任书考核指标名称，报相应决策机构审批。

（2）财务资金部负责提供基本运营类指标考核目标建议值，并与被考核单位沟通确定；其他相关各部门根据分工提供考核目标建议值。

（3）办公室牵头对所有目标进行汇总审核、统筹协调后，制定各单位考核目标责任书，经各部门会签、分管领导审核后，报决策机构审批。

（4）在年初工作会上办公室组织所属各单位完成责任书签订工作。

6. 部门绩效管理

1）考核内容

对部门关键业绩考核可综合考虑目标责任书和月度督办两个方面，同时结合满意度评价，分别赋予合适权重，计算得出工作业绩考核总分数。

	参考考核内容	参考权重
关键业绩	目标责任书完成情况	50%
	日常督办完成情况	20%
满意度	公司领导综合评价	10%
	与其他部门的协作和配合质量	10%
	对所属单位的指导和服务质量	10%

2）考核要求

（1）考评要坚持"公平、公开、公正"的原则，考核过程要实事求是，客观全面，维护考评权威性和可信性。

（2）绩效优先原则：考核中要注重考核对象的工作效率、效益和工作结果，坚持结果导向、绩效优先。

（3）注意做好相关资料和数据的保密工作。

3）考核流程

（1）部门考核每年应至少一次，一般在当年年底（或次年年初）进行。考核前，办公室要拟定部门考核方案，发布考核通知。

（2）各部门按照考核通知要求对年度工作目标完成情况进行自查和自评，填写年度工作目标完成情况自查表，提交办公室，并汇集整理证实性资料备查。

（3）办公室在日常督办基础上补充查验资料，并严格参照部门工作目标责任书中的评分细则，得出对部门预考核结果，提交绩效考核工作小组。

（4）办公室根据每月督办结果，汇总形成年度督办考核评分，提交绩效考核小组。

4）结果应用及改进

（1）考核结果主要应用于各部门评先评优、部门负责人培训和升迁、部门人员绩效薪酬等。

（2）各部门应对绩效考核结果认真分析总结，包括但不限于工作完成情况、未完成工作原因、下一年度工作开展思路等，以更有效指导下一年度部门工作。本年度未完成工作要编入下一年度工作目标。

1.2.6 模板推荐（表1-1～表1-3）

建筑装饰企业部门职能划分及主要岗位表　　　　表1-1

序号	部门名称	主要职能	主要岗位
1	办公室	印章管理、文件及档案管理、行政后勤管理、人力资源管理、战略管理、组织管理、制度管理、考核管理、信息化管理、企业文化管理等	主任、文印管理岗、档案管理岗、行政事务管理岗、人力资源管理岗、制度及考核管理岗、信息化管理岗
2	财务资金部	财务管理、资金管理、清欠管理、预算管理、税务筹划、统计管理、财务核算、审计监督等	经理、财务核算岗、税务管理岗、资产及清欠管理岗、资金及出纳岗
3	市场商务部	市场营销、投标组织、资质管理、合约管理、投标报价、商务管理、成本管理、结算管理、法务管理等	经理、营销管理岗、招标投标管理岗、客户资源管理岗、成本结算管理岗、合约管理岗、法务管理岗
4	工程管理部	生产资源调配、进度管理、项目组建及考核、分包管理、物资管理、劳务管理、环境管理、设备管理、科技研发、技术管理、设计管理等	经理、工程计划与履约管理岗、劳务管理岗、物资管理岗、生产统计岗、技术管理岗、科技研发岗、设计岗
5	质量与安全监督部	质量管理、安全生产监督与管理、应急与事故管理	经理、质量管理岗、安全监督管理岗

说明：以上为中小型企业部门职能划分及主要岗位列示，较大、大型企业可随部门增设扩充职能和岗位。

建筑装饰企业不相容岗位分离业务表　　　　表1-2

序号	业务类型	不相容职务分离岗位
1	财务及资金业务	财务资金支付的申请与审批
		财务资金支付的审批与执行
		财务资金的保管与清查盘点
		财务资金的预算编制与审批
		财务资金的会计记账与出纳
		坏账准备的计提与审批
		坏账核销的申请与审批
2	采购业务	供应商的招标询价与确定
		采购合同的订立与审核
		采购合同的执行与验收
		采购合同的验收与款项支付申请
3	投资业务	投资的可研与审批
		投资的决策与实施
		投资实施与后评估
4	固定资产	固定资产的采购与验收
		固定资产的保管与相关会计记录
		固定资产处置的申请与审批

续表

序号	业务类型	不相容职务分离岗位
4	固定资产	固定资产处置的审批与执行
5	合同管理业务	合同的谈判与订立
		合同订立与审批
		合同用印的申请与审核
6	担保业务	担保业务的评估与审批
		担保业务的审批与执行
		担保业务的执行和核对

建筑装饰企业经营业绩责任书框架　　　　表1-3

序号	指标名称	权重	单位	目标值
一	经济类指标			
1	新签合同额			
2	营业收入			
3	利润总额			
4	经营性现金净流量占营收比重			
5	成本费用占营业收入比重			
6	上交收益			
二	管理类指标			
1	大项目合同额占比			
2	业务分类合同额占比			
3	区域分类合同额占比			
4	节点质量验收合格率			
5	节点工期完成率			
6	竣工项目结算完成率			
7	结算项目平均利润率			
8	经营性现金流入占营业收入比重			
三	令行禁止类指标			
1	违规违纪事件			
2	质量、安全、环境事故（事件）			

（部门名称）20××年工作目标责任书

管理方：

责任方：

为确保××××公司（以下简称"公司"）年度工作计划的顺利完成规划目标的顺利实现，增强部门大局意识、服务意识和配合意识，充分调动部门人员的工作积极性，公司特与××部门签订本责任书。

一、责任期限

20××年1月1日～20××年12月31日。

二、工作目标

（一）通用工作（15%）

（二）一般工作（15%）

一般工作主要为部门常规工作，满分100分，考核权重为15%。

（三）重点工作（70%）

重点工作包括公司年度工作报告部署工作、上一年度目标责任书和各类会议中领导安排的未完成工作、为提升本专业系统管理水平而开展的其他重点工作等，满分100分，考核权重为70%，目标详见附件。

（四）加分项（满分5分）

加分项主要针对重点工作中创新成效明显、目标超额完成、取得突破性进展和成效的工作进行加分，由各部门在年末考核时提交加分申请及证明材料，经绩效考核小组评议确定加分，最高加分不超过5分。

三、考核兑现

按照公司部门绩效考核办法及相关薪酬管理规定执行。

四、附则

1. 本目标责任书经管理方和责任方双方签字后生效。

2. 本目标责任书一式叁份，签字双方各保留壹份，相关部门保留壹份。

五、附件

××部门20××年工作目标表（一般工作、重点工作）。

分管领导：　　　　　　　　　　　部门负责人：

年　月　日　　　　　　　　　　　年　月　日

1.3 建筑装饰企业项目管理

1.3.1 基本概念

建筑装饰企业项目管理是建筑装饰企业以工程项目为对象，为最优地实现工程项目目标和达到规定的工程质量标准，根据工程项目建设的内在规律性，运用现代管理理论和方法，对工程项目从策划、实施到竣工交付使用再到竣工结算、维修全过程进行计划、组织、协调和控制等系统化管理的过程。

1.3.2 主要特点

1. 复杂性

装饰工程项目一般涉及材料种类繁多、工序繁琐，建设周期长、阶段多，工程项目生产工艺技术和建造技术具有专业特殊性，特别是受到投资、时间、质量等多种约束条件的严格限制，增加了项目管理的不确定性。

2. 全过程性

装饰工程项目管理是一个全过程周期的管理行为，涉及项目综合策划、基层面层施工、收尾验收交付、完工总结、竣工结算、工程维修等多个阶段，且每一个阶段都会对项目的正常运转和效益产生重大影响，需要运用系统的观点、理论和方法，对建设工程项目进行管理控制。

3. 创造性

项目管理就是将前人总结的建设知识和经验，创造性地运用于工程管理实践。各种装修工程项目在资金来源、规模大小、专业领域等方面都存在较大差异，管理者在项目决策和实施过程中，必须从实际出发，因地制宜地处理和解决工程项目实际问题。

4. 多主体参与性

装饰工程项目建设过程涉及建设单位、监理单位、总包单位、设计单位、施工单位、材料设备供应商及其他相关者等。他们出于自身目的，站在各自立场对同一项目进行管理，过程中既有冲突又有统一，增加了项目管理难度。

1.3.3 管理难点

1. 项目管理的模式有待改进

随着建筑装饰行业监管标准的日益严格，工程项目管理内容也越来越复杂，需要借助科学有效的管理体系、信息技术来提高管理效率、满足实际需求。但在现实中往往存在管理模式不科学、不合理的现象，管理秩序杂乱无章，懂施工技术的人员不懂项目管理，而熟悉项目管理的人员则缺乏必要的信息技术，造成在一些装饰项目中存在管理漏洞。

2. 项目资金周转不畅影响履约

装饰项目资金的主要来源是建设单位或总包单位支付的工程款，当前整个建筑装饰市场工程款的支付普遍落后于工程进度，导致施工企业在实施工程时资金周转困难。工程项目所购买的材料不能及时付款，让施工企业削弱了对供应商的约束力，影响工程项目的进度和质量。

3. 项目管理行为主体素质低

当前工程项目管理行为主体素质不高，成为诸多装饰企业项目管理工作质量提升的重要瓶颈。主要体现在：一是工程项目管理人员学历不高，专业不强，很多时候都是凭借个人经验去开展工作；二是工程项目管理理念不强，意识淡薄，职业道德意识较差，难以切实依照各项规章制度去做好项目管理工作。

1.3.4 管理重点

1. 项目组织体系建设

在实施装饰工程项目管理过程中，要做好组织准备，建立完善的管理队伍，能使项目经理指挥灵便、运转自如。工作高效的组织机构—项目经理部和健全的管理体系是进行施工项目管理的组织保证，一个好的组织机构和体系，可以有效地完成施工项目管理目标，有效地应付各种环境的变化，使组织系统正常运转，确保完成项目施工任务。

2. 项目进度管理

装饰企业能否按照合同约定工期完成施工任务是取得信誉的重要条件。如果在施工过程中因己方原因导致无法按照合同约定工期完工，或没有有效证据证明工期可以合理顺延，则将承担工期逾期违约甚至被索赔的法律风险和后果。这就要求装饰企业在项目管理过程中要注重工程进度和工期管理，按照计划节点施工，并进行灵活调整，确保工程进度满足要求。

3. 项目质量管理

质量管理是建设工程的生命和根本保证。目前，对工程质量造成影响的因素较多，如项目决策、材料、机械、施工工艺等，都会直接或间接地影响到工程质量。为提高工程施工的整体质量，要求装饰企业必须重视项目质量管理体系的建立，并在质量目标条件明确的前提下，利用行动方案、资源配置等措施达到预期目标。

4. 项目成本管理

装饰工程项目成本是在保证满足工程质量、工期进度的前提下，对工程项目实施过程中所发生的费用，通过有效的计划、组织、控制和协调等活动实现预定的成本目标，并尽可能地降低成本费用，从而实现目标利润最大化，创造良好经济效益。这就要求项目管理人员要懂法规、专技术、会管理、善经营,按合同办事,实现质量、进度、成本三者兼顾,实现经济效益的最大化。

1.3.5 管理要点

1. 项目组建管理

项目部组建主要包括组建审批、岗位职级对应、任职资格匹配等内容。

1）岗位设置

①项目部应按照"合理配置、精干高效、动态管理"原则进行组织机构设置和人员配置。中小型项目组织机构人数较少,但必须配备项目经理及技术、商务等人员。

②项目班子主要成员（包括项目经理、技术负责人、生产经理、商务经理、安全总监、质量总监等）应根据工程的规模,在项目投标策划时确定,项目经理应参与项目的投标策划期间的相关工作。

③项目经理必须符合执业资格等级要求,项目班子成员应满足岗位任职基本资格的要求；项目班子成员可采取内部招聘和选聘的方式产生。

④项目管理岗位按序列可分为六级,分别为项目经理级、项目副经理级、项目总监级、项目专业（部门）负责人级、项目专业管理级、项目辅助管理级。项目部岗位行政职级设置及任职资格详见表1-4。

项目部管理岗位职级设置及任职资格表　　　　　　　　　表1-4

序号	职级	包含岗位
1	项目经理级	项目经理
2	项目副经理级	项目副经理、商务经理、项目总工程师（技术负责人）
3	项目总监级	质量总监、安全总监
4	项目专业负责人级	综合施工员、工区负责人、设计负责人、质量负责人、安全负责人
5	项目专业管理级	施工员、预算（造价）员、技术员、质检员、安全员、材料员、测量员、设计员
6	项目辅助管理级	资料员、文秘、库管员等

2）岗位职责

（1）项目经理岗位职责

①受法人委托,代表企业实施项目管理。贯彻执行国家、地方政府的有关法律、法规、方针、政策和强制性标准,执行企业管理制度,维护企业的合法权益；

②履行项目部责任书规定的任务、组织编制《项目策划书》；

③对进入现场的生产要素进行优化配置和动态管理；

④建立项目质量、安全、环境等管理体系并组织实施；

⑤负责劳务作业层、协作单位、发包人、分包人和监理工程师等的协调,解决项

目中出现的问题;

⑥进行项目检查、评价和评奖申报。

(2)项目总工程师(技术负责人)岗位职责

①负责项目工程技术管理工作、并对项目安全生产负技术责任;

②按照相关技术管理规定、参加或主持工程项目的设计交底和图纸会审,做好会审记录,参与或主持项目的施工组织设计和施工方案的编制及修订工作;

③负责施工现场及临时设施的布置;

④主持项目关于质量、安全管理文件的编制及修改工作;

⑤主持处理施工中的技术问题,参加质量事故的处理和一般质量事故技术处理方案的编制;

⑥负责项目承建工作的设计变更等技术文件的处理工作;

⑦核定分包商的施工方案,督促其执行总体方案;

⑧负责推广应用"四新"科技成果,并负责资料的收集、整理、保管工作,撰写施工技术总结;

⑨组织并主持关键工序、分部、分项。工程的检验、验收工作。

(3)生产经理(施工员)岗位职责

①参与项目部实施计划的编制;

②组织召开生产调度会,做好工期履约管理,协助项目经理做好施工计划的调整和平衡;

③协助项目经理做好现场劳动力、材料、设备等生产要素的动态管理和优化配置;

④做好现场分包管理,确保总体工程的顺利实施;

⑤组织现场综合性检查,并对生产中存在的主要问题进行处理。

(4)商务经理(商务负责人、预算员)岗位职责

①负责编制《项目商务策划》,并组织实施;

②编制或复核项目施工预算,做好成本测算工作;

③开工前对分部分项工程进行工料分析,并将数据提供给有关部门和人员,作为编制资源需用计划的依据;

④参与拟定工程承包合同及分包合同,并做好合同管理;

⑤参与同业主磋商设计变更、合同修订、补充协议等事项;

⑥定期进行成本分析,掌控项目成本运行状况;

⑦主办结算工作,牵头处理结算中出现的各类问题。

(5)安全总监(安全负责人)岗位职责

①负责项目安全管理策划;

②协助对进场工人进行安全知识教育,并在施工前进行安全技术交底;

③监督安全管理体系运行，督促安全责任制的落实；

④监督特种作业人员持证上岗工作；

⑤定期进行安全检查，对事故隐患督促整改；

⑥协助上级主管部门处理各种安全事故；

⑦及时向上级主管部门汇报项目安全状况。

（6）质量总监（质量负责人）岗位职责

①执行国家颁发的关于建筑装饰工程质量检评标准和规范，代表上级质检应使监督检查职权；

②负责专业检查，随时掌握各分部分项工程质量情况；

③负责对项目的分部质量情况进行评定，建立工程质量档案；

④对不合格品，协助制订纠正措施，并监督执行；

⑤定期向技术负责人和上级质量检验部门报告质量情况；

⑥积极协助开展工程创优评优工作。

3）人员编制

项目人员配备标准要根据项目规模和实际情况，一般建议特大型项目为15人，大型项目为10人，中型项目为5~7人，小型项目为3~5人。按照国家相关法规，所有项目必须配备项目经理、技术负责人、质量及安全监管人员，大型及以上规模的项目须设项目安全总监。

4）管理流程

公司人力资源部拟定项目组织结构和项目班子成员，填写《项目经理部管理人员审核表》（表1-6）和《项目经理成员简历表》（表1-7），工程管理部门参与人员任职资格评审，总经理审批后行文任命。

2. 项目策划管理

工程中标后，由工程管理部门组织、项目部参与，按照《项目管理实施策划书编制任务表》，编制《项目管理实施策划书》。

（1）项目管理策划主要依据是项目招标投标文件、施工合同及各级评审资料、施工图纸、业主等相关方要求、工程情况与特点、适用法律法规、工程所在地生产资源状况等。

（2）项目管理策划应形成完整的《项目管理实施策划书》，策划书由公司（分公司）工程管理部门组织，各部门、项目部共同参与编制，在中标后15日内编制完毕。

（3）对工期紧、合同签订滞后或"三边工程"的项目，可进行分段策划，原则上策划不超过45天。

（4）《项目管理实施策划书》的重要内容应包含项目实施计划，即项目部根据项目策划的主要依据和输出成果，将相关工作分解到项目责任人员，并明确实施时间和方法。

（5）各专业策划在《项目管理实施策划书》的基础上，可根据工程的实际需要进行详细编制，但必须编制《施工履约策划》和《商务策划》；各专业策划内容应互相关联、互为支撑。

（6）《项目管理实施策划书》由公司（分公司）工程管理部门组织相关部门及项目部参加评审，并报公司（分公司）主管领导（生产、商务）审批后执行（表1-8）。

（7）《项目管理实施策划书》在项目实施过程中需要进行调整的，应对计划调整部分作出书面说明，按程序进行审批。

3. 项目目标责任书管理

为确保项目履约，并实现盈利，依据招标及投标文件、项目组织管理模式、工程承包合同、项目策划书等文件编制项目部责任书，经企业与项目部双方签订，据此实施考核。

（1）编制依据：招标及投标文件、项目组织管理模式、工程承包合同、项目管理策划书、目标责任成本测算书、企业有关的项目管理制度和规定等。

（2）编制时间：施工合同签订后，特大型项目45天内，大型项目30天内，中小型项目20天内要完成目标责任书签订工作。"三边工程"或遇特殊情况可适当延长，原则上不超过2个月。

（3）编制内容：包括工程概况、项目部的组建、目标责任范围、项目管理目标责任指标（包括：项目目标责任成本及上缴目标、风险抵押金规定、工期目标、工程质量目标、安全生产目标、物资管理目标、CI管理目标等）、公司与项目部的责任与权利，项目部利益分配、考核兑现及违约处罚等。

（4）责任部门：目标责任书由公司（分公司）工程管理部门和商务部门共同牵头组织编制并申请审批（表1-9）。

（5）责任目标确定应与投标报价同步并坚持以下原则：全面满足工程施工合同约定、在项目部责任范围内可控、与项目组织管理模式相匹配、符合企业内部各项管理要求和项目实际情况、便于量化和评价。

4. 工期管理

监控项目工期，当项目发生工期延误时，企业应发出预警信号，项目部及时调整计划，制订措施并实施。

（1）企业须按计划确保项目部劳动力、资金、材料、设备等生产资源的需求，提供相应的技术支持。

（2）工程管理部门协调相关部门落实项目资源保证，技术保证等计划。

（3）工程管理部门定期和不定期对项目的进度计划实施情况进行检查和监控，发现问题后及时指导整改或调整。

（4）工程管理部门应根据项目情况，及时督促项目部办理工期签证。

（5）工程管理部门每月统计在建项目施工进度情况，对进度延误项目及时发出预警。

（6）工程管理部门对项目部统计的数据进行审核，分析项目生产计划，汇总生产统计报表，按照管理程序逐级上报。

（7）项目工期延误预警等级参照表1-5确定预警等级：

项目工期延误预警等级参照表 表1-5

序号	预警等级 计划类型	蓝	黄	红
1	总进度计划	10天	11～29天且≤20万元	30天或50万元
2	阶段进度计划	7天	8～14天且≤10万元	15天或30万元
3	月度进度计划	3天	4～6天且≤5万元	7天或15万元
4	重要节点计划	1天	2～4天	5天或10万元

5. 竣工结算管理

结算管理是指以施工项目为对象，通过结算商务策划、结算书编制、送审、谈判、结算分析、结算考核与激励等管理活动规范结算管理行为，提高项目结算效益。

（1）结算书商务策划。项目部应当在项目完工后7日内，完成结算商务策划的编制工作并上报公司市场商务部门组织评审（表1-10）。

（2）结算书编制及评审。中、小型项目，竣工后25天内完成编制工程结算书并报所属单位审批，审批单位收到后5日内完成审批工作。大型、特大型项目，竣工后40天内编制完成工程结算书并报所属单位审批，审批单位收到后10日内完成审批工作。

（3）结算书送审及谈判时间。中、小型项目，在合同约定的时间或竣工后30天内报送结算书，原则上在合同约定的时间或竣工后6个月内完成结算工作；大型、特大型项目，在合同约定的时间或竣工后60天内报送结算书，在合同约定的时间或竣工后1年内完成结算工作（表1-11）。

（4）结算审计报告拿到后30天内，项目商务人员应当编制结算分析报告，项目经理复核后，报公司市场商务管理部门备案。

6. 工程维修管理

工程维修是指在项目缺陷责任期内如约提供工程缺陷维修义务。

（1）工程管理部门按期组织有关人员进行工程回访，回访中应对工程情况征求业主有关人员的意见，对业主提出的问题和发现的质量缺陷，如实进行记录、整理。

（2）回访的方式可采用：到场、电话、邮件、传真等方式定期、不定期展开。回访结束后，将回访记录统一收集存档。在工程回访中发现的问题或在缺陷责任期内业主提出要维修的问题，各单位要做好记录，并安排落实维修具体事项。

（3）维修负责人原则上为该项目原项目经理，当原项目经理无法到场时，应另派专人维修。维修期内的维修要及时、保质、保量。

（4）维修任务完成后，由维修负责人通知业主有关人员进行验收。

（5）不属于施工原因造成的质量问题，当建设单位要求维修时，维修人员应根据实际发生的维修费用，向其办理经济签证，作为有偿维修的收费依据。

1.3.6 典型案例

1. 案例介绍

某装饰公司承建的某会展中心项目是省级重点工程，工程总面积17万m^2，幕墙面积8万m^2，该公司负责整体工程的外部幕墙和内部装饰装修工程，总工期8个月，合同额3亿余元，施工任务重、工期紧。在该公司的统筹协调和科学管理下，最终顺利如期完成全部施工任务，保障了会展中心承办的国际展览会的顺利举行，并且该工程也荣获诸多奖项，实现了良好的经济和社会效益。

2. 经验做法

（1）集中资源打造优质项目管理团队。接到施工任务后，该公司第一时间抽调精兵强将组建以公司生产副总为总指挥的项目管理团队，项目经理部下设工程、技术、设计、质量、安全、合约和物资岗，每个岗位负责各自专业管理内容。同时，根据现场实际情况，划分不同施工区域，并安排专门生产责任人员，确保分工合理明确、责任落实到人。由于管理组织架构科学合理，在该工程施工高峰期管理人员多达100余人、劳务工人3000余名情况下，仍然能够保证高效有序的施工作业秩序，保障了项目的顺利履约。

（2）选择优质资源保障履约基础。因该项目工程量巨大且工期紧张，材料组织对保证工期至关重要。该项目部组织物资管理人员对供应厂家进行实地考察，在充分确认供应商的供应能力后方签订采购合同，要求供应商厂家均为项目组建专供生产线，材料供应时间到了较好的保证。项目部指定专人，负责跟踪监督供应商，每日汇报材料下料、生产、供应状况。在劳务资源供应方面，选择与公司长期合作、作风硬朗的优秀核心劳务班组，通过各班组平行施工形成了健康的竞争氛围，达到相互促进的良好效果。

（3）积极开展设计推动工程履约。充分发挥设计对装饰工程履约的引领作用，安排设计小组采取驻场设计，提高设计审批及材料认样效率，做好尺寸复核，提高设计精度，为项目生产提供技术支撑。坚持施工与设计紧密结合，通过设计推动项目创效。项目施工技术人员从设计工作前就积极参与幕墙方案设计，尽可能地降低后期施工难度及施工成本。

（4）科学统筹管理保障工期履约。该公司项目部结合实际编制施工进度计划，针对现场极寒的情况合理安排施工顺序,在温度达到可进行作业条件之前进行转换层、吊筋、天花龙骨、天花石膏等施工。注重动态调整,确保有序履约,项目部在受前道工序二次结构整体进度滞后的影响下,通过取消过道区域墙体抹灰,优先安装该区域钢结构龙骨,以保证过程施工进度。采取合理的冬期赶工措施,确保的满堂脚手架搭设施工完成,根据总施工进度计划,原计划工期135日历天缩减为75日历天。

(5)强化过程管控,确保质量过硬。注重施工技术管理实效,积极开展技术交底。保证通过施工交底,参建人员能够清楚自己的工作内容以及相应标准。项目部技术负责人向施工员交底,内容包括其负责施工区域的工作内容、质量标准、施工难点、质量保证措施;施工员对施工班组分工种开展交底,内容包括施工范围、工序、质量标准、材料特性、安装过程中可能出现的问题及应对措施;班组对工人分工种进行交底,明确工序、质量标准以及控制要点。质量控制严格实行工序样板引路制度,严格按照样板的标准进行工程施工,施工过程按要求进行自检、互检、交接检。

(6)严格现场管理,做好成品保护。由于工期紧,现场存在各工序相互制约,各专业频繁交叉施工的情况,极易造成成品破坏。项目部牵头开展成品保护,在施工过程中对易受污染、破坏的成品和半成品进行标志和防护,由专门负责人经常巡视检查,发现损坏的,及时恢复。在进入调试、收尾阶段,项目部牵头建立准保部位准入作业制度,其他专业施工单位在向我方申请获批后方可进入施工,并承担成品保护及工完场清责任,避免二次返工和浪费,确保如期将工程交付使用。

1.3.7 模板推荐(表1-6~表1-11)

1. 项目经理部管理人员审核表

项目经理部管理人员审核表　　　　　表1-6

建设工程名称						
建设单位			设计单位			
合同开工日期			合同竣工日期			
工程基本情况(单位:万元)						
承建合同额	建筑面积(m²)	专项工程(万元)				
		装饰	机电	幕墙	园林	其他
招标文件、合同及建设方关于项目部主要人员的要求						
1. 对项目经理的要求:						
2. 对项目技术负责人的要求:						
3. 其他要求:						
有关说明事项:(可附件)						

续表

投标时拟定项目主要人员

序号	岗位	姓名	性别	年龄	专业年限	职称	建造师级别
1	项目经理						
2	项目技术负责人						

中标后拟聘项目人员情况表

序号	岗位	姓名	性别	年龄	职称	专业年限	执业资格	备注
1	项目经理							
2	技术负责人							
3	生产经理							
4	商务经理							
5	安全总监（负责人）							
6	质量总监（负责人）							
7	其他							

工程管理部意见：	人力资源部意见：	分管领导意见：

2. 项目经理部成员简历表

项目经理部成员简历表　　表1-7

姓名		拟任职务				
建设工程名称						
专业技术职称		评定时间		职称证书编号		
执业资格名称		等级		执业资格证书编号		
学历		专业		毕业时间		
曾经历中型以上项目名称及担任职务						
身份证号码					从事本岗位年限	

工作简历及主要业绩：

3. 项目管理实施策划书审批表

项目管理实施策划书审批表　　　　　　　　　表 1-8

项目名称	
施工单位	
评审意见	
工程管理部	部门经理：　年　月　日
市场商务部	部门经理：　年　月　日
财务资金部	部门经理：　年　月　日
分管领导	分管领导：　年　月　日

4. 项目目标责任书审批表

项目目标责任书审批表　　　　　　　　　　　表 1-9

项目名称	
施工单位	
评审意见	
市场商务部	部门经理：　年　月　日
工程管理部	部门经理：　年　月　日
财务资金部	部门经理：　年　月　日
分管领导	分管领导：　年　月　日

5. 结算商务策划评审表

结算商务策划评审表　　　　　表 1-10

申报项目：　　　　　　　　　　　　　　　　　　　　申报日期：

工程名称		工程地点		
合同造价		竣工日期		
策划后目标成本		目标上缴率		
实际成本		拟定目标结算金额	确保值	
预计盈亏率			争取值	
已收款			理想值	
拟报送结算价　　万元	其中：合同金额　　　万元			
	合同变更金额　　　万元，可争取　　　万元。			
	签证索赔金额　　　万元，可争取　　　万元。			
	奖励金额　　万元，可争取　　　万元。			
潜在违约及反索赔金额				
审核意见（明确写明审核及修改意见并签字）				
市场商务部				
工程管理部				
财务资金部				
综合意见	由市场商务部门经理综合各部门意见后填写			
审批意见（明确填写审批意见并签字）				
审批领导分管领导意见				

6. 结算谈判结果审批表

结算谈判结果审批表　　　　　表1-11

单位：万元

工程名称					
合同造价					
报送结算价		结算价		签证索赔	
确保结算价		争取结算价		理想结算价	
已收款			实际成本		
目标上缴率			预计结算利润率		
市场商务部意见					
工程管理部意见					
财务资金部意见					
分管领导意见					
主要领导意见					

1.4　建筑装饰企业文化管理

1.4.1　基本概念

　　企业文化是在一定历史条件下，一个企业或经济组织在长期实践中形成并被公众普遍认同的价值观念、企业精神、模范典型、文化环境、产品品牌及经营战略的集合体，是一种凝聚人心实现自我价值、提升核心竞争力的无形力量和资本。建筑装饰企业文化管理是指建筑装饰企业依据企业文化产生发展的规律，结合自身实际发展需要，对企业文化进行规划、组织和管理的过程。

1.4.2 主要特点

1. 人文性

对建筑装饰企业而言，一切活动都是以人为中心的，对内管理对象为员工，企业文化强调以人为本。对外服务对象为业主，企业文化强调客户至上。因此，任何建筑装饰企业文化都具有鲜明的人文色彩。

2. 抽象性

建筑装饰企业文化所反映的是某种经营理念、价值追求，是一种精神层面的价值观，是市场竞争的软实力体现。它不像企业管理制度、项目生产履约等那样明确具体，具有引导性、无形性和抽象性特征。

3. 传承性

建筑装饰企业处于完全竞争性行业，社会经济的发展、市场环境的变化，企业文化也会随之发生变化，但对同一建筑装饰企业而言，内部文化不可能发生颠覆性改变，企业传统的优秀文化必将得到传承，在传承中持续创新是鲜明的特征。

4. 独特性

对建筑装饰企业而言，不同的企业有着不同的领导团队、发展历程、价值追求和管理模式，每个建筑装饰企业的文化都具有差异性，具有各自的独特性。

5. 约束性

如果说每个建筑装饰企业各项管理制度是对员工的"硬约束"，那么企业文化就是对员工的"软约束"。在企业文化理念的熏陶下，企业员工会受到无形的自我约束，从而达到自律和自觉的效果。

1.4.3 管理难点

1. 难引起重视

少数建筑装饰企业家对企业文化建设不够重视，全凭个人意志决断，管理方式粗放，认为企业文化是一种"形而上"，将企业文化培育和建设视作资源浪费，没有将企业文化纳入企业发展战略层面去考虑，重视程度不高，支持力度不够。

2. 难形成特色

目前，大部分建筑装饰企业虽然开展了企业文化建设工作，但没有形成自己独具特色的企业文化，而是过多考虑时代特色、行业特点，个别企业还照搬照抄其他知名企业价值观、企业精神等，没有真正结合自身发展目标和追求提炼特色企业文化。

3. 难做好规划

不少建筑装饰企业家对企业文化比较重视，也投入了很多时间、精力、人力、财力等去建设企业文化，但缺乏系统思考和整体规划，很多工作浮于表面，流于形式，企业文化建设还停留在喊口号、贴标志阶段，没有起到应有的效果。

1.4.4 管理重点

1. 树立企业价值观

企业文化的发展离不开价值观的引导，企业价值观从某种意义上讲就是企业实践成果的总结提炼，是企业文化核心内容的直接体现，在建筑装饰企业发展中具有重要地位和不可替代作用。培养企业价值观是一项内容繁杂的系统工程，必须顺应时代发展变化，遵循企业发展规律，正确处理企业内部因素与外部环境、企业整体和员工个人、现实状况和未来发展等一系列关系。

2. 适应企业发展战略

企业发展战略和企业文化紧密相连、相互影响，企业文化可以制约企业发展战略，每家建筑装饰企业文化基本都包含了企业道德准则、企业精神、发展定位、企业愿景等，并形成统一的核心价值观。企业在制定不同阶段战略目标时，必须统筹考虑是否符合企业核心价值观。同时，企业文化应服从企业发展战略，企业在不同发展时期会有不同发展战略，企业文化应该为企业战略目标的实现发挥凝聚共识、鼓舞人心的作用，引导员工认同、践行企业战略。

3. 塑造企业品牌形象

任何具有一定规模的企业，都非常重视企业的品牌形象，它既是企业文化的重要组成，更是企业市场竞争实力的重要体现。对处于完全市场竞争的建筑装饰企业而言，企业品牌形象尤为重要，它既代表企业的施工质量和管理水平，也反映企业的经营理念和价值追求。企业品牌形象也是影响客户认可度和社会美誉度的重要因素，也是企业市场地位的直接体现，比如同样是做幕墙，超高层必然会想到江河，同样是做装饰，多数客户会想到金螳螂。

4. 强化企业文化宣贯

每一个建筑装饰企业的企业文化确定后，无论是企业 CI 标志等外在形式，还是企业理念、价值观、管理制度等文化内涵，都需要通过系统、全面、持续地开展培训和宣贯，让企业从上至下的员工知晓、认同和积极践行企业文化，引导员工主动参与企业文化建设，最终内化于心，外化于行，切实发挥企业文化管理的实效。

1.4.5 管理要点

1. 企业文化建设的基本原则

（1）坚持以人为本。企业的发展离不开员工，各类优秀人才是企业的宝贵资源。坚持以人为本是培育和建设先进企业文化必须遵循的基本原则。同时，企业文化也是全体员工的文化，需要员工积极参与。引导和推动员工共同参与的过程也是企业文化建设的重要过程，坚持以人为本，倡导和谐发展才能让企业文化建设取得实效。

（2）坚持传承创新。任何企业文化都是一个不断传承和创新的过程，建筑装饰虽是劳动密集型企业，但也需要与时俱进，不断适应社会发展新形势、新需求。根据行业新趋势和内外部环境新变化，及时调整企业发展战略，继承过去的好经验、好做法、好传统，在此基础上推动企业改革发展和文化创新，不断赋予企业文化新的内涵，更好地发挥文化的激励引领作用，最终确保企业战略目标的实现。

（3）坚持开放融合。建筑装饰企业作为传统型和竞争性企业，在企业文化建设过程中，应始终保持开放的姿态，有选择地借鉴和融合其他企业的先进文化，加强同行业内外优秀企业进行交流互动，做到仔细甄别，取长补短，保持企业文化的包容性和开放性，持续提升企业文化建设和管理水平，形成独特的、优秀的企业文化，增强自身"软实力"。

（4）坚持循序渐进。企业文化形成和发展的过程，是一个长期积累、不断演变的过程。因此，企业文化建设不能急功近利，急于求成，更不能追求一蹴而就，一朝千里，而是要耐住性子，稳住步子，坚持战略眼光，长远谋划，采取循序渐进的方式，把顶层设计做扎实，把文化内涵做深入，把各项工作做细致，要把企业文化建设当作一件"管长远"的事情精雕细琢。

2. 企业文化建设的主要步骤

1）分析企业文化

建设企业文化关键在于坚持从实际出发，做到量体裁衣，对症下药。这就需要结合企业自身需要和实际，对企业文化现状进行全面细致的调查研究，对存在的问题进行举一反三的深入分析。比如，如果企业在初创阶段，需要了解创业期的目标定位；如果企业已经成熟，就需要了解企业发展中的瓶颈问题和广大员工共同认可的价值理念等等。分析企业文化，常用的调研方法包括员工访谈、问卷调查、座谈会等。无论采用什么方法，企业文化的调研必须注重针对性，主要围绕企业发展愿景、运营现状、员工满意度、忠诚度、认同度等方面开展。

2）构建基础体系

企业文化建设是一个比较复杂的系统工程，它由理念系统、行为系统和视觉识别系统组成。因此，必须根据企业整体发展战略和内部运营实际，确定企业文化建设的顶层设计，构建规范化的基础体系。在企业理念体系方面，重点做好企业愿景、企业使命、核心价值观、经营理念、管理模式、企业精神等方面的设计。在企业行为体系方面，重点做好内部管理制度和员工行为规范等方面的设计。在视觉识别体系方面，主要做好企业标志标语、商标等方面的设计。

3）全面推动落地

企业文化提炼形成后，必须通过强有力的培训、宣贯等方式，让全体员工认可、感受自己的企业文化，最终达到内化于心、外化于行、固化于制的效果，让广大员工从"要我参与"转变为"我要参与"，不断增强企业文化的影响力、感染力和渗透力，让企业文化与经营生产深度融合，相互促进，充分发挥企业文化的引导、激烈、约束和凝聚作用，促进员工的行为转变，调动员工的工作热情，激发员工的内在潜力，切实增强企业的凝聚力、执行力和创造力。

4）持续改进提升

通过建立和完善企业文化内部评估机制和外部对标机制，定期或不定期对企业文化进行内部测评和外部对标，挖掘问题、总结经验，结合企业发展实际和所处环境变化，有针对性和传承性地改进不足，去其糟粕，建立持续改进的良性闭环系统，推动企业文化持续改进提升。

3. 企业品牌宣传与 CI 管理

1）企业品牌的重要意义

企业品牌是企业文化的重要载体，企业品牌蕴藏着巨大的市场文化、竞争文化和管理文化价值。企业品牌的评定主体是广大消费者，对建筑装饰企业而言，就是业主客户和社会公众。建筑装饰企业在某个领域的创意设计能力、项目管理水平、交付工程质量等一旦得到广泛认可，打响品牌，就能赢得市场，占据主导地位，并形成巨大的经济价值和社会影响力。

2）企业品牌宣传的主要路径

既然企业品牌对企业有着非常重要的价值，那么如何做好品牌宣传也是企业文化建设必须考虑的重要内容，但多数建筑装饰企业往往不大重视品牌宣传。在互联网时代，建筑装饰企业除了依靠在建项目和报刊、广告牌等传统宣传手段外，更应该借助微信、抖音等新媒介做好企业品牌宣传，不断提升企业知名度和社会美誉度。

3）企业 CI 管理

CI 作为企业文化重要的外在表现形式，发挥着识别功能、代表功能、解释功能和象征功能，是企业宝贵的无形资产。对建筑装饰企业而言，企业 CI 包括企业名称、企业品牌标志、企业标语、企业文化手册、企业网站、宣传墙等。通过标准化的 CI 管理活动，可以使企业文化这一比较抽象的理念看得见、摸得着，具体转化为被企业员工和社会公众认同的经营理念和行为规范。因此，建筑装饰企业应该依托在建项目，广泛推行 CI 战略，不断提升企业的知名度和影响力。

1.4.6 模板推荐

1. 企业文化建设内容纲要

提纲	主要内容说明
一、企业文化建设总则	1.1 目的/宗旨。可以采用企业文化战略目标的相关内容。明确为了达到什么目标而制定。 1.2 基本原则。例如以人为本、统筹兼顾、持续改进、注重实效、全员参与等。 1.3 内容范围。对企业文化建设管理工作的主要内容进行简单描述，从而界定企业文化建设管理工作的内容范围。 1.4 适用范围。适用的部门、对象范围。 1.5 术语释义。例如企业文化定义、企业文化建设体系等。
二、企业文化建设组织	2.1 组织机构设置。例如企业文化建设领导小组、实施小组、各部门等。 2.2 职责与权力。对各机构、各部门、员工在企业文化建设过程中的职责与权力进行明确。（针对部门，主要参与部门可以单独列出，但是大部分部门可以统一列出其相同的职责与权力；针对员工权责，也应该进行统一的说明。） 2.3 宣贯员队伍建设。可从队伍组建、队伍权责、队伍培训、队伍考核等方面进行简单说明。若内容过多，可以附件形式体现。
三、企业文化建设规划/内容	3.1 具体目标与任务。指分阶段的目标，例如长期目标、中期目标、短期目标，要求突出各阶段的工作重点。 3.2 建设思路。就企业文化建设的总体思路进行相关说明。例如通过什么路径与方法来实现预定目标。 3.3 总体实施计划。主要指企业文化建设实施方案的相关内容，即企业文化建设的具体措施。例如，按照企业文化建设"八大子体系"的构建内容来简单描述。 3.4 近期工作计划。主要明确短期内的工作目标、工作重点、主要工作内容、工作任务分配、工作进度等。在内容呈现形式上，可以相对灵活一些，例如，可以按照"重点工程"的形式分别列出。
四、企业文化建设管理	主要指日常工作的管理。例如工作计划管理/目标管理，工作总结与改进管理、工作监督与考核管理、案例征集管理、重要活动报批管理、重点项目建设管理、企业文化宣传管理、企业文化培训管理、数据与信息管理、经费预算管理、保障措施等。其中涉及流程管理的表格，可以附件形式体现。（由于每个企业的规模及组织结构不一样，具体的管理措施内容这里不——列出。尤其是一些中小企业，本身组织结构简单且企业文化建设工作内容相对简单，只需将日常管理的一些事项与要求——列出即可，无需复杂的宣传管理、培训管理以及流程表等）
五、企业文化建设考核	5.1 考核目标。主要指企业文化建设考核工作的目的。 5.2 考核原则。例如公平公正、绩效优先。 5.3 考核对象。企业文化建设考核的对象一般包括部门、员工。 5.4 考核办法。采取的考核方式（例如定性考核与定量考核、自我评估与他人评估等）、考核周期、考核指标等具体考核工作实施的内容。 5.5 考核激励。主要指对考核结果与薪酬、晋升、评先评优之间关系的说明。
六、附则	6.1 本办法解释权归属说明。 6.2 本办法拟定、修改、审批说明。 6.3 本办法生效说明。

续表

提纲	主要内容说明
七、附件	以下为有关附件清单，仅供参考，企业可根据实际需要来安排内容。 7.1 企业文化建设三年规划（详细版）。 7.2 企业文化宣贯员队伍建设管理办法。 7.3 企业文化培训管理办法。 7.4 企业文化宣传管理办法。 7.5 企业文化评价与考核管理办法。 7.6 企业文化日常工作管理流程表。 7.7 企业文化案例征集表。 7.8 企业文化建设经费预算表。

2. 企业文化手册撰写指导说明

内容标题	主要内容及要求
一、前言	企业文化建设的意义，公司企业文化建设的现状概述，企业文化新理念提出的背景，新的企业文化理念体系内容概述，未来企业文化建设总的目标、指导思想、原则与要求。
二、关于我们	公司简介。
三、公司历程	适合具有一定历史积累的企业，可以根据企业不同发展阶段的特点对其进行描述。例如：创业期、稳健成长期、跨越发展期、国际化发展期等。
四、核心理念体系（此为重点部分）	（一）核心理念体系结构说明 常按以下两种方式进行说明： （1）一般结构：由使命、愿景、企业精神、核心价值观以及具体的经营理念和管理理念组成。 （2）特色结构：通常是结合行业共性、企业历史及特点形成的特色理念体系。 （二）核心理念体系详细释义 该部分是手册的核心内容，也是员工重点学习的内容，即对各条理念的内容以及格义进行详细阐述，具体形式可依据上述结构展开，逐条进行描述。 理念文字内容撰写要求： （1）反映企业历史文化优秀元素以及企业自身特色。 （2）体现行业文化特点或者母文化特征。 （3）符合企业实际以及未来发展需要。 （4）符合全体员工的文化习惯且员工普遍认同。 （5）通俗易懂、简明扼要，便于员工理解和接受。 （三）案例故事 可以集中安排在理念体系释义的后面。但是，如果每条理念都有对应的、合适的案例，建议将案例故事分散，逐条安排在相应的理念释义后面，这样可以帮助员工更好地理解理念释义。
五、附件或者补充内容	本部分为补充内容，企业可以根据自己的需要，安排企业历史、荣誉、发展战略、视觉识别体系介绍、案例小故事等内容，帮助员工进一步理解企业文化，了解企业发展历程与企业形象，促使员工认知、认同公司的企业文化。 具体位置企业可以根据自己的需要以及内容的重要性进行灵活安排。例如，公司历史可以靠前安排，案例小故事可以穿插安排在理念释义部分。手册结尾部分通常可安排以下内容： ● 公司子文化/亚文化简介。 ● 公司大事记/荣誉。 ● 公司品牌内涵。 ● 公司司歌。 ● 文化/母文化/行业文化简介。

3. 员工行为规范制定指导书

目录	主要内容/释义	示例及要求	备注
前言	员工行为规范制定的目的以及内容概要。	（1）目的：为了规范员工行为，促进员工由"他律"走向"自律"，提高执行力，共同实现企业战略目标。 （2）内容概要：主要是包括哪些方面的内容或者哪几部分。	
总则	员工的职责、履行的基本原则、适用范围、术语释义。	（1）职责：员工的使命，行为要求。 （2）原则：在价值观的统领下，自觉履行。 （3）适用范围：全体员工。	
企业文化核心理念	企业文化核心理念主要内容	分别列出企业愿景、企业使命、核心价值观、企业精神以及具体的经营理念和管理理念的基本内容。	作为行为规范的统领。
社会道德规范	人们为了社会稳定和发展所必须遵守的行为准则。	我国《公民道德建设实施纲要》明确提出： （1）公民道德基本规范：爱国守法、明礼诚信、团结友善、勤俭自强、敬业奉献。 （2）社会公德主要规范：文明礼貌、助人为乐、爱护公物、保护环境、遵纪守法。 （3）家庭美德的主要规范：尊老爱幼、男女平等、夫妻和睦、勤俭持家、邻里团结。	制定过程中，一般可结合公民道德规范与社会公德规范的相关内容。
职业道德规范	从业者在职业活动中所应遵循的道德原则和行为规范。	我国《公民道德建设实施纲要》明确提出： （1）职业道德的主要规范：爱岗敬业、诚实守信、办事公道、服务群众、奉献社会。 （2）医药企业：珍爱生命…… （3）环保企业：保护自然……	应结合行业特点提出职业道德规范。
岗位行为规范	主要指各岗位员工的日常行为规范，包括岗位职责、工作实施要求、工作状态表现要求、日常行为要求、禁止行为等。	（1）熟悉岗位职责要求。 （2）严格履行各项管理制度。 （3）认真执行上级布置的工作任务。 （4）不迟到、不早退、不旷工。 （5）严禁工作时间玩游戏。 （6）严禁吸烟、看报纸、聊天、吃东西、干私活。 （7）下班后及时熄灯、断电、关好门窗。 （8）不使用无版权或盗版的软件。 （9）严禁接受客户或者合作机构的礼品。 （10）注意环境卫生。 ……	结合价值观要求，并突出行业特点，或结合公司自身特点单独列出细分的行为规范。

续表

目录	主要内容/释义	示例及要求	备注
商务礼仪规范/社交礼仪规范	企业员工在人际交往、社会交往以及国际交往活动中应遵循的行为规范。	（一）个人形象 （1）着装要求。 （2）仪容仪表。 （3）姿势要求：坐姿、立姿、行姿。 （二）商务礼仪 （1）礼貌用语。 （2）问候。 （3）交谈。 （4）电话沟通。 （5）握手。 （6）引路。 （7）乘电梯。 （8）坐车。 （9）行走。 （10）会议（包括座次排序礼仪）。 （11）用餐。 （12）重要接待。	座次排序礼仪相关图片，可以附件形式体现。
顾客服务规范	主要指员工在服务客户、供应商等利益共同体的过程中应遵循的行为规范。	（1）要求明确服务行为总的原则，即服务理念。具体应包括服务的目标、服务的态度、服务的思维方式、服务的行为要求等。 （2）要求按照服务流程就具体的服务语言、服务行为等进行规范化，并对服务质量提出明确的要求。	适用于服务行业，一般是基于服务理念提出具体的行为规范，也可以与商务礼仪规范部分相结合。
安全行为规范	主要指员工在生产操作、日常工作与生活中应遵循的安全行为准则。	（1）员工的安全职责说明。 （2）遵守各项安全操作规定、安全管理规章与制度。 （3）参加安全培训教育活动相关要求。 （4）危险物品说明及规定。 （5）设备设施使用安全说明。 （6）消防器材维护说明。 （7）交通安全。 （8）隐患处理。 （9）应急处理。 （10）安全事故处理。	这里只是简单列出安全行为规范与要求，详细的安全管理制度通过另行文件体现。
附录	一些补充性数据、资料或者图片说明。	（1）座次排序礼仪。 （2）导读清单或者延伸阅读与学习：安全手册、生产操作手册、商务礼仪课件、顾客服务案例等。	

第 2 章
直面业务链：专业管理

　　建筑装饰企业的生产经营方式与一般的建筑企业不同，建筑装饰产品具有生产场所流动性、产品形式及用材多样性、施工技术复杂性等特点，如何提高项目管理水平，保证项目品质和效益，一直是困扰建筑装饰企业的难题。本章以装饰工程项目为载体，从专业职能角度出发，对建筑装饰企业市场营销、生产、技术、质量、安全环境、文明施工、合约商务等专业管理工作的基本概念、重难点和操作要点进行了详细阐述。

　　生产、技术、质量、安全环境、文明施工管理是承接项目工程后，以打造最终完整装饰产品为目标，开展的系列具体施工管理行为，是完成项目生产经营的重要途径和手段；合约商务管理是以创效盈利为目的，通过开展预算、商务策划、成本管控、签证索赔管理等手段，提升项目盈利水平。通过本章内容的学习，可以使读者整体上全面把握建筑装饰工程从承接到履约再到创效盈利的全过程管理行为，帮助进一步了解如何规范项目管理行为，提升项目盈利能力。

　　在本章内容的学习和实践应用中，针对市场营销管理要注重以体系机制为基础，以提升签约质量为目标导向；针对生产、技术、质量、安全环境、文明施工管理要注重以计划管理为主线，以打造精品装饰工程为目标导向；针对合同商务管理注重以施工合同为基础，以提升盈利能力为目标导向。通过系统间的联动、全过程的管理，最终完成项目营销、履约目标，为企业生产经营创造价值。

2.1 建筑装饰企业市场营销管理

2.1.1 基本概念

　　建筑装饰企业市场营销管理是建筑装饰企业围绕获得装饰工程项目并实现业主和企业自身价值所开展的一系列管理活动。

2.1.2 主要特点

1. 管理先导性

"市场为大、经营为先"是建筑装饰企业确立市场管理导向的真经。先导性一方面体现在管理功能上，企业通过市场营销管理实现业主和企业的需求及价值，另一方面体现在管理的顺序地位上，建筑装饰企业不首先抓好市场营销，企业管理将成为无源之水，整个企业的专业管理也无法有序展开。

2. 对象特定性

建筑装饰项目招标主要分为公开招标、邀请招标和议标。公开招标一般进入建筑专业承发包二级市场，其他形式一般在业主指定的场所进行，这是建筑装饰市场特定性决定的。由于装饰产品具有不可替代性，业主有不同需求，差异性大，整个营销管理是围绕不同业主不同项目来展开的。

3. 工作系统性

一是组织工作系统性，市场营销需要企业领导、员工、财务部门、技术部门、物资材料、设计部门等各层级、各系统协同配合，共同拿项目。二是具体工作系统性。既要做好营销策划，又要做好营销的内外部工作，特别是外部工作还要做好业主的分层对接，充分理解业主真实需求。

4. 履约一致性

建筑装饰企业市场营销不是简单地一手交钱、一手交货，它的管理具有鲜明的延伸性，贯穿在装饰产品建造的全过程，如果仅仅满足于接了活就万事大吉，市场营销不可持续，要在整个履约过程中让业主强烈地感到市场营销承诺的存在。同时项目现场本身就是市场，没有良好的现场与市场互动，两者都会丢掉。市场营销管理服务现场履约，也为企业设计变更、签证索赔创造条件，为最终结算提供便利，更为建筑装饰企业赢得常客户、大客户打下基础。

2.1.3 管理难点

1. 信息获取、跟踪

在建筑装饰市场中如何捕获项目信息，识别有价值信息并对接业主实施跟踪，是建筑装饰企业市场营销的第一个难点和痛点。

2. 满足业主需求

这是以客户为中心的应有之义，建筑装饰项目市场营销虽然对象特定，但并不一定能准确地把握好业主需求，而最大限度地满足业主需求正是市场营销取得成功的精髓。

3. 做好后续营销

建筑装饰项目市场营销不是一拨人干一波事，也不是企业干一锤子买卖，市场营销理念、方法、行动参与渗透项目履约全过程，才是市场营销的一个生命周期。建筑装饰企业如何实现市场营销管理与其他管理，特别是生产履约有机融合以及市场营销管理自身界面的扩充是企业赢得市场和客户的战略之举。

2.1.4 管理重点

1. 体系建立健全

建筑装饰企业初创时靠企业负责人特别是主要负责人承揽工程打开市场局面无疑是通常的做法。随着企业步入经营生产的正轨，仅靠一两个负责人跑营销显然是不可持续的，建筑装饰企业抓市场营销的首要重点工作是逐步建立起市场营销的组织管理体系、制度管理体系和激励责罚机制。

2. 渠道拓展维护

偶然获得的装饰工程项目信息可能会取得成功，但道听途说是不可持续的。建筑装饰企业必须拓展建立起工程项目信息的相关渠道，有政府项目立项主管部门，有专业系统建设主管部门，也有企业、事业单位项目管理部门，还有工程总承包单位营销部门。通过市场渠道拓展、建立及维护，企业信息来源就会丰富。

3. 招标投标过程精细

业主招标工作何时开启，有一些什么要求，采取何种方式，从事市场营销工作的人员必须了然于胸，而在投标阶段，制定实施好投标策划，落实参与方的职责分工，显得尤为重要。投标不是演出秀场，唯有中标才是硬道理，所以投标活动、环节、表达（口头述标、书面标书、视频资料）都要精细，做到零失误。

4. 做好缔约管理

缔约是个法律上的词汇，是合同管理的初始阶段，包括合同的起草、评审、谈判、签订等环节，市场营销的最显著成果落实在合同额上，因此把握好缔约各环节工作，提高合约质量是非常重要的工作。

2.1.5 管理要点

1. 资质及证照管理

（1）做好公司证照保管和使用。证照包括：营业执照、安全生产许可证、组织机构代码证、税务登记证、资质证书、企业及工程荣誉证书等。

（2）按企业发展需求做好资质的升级、变更和完善工作。

（3）做好公司证照年检工作，及时与政府相关部门办理年检，确保投标等工作顺利。

（4）做好证照遗失的应急预案，条件允许情况下，应做好备份。

2. 市场营销制度体系建设

建筑装饰企业在明确市场营销组织架构的同时，应建立起一套规范市场营销管理的制度体系。

（1）对项目信息的获取制度。要详细规定信息获取的渠道、甄别和维护以及成功转化成项目的有效路径等。

（2）招标投标管理制度。要规定招标投标审批流程、投标成本的测算、投标策划、技术方案等。

（3）缔约管理制度。要明确项目中标后，合同的评审、审核、审批等相关流程，对合同签订的关键点进行界定。

（4）营销激励制度。对项目中标后的奖励标准和奖励范围进行规定，对项目未中标的处罚标准和处罚措施进行规定。

（5）大客户、常客户管理制度。对大客户和常客户的资源建立、维护、开发、跟踪、服务等进行规定。

3. 市场调研和分析

（1）行业研究。即对建筑总体市场和建筑细分市场要有清晰的认知，对行业的发展趋势和专业化的发展路径有所研究，对建筑市场的潜在需求量、客户分布和客户特性做特性研究。

（2）产品研究。即对建筑装饰企业所能提供的产品的开发和改良建议，诸如设计、材料组织、绿色建筑、装配式管理等，以及对相关竞争产品的研究和分析。

（3）销售研究。即对公司整体的营销活动和营销手段做调研，分析其相关作用和影响力，以作改良。

（4）客户研究。即对重要客户的采买行为目的进行研究，了解其项目决策过程及采买行为特性研究。

（5）环境研究。即按人口、经济、社会、政治及科技等因素的变化和对未来变化趋势的预测，对市场营销行为的影响。

4. 项目信息管理

项目信息管理是指具体工程对象及各方市场主体情况等项目信息的获取、收集与分析。

（1）要对工程项目信息进行全面管理，有选择、有重点、有策划地跟踪工程项目信息，规范项目承接管理制度，提升经营质量和资源利用率。

（2）要做到对信息渠道进行规划和统筹，科学地建立适应区域具体形势的信息渠道网络，确保项目信息获取的及时性、全面性和准确性；确保信息网络的有效运行，保证信息收集的常态化；建立信息跟踪的定期汇报机制，根据跟踪情况，定期组织分析会，对下一步跟踪策划进行动态调整。

（3）做好项目信息的评审。主要内容有以下几方面：项目的主要情况，包括工程概况、信息来源渠道、主要竞争对手情况和当地市场环境对企业的影响等；业主资金及资信状况，包括业主资金来源、资金到位情况、工程款支付情况和业主营业范围、注册资金、当地运营情况、信誉和履约情况等。项目进展情况，包括总包施工进度、图纸设计情况、预计招标时间和计划开工日期等；业主以往选择承建商的情况、与业主的合作经历、工程计价方式和预计造价水平和计划开工日期等；可运作情况，包括业主选择承建商的倾向性、企业承接项目的优势、对接和商务运作中存在的主要问题及解决的办法等。

5. 营销策划管理

（1）营销策划要立足于营销活动全过程，通过划分阶段，确定工作目标，识别关键要素，设计完成路径，分解并落实责任，规范和指导营销活动各个阶段的工作。

（2）营销策划要重点分析业主的决策流程，准确摸清决策中各个环节的作用、影响因素及相关人员，推行团队营销，落实分层对接的责任人及职责，确定各阶段的目标、措施和计划。营销策划中充分运用投标作为重要营销工具的作用，参与资格预审文件、招标文件及相关标准的制定，合理组织合作伙伴进行协助与配合。

6. 招标投标管理

（1）工程投标包括招标文件评审、投标组织与策划、投标文件评审、投标总结分析等过程的管理活动。应加强对投标工作的管理，规范投标行为，防范投标风险，维护企业利益，确保投标工作顺利实施。

（2）招标文件评审过程管理包括招标文件初评、复评、审批、意见反馈、备案管理6个环节。特大型工程（企业自定）的投标应实行授权管理，由公司主要负责人进行授权。其他层级由相应分管负责人进行审核、批准。

（3）投标策划要针对投标工作设立相应的投标机构，明确目标、工作内容及职责，充分识别、化解和降低项目风险，标书编制要为后期的项目实施做好铺垫。投标策划过程管理包括投标组织、编制投标策划书、投标策划审批、召开投标标前会和标前交底、投标工作实施、归档6个环节。

（4）投标工作应设置相应底线，出现下列情形的，应引起高度重视：承接垫资工程的；故意隐瞒业主要求，改变上报资料真实性，误导评审工作的；投标过程中向业主作出存在重大风险的口头或书面承诺，且未经同意的；评审未通过，又未做处理，导致中标的；未经同意私自承接工程的。

7. 缔约管理

（1）缔约范围是施工合同协议书、中标通知书、投标书和附件、施工合同专用条款、施工合同通用条款、施工标准、施工规范以及与之相关的技术文件、相应的图纸、工程量清单、工程报价单、工程预算书等构成建设工程施工合同或补充协议的一切资料。缔约管理的主要目的是规范工程合同管理，提高合同签约质量，防范经营风险，维护企业合法权利。

（2）业主合同在工程项目中标后，应当对合同文本进行评审。合同评审由市场营销部牵头。审核人员由合约商务部、工程管理部、财务资金部等相关人员组成。重点工程评审可组织相关职能部门、分管领导进行集中评审，大型项目还应出具《法律意见书》。

（3）合同初步评审后开始准备合同谈判，并在合同签订前完成合同谈判。谈判小组组长牵头组织合同洽谈准备会，谈判小组成员根据营销的策略和意图、招标文件条款及内容的评审意见、报价交底资料制定谈判原则和方案。谈判前，谈判小组成员要熟悉招标文件、投标书、中标书、纪要、往来函件等文书，并全面分析项目场地情况、技术条件、运输方式、供需情况等，抓住利弊因素，积极争取谈判主动权。谈判策略的选择要充分考虑谈判对象、谈判焦点、谈判阶段和谈判的组织方式等方面。合同谈判要策划的目标有以下三点：

①底线目标：应当坚持的不可随意更改的关系企业核心利益的目标；

②争取目标：尽量争取修改条款以达到对我方有利的目标；

③策略目标：可在合同谈判中提出的辅助谈判的目标。

8. 营销与履约的联动

（1）市场营销工作要全面参与到项目履约过程中，项目管理团队与项目业主方的沟通是没有市场营销人员深入的，对业主一些设想和理念的理解是无法与市场营销人员相比的，所以项目要做好履约工作，就必须要求市场营销人员充分参与，不论是在设计、工期，还是商务、资金方面，都要时时关心、处处帮助，才能为项目成功履约、实现预期收益创造条件。

（2）在履约方面，建筑装饰企业要全面提升项目履约能力和工程质量，加强施工现场工期管理、质量管理、安全管理，实行现场标准化管理，把履约做深、做细、做透，以品质履约提升品牌形象，才能推动二次、三次营销，把单一客户发展成战略客户，把"一次买卖"发展成为"客户首选"，提升客户对企业的依赖性。

9. 常（大）客户的关系管理和拓展服务

（1）常（大）客户主要是归拢客户关系资源，建立常（大）客户服务平台，保持现有的常（大）客户关系资源总量，并使战略伙伴客户的数量不断增加，确保工程项目的数量与质量。

（2）市场营销部负责开展市场调研，分析市场环境，正确做出市场预测，制定年度常（大）客户管理目标和工作计划，实施常（大）客户工作计划等管理工作；负责常（大）客户关系拓展与维护工作，定期与其沟通，并及时开展回访；负责针对常（大）客户的不同服务需求，牵头组建常（大）客户服务团队，向其提供个性化和差异化服务，不断优化服务方案；负责常（大）客户项目的营销策划书编制、项目投标管理、合同谈判和二、三次经营等活动等；负责统筹常（大）客户资源，建立常（大）客户信保密机制、资源共享机制和利益补偿机制,实现资源有效共享。

10. 营销激励

(1)将营销激励与营销实施的过程和效果结合,充分调动营销人员的积极性、主动性和创造性,确保营销策划的有效执行。

(2)加强重大项目的营销考核,将营销兑现与营销实施的过程和效果挂钩。

(3)重大项目的考核要注重结果与过程的双重考核,将过程、结果与目标进行对比,真实反映营销各要素在项目承接中的作用和效果。营销激励原则主要有以下几点:

一是政策导向原则。营销激励要充分体现企业战略发展方向,与市场策略及新兴业务发展策略相一致。

二是关注合同质量原则。营销激励要与合同质量相结合,在合同规模、工程类型、付款条件、项目利润等方面与兑现挂钩,引导营销人员更多承接"好项目"。

三是及时性原则。对于符合兑现条件的项目,要及时、足额发放营销兑现。

四是审批原则。营销兑现一般由企业法定代表人审批。

2.1.6 经典案例

1. 案例介绍

某项目前期营销因对国家经济和产业政策认识不足,投标项目的资金、合同等具体情况掌握不准确给企业造成了风险。营销人员在营销过程中处于"将在外军令有所不受"的状态,拥有一定的独立掌管财务和使用企业资质参与投标的权利,该工程构成恶意串标,并且签订了标前合同(阴合同),后又违法进行招标投标并另行订立中标合同(阳合同),签订的标前合同和中标合同均无效。

2. 经验做法

首先,面对市场风险的防范,企业应认真做好前期调研,全面掌握建设项目有关投资、立项、审批、施工内容等详细情况,远离存在较大风险的工程项目,同时要做好对国家政策、经济、区域投资环境等情况的研究,避免工程项目受相关政策风险的影响,项目招标后更应深入研究和分析招标文件,全面分析投标人须知,详细审查图纸,复核工程量,精确测算项目成本,研究合同文本及投标报价策略,承揽确保企业效益的低风险项目。

其次,要选拔忠于企业、责任心强、德才兼备的营销人员,对发现不称职的营销人员要尽快调整其工作岗位;企业必须加强对营销人员的普法教育,加强法律知识的学习,提高依法办事、依法决策的素质和能力,使营销人员实现法治学习常态化、制度化,让营销人员做到知法、用法和具备法律思维,不断提高营销人员的法律素质,增强其法律风险防范意识;三是企业要严格市场营销工作的管理程序,加强营销人员的监管及财务审批制度,营销人员自身在工作中要把握尺度和方式方法,做到爱岗敬业,依法营销,廉洁营销。

最后,要规范工程合同管理,提高合同签约质量,防范经营风险,维护企业合法权利。承发包双方在合同中事先应做出各种约定和承诺,如合同的索赔与反索赔条款、不可抗力条款、合同价款调整变更条款等等。作为合同的一种特定类型,建设工程合同同样具有一经签订即具有法律效力的属性。所以,合同是处理建设项目实施过程中各种争执和纠纷的法律依据。

2.1.7 模板推荐(表 2-1 ~ 表 2-5)

1. 工程项目信息评审表

工程项目信息评审表　　　　表 2-1

	序号	信息种类	具体情况
项目基本情况	1	业主名称	
	2	工程地点	
	3	总承包单位	
	4	预计造价	
	5	信息来源	
	6	主要对手	
	7	工程进展	
项目可行性分析	8	业主类别	
	9	与业主合作经历	
	10	业主常用承建单位	
	11	常客户情况	
	12	关系资源情况	
	13	地标性或社会影响力	
	14	提升企业品牌及未来发展	
	15	新进入有发展前景的市场	
	16	预期经济效益情况	
市场商务部门意见		副总经理意见	

2. 招标文件评审表

招标文件评审表　　　　　　　　　　　　　表 2-2

单位名称：			评审时间：	年 月 日
序号	工程名称		业主名称	
1	预计造价		交标时间	
评审意见（填写明确并签字，可附页）				
2	市场商务部			
3	工程管理部			
4	财务管理部			
5	主要风险及解决措施			
6	综合意见			

总经理审批意见：

3. 招标文件主要内容分析表

招标文件主要内容分析表　　　　　　　　　表 2-3

序号	工程名称	具体情况
1	业主名称	
2	工程地点	
3	计价方式	
4	招标方式	
5	交标时间	
6	质量要求和奖罚	
7	工期要求及奖罚	
8	主材供应方式、价差是否可调	
9	工程资金来源、到位情况	
10	预付款、工程款支付时间、比例（分月进度、竣工、结算办理、保修）	
11	投标和履约保函（额度、现金或银行保函）	
12	项目管理班子要求	
13	评分办法	
14	与信息评审差异条款	
15	工期要求及奖罚	

4. 工程合同评审表

工程合同评审表　　　　　　　　　　　　　　　表2-4

单位名称：			评审时间：　年　月　日	
工程名称		对方名称		
实施单位		合同签约额		
评审意见（明确填写风险内容及修改意见并签字，可附页）				
市场商务部				
工程管理部				
财务管理部				
主要风险及解决措施				
综合意见				

总经理意见：

5. 合同主要内容分析表

合同主要内容分析表　　　　　　　　　　　　　　表2-5

序号	工程名称		
1	对方名称		
2	工程概况		
合同主要内容分析			
3	业主资信情况		市场商务部
4	合同承包范围		
5	业主要求的相关承诺		
6	工程造价		
7	利润水平		
8	承包形式及主材调整方式		
9	竣工结算		
10	工期及违约责任		工程管理部
11	质量及违约责任		
12	付款条件		财务资金部
13	合同担保形式及额度		

2.2 建筑装饰企业生产管理

2.2.1 基本概念

建筑装饰企业生产管理是为顺利完成装饰工程施工任务和生产经营目标，企业以项目工程为载体，进行计划、组织、控制、统计的综合管理活动，内容主要包括生产计划、生产组织以及统计等，通过合理组织生产过程，有效进行过程监控，统筹生产资源，经济有序地进行生产活动，以达到预期的生产经营目标。

2.2.2 主要特点

1. 系统性

建筑装饰企业生产管理需要从企业发展战略和整体生产经营目标出发，结合实际情况，有针对性地对全公司范围内的装饰项目工程开展生产计划、组织、协调及相关统计工作，为企业进行科学合理的决策提供信息、咨询和服务。

2. 全过程性

针对建筑装饰企业项目进行计划、统计等工作，需要从项目立项及管理人员进场开始，到竣工验收，再到项目完工结算，是连续性的全过程管理行为，而不是阶段性管理行为。

3. 分类性

从工程类别上区分，建筑装饰工程可以分为商场、体育场馆、酒店、住宅等；从工程内容上区分，建筑装饰工程可以分为内部装修装饰和外部幕墙等。每种类别的项目工程都有不同的特点，施工工序和管理模式也大不相同，因此在生产经营中需要分类别进行管理。

2.2.3 管理难点

1. 生产管理体系不健全

当前许多建筑装饰企业在生产经营中，大多倾向于以项目为管理单元，缺乏整体意识和协调意识，只是单一地以项目履约为目标，忽视了从整体上对企业生产经营进行管理，导致公司生产管理体系不健全，生产的计划性不强，造成资源浪费和效率低下。

2. 搜集上报信息失真

部分建筑装饰企业在生产管理过程中需要定期搜集整体大量项目履约数据，但是经常会存在因人员素质等问题，导致项目统计的情况和实际情况不符的，无法提供准确的数据信息，影响企业领导层科学决策。

3. 资源调配不力

部分建筑装饰在生产管理中对工程项目的特点和实际的条件判断失误，编制的施工计划不科学，贯彻进度计划不力，劳动力和施工机具调配不当，现场管理不严密，解决问题不及时等都将影响到生产经营的有序管理。

2.2.4 管理重点

1. 加强生产计划管理

围绕施工生产的具体目标制定相应生产计划，通过计划的编制、执行、检查、处理来控制企业生产活动，从而实现高效有序履约。

2. 加强生产统计管理

加强公司生产统计信息的有效传递，确保统计数据的真实性、及时性、准确性和完整性，为企业经营决策提供充足的依据。

3. 加强生产进度控制

按照项目施工计划及实施要求，监督、检查项目实施过程中的动态变化，发现其产生偏差的原因，及时采取有效措施或修改原计划，保障项目顺利履约。

2.2.5 管理要点

1. 生产计划管理

（1）企业及所属各单位应当根据年度实施总体计划其他各类影响因素，分解编制季度、月度计划，项目部在此基础上还应编制周计划，特殊项目和特殊时段还需按天编制施工计划。

（2）各级生产负责人对当期（月、季度）生产计划的内容进行审核，随报表一起上报。

（3）生产计划应实行动态管理，当外部环境发生变化且明显影响到计划实施时，应及时调整计划安排，并根据计划要求调整各种资源以确保阶段计划的完成，从而保证年度计划的落实。

（4）项目部、各级工程管理部为本单位计划编制的责任主体。

（5）各级工程管理部应经常督促、检查施工生产计划的编制及执行情况。

2. 生产统计管理

（1）在规定时间内，统计人员应收集基础数据、资料，按相关要求完整地填写、编制各类生产统计报表。

（2）生产统计报表编制后，首先由编制人自审，确认无误后提交生产统计负责人审核，生产统计负责人应对统计数据的来源、准确性、计算过程及逻辑关系进行细致审核，确认无误后签字盖章报出。

（3）生产统计负责人和生产统计人员要切实履行自己的职责，必须对所审核的统计数据负责。

（4）生产统计报表的上报可采用传真、电子邮件、邮寄等多种方式，根据统计报表的种类、报告期别、要求上报日期等加以规定。

（5）生产统计报表在上报前必须经过生产统计负责人、填报人签章，并加盖公司公章，标明公司名称、报告期别、实际报送时间后方可报出。生产统计报表中的内容不得空缺，否则视为无效报表予以退回。

（6）生产统计报表在报出后如发现有误，应在规定报送时间内及时发出书面更正，过期更正无效。

（7）把握时效性，生产统计报表必须在规定时间内报送，不得借故拖延，不得迟报、拒报。对于上级机构要求的临时性紧急调查表，下级生产统计机构需积极配合填报，不得借故拖延。

3. 生产进度管理

（1）项目部要根据要求定期搜集实际施工进度的有关数据，从而为分析施工进度、调整进度计划奠定良好基础，检查的主要内容包括：在检查时间段内任务的开始时间、结束时间，已经进行的时间，完成的工作量，消耗的物资和劳务量以及存在的问题等。

（2）对于搜集到的施工实际进度数据，进行必要的整理，并按计划控制的工作项目内容进行统计，并与之前数据进行对比。

（3）对施工进度检查比较的结果、有关施工进度现状和发展趋势，以报告形式提供给项目经理和公司工程管理部门，以作为决策的依据。

2.2.6 典型案例

1. 案例介绍

某装饰公司承建的某会议中心装饰装修项目，裙房地上五层，塔楼地上二十层，该公司主要负责会议中心多功能厅、贵宾休息室、接待室、大中小型会议室、连廊及侧厅等区域的施工，合同造价3亿元，施工面积22500m²，合同工期200日历天。该项目履约难度极大，主要体现在：空间开阔、体量大、会议室、贵宾室等单元数量多且复杂；节点丰富，造型多样；材料多样，涉及高级装饰材料等十几种材料；工艺复杂，防火门系统多达10种工序，拼装要求高；质量标准高，要求确保"鲁班奖"，争创"国优金奖"；工期紧迫，装饰工期不超过200天。面对如此复杂的条件和艰巨任务，该公司项目管理团队通过科学合理的生产统筹规划，并进行动态反馈，及时调整，有序保障了项目的顺利履约。

2. 经验做法

（1）科学编制施工进度计划，确保总体进度可控。为保证施工有序进行，项目部编制了详细的施工进度计划，明确了"3.20""5.30""8.30"销项倒排计划等里程碑节点。施工过程中，为保证进度可控及其动态性，项目部根据总计划时间节点制定出详细的月、周度计划。每周检查进度计划完成情况，针对落后施工内容，采取赶工措施，针对区域中的施工疑点、难点，在后续计划中及时做出调整，增强计划工作实效。

（2）合理分解施工工序，促进项目工期履约。项目部编制了关键工序、辅助工作清单，依据工作清单组织展开后续工作并定时销项。项目钢结构钢架基层、天花转换层、地面垫层等先期完工，为后续工作创造条件；铝板吊顶、石材墙面、地面、防火门等样板积极推进，明确各节点做法，推动工序衔接。

（3）定期召开生产会议，组织查缺、安排补漏。为保证项目的顺利进行，在每周参与总包及业主组织的例会之外，项目部每天组织劳务班组、专业分包召开生产会，针对当日需协调、需解决的生产问题，并对次日工作进行部署安排，做到"当日事当日毕"，促进现场生产工作顺畅。

（4）加强生产管理协调，提高整体履约效率。为检查生产计划关键节点完成情况，项目部定期组织项目施工、技术、深化设计、各劳务分包、专业分包等检查现场施工进度并解决现场发现的施工管理问题。根据巡查情况，与劳务班组签订施工进度计划，与材料供应商及专业厂家签订材料进场及安装计划及补充协议，进一步明确进度节点，确保环环相扣，通过多次采取现场巡查的方式督促各劳务和专业分包协作，极大提高了履约效率。

2.2.7 模板推荐（表2-6～表2-8）

1. 施工任务完成情况表

施工任务完成情况表　　表2-6

序号	工程名称	工程分类		单位工程数	合同额（万元）	开竣工日期			完成工作量（万元）			经营方式	期末达到形象进度	目标责任书签订（是/否）	上缴利润率（%）
		建筑功能	项目类别			合同开工	实际开工	合同竣工	自开工累计完成	自年初累计完成	本月完成				
	一、在建项目：														
1	1.××项目														
2	2.××项目														
	二、停工半停工项目：														
1	1.××项目														
2	2.××项目														
	三、完工项目：														
1	1.××项目														
2	2.××项目														
	四、竣工项目：														
1	1.××项目														
2	2.××项目														
	五、施工准备项目：														
1	1.××项目														
2	2.××项目														

2. 生产指标分地区完成情况表

生产指标分地区完成情况表（年、季报）　　　　表 2-7

填报单位：

地区	自年初累计完成建筑业总产值					在建项目（个）	自年初累计施工工程个数			
	总产值						施工项目数				
	合计（万元）	占总量的（%）	比去年同期（%）	其中：以其他名义承接（万元）			个数（个）	占总量的（%）	比去年同期（%）	在建项目（个）
合计		—				—		—		
一、北京市										
二、上海市										
三、江苏省										
四、广东省										
五、浙江省										
六、安徽省										
七、湖北省										

3. 施工工程项目分类情况表

施工工程项目分类情况（年、月）　　　　表 2-8

工程项目分类	自年初累计施工工程数（个）	自开工累计施工工程数（个）	结转施工工程数（个）	结转施工产值（万元）
合计				
1. 内装类				
2. 外装类				
3. 园林类				
4. 机电安装类				
5. 其他				

2.3 建筑装饰企业设计管理

2.3.1 基本概念

建筑装饰企业设计管理是指装饰企业为装饰工程总承包或专业施工承包,对贯穿整个项目实施过程中的方案设计、深化设计、设计交底、设计变更、图纸会审等进行统筹管理的活动。设计管理在装饰项目中至关重要,是落实项目决策的核心,影响到整个工程品质的成败。

2.3.2 主要特点

1. 不可复制性

建设装饰设计是设计人根据发包人委托提供相应的设计服务,从工作内容、设计要求、服务方式、实施周期等方面而言,每一工程建设项目的设计服务均相同,具有不可复制性。

2. 内容权威性

设计文件在工程项目实施过程中的法律权威性极大,它是签订合同、组织施工、竣工验收、结算付款、交付使用等各个环节的实际依据,设计管理就是从源头对上述各环节进行控制。

3. 动态调整性

设计阶段周期长、接口多、责任重大,直接关系到项目投资和社会经济效益,过程中需要通过加强设计管理进行控制和协调,并进行动态调整。

4. 经济合理性

在设计中既要积极采用新技术、新工艺、新材料,以及先进的施工组织方法;又要保证建成后能合理利用资源和降低产品成本,并具有较高的劳动生产率、较好的产品质量和劳动条件等指标,讲求经济效果。

2.3.3 管理难点

1. 装饰企业设计主导性欠缺

大型项目的设计管理通常由建设单位以组建项目管理团队或聘请项目管理公司的方式进行,负责日常联系、技术方案审议技术论证等;中小项目设计管理由业主聘请设计公司负责,并靠设计公司自身质量管理体系保证设计效果。多数情况下设计管理者没有直接决策权,主要是提供参考意见。

2. 业主对设计重视程度不高

建筑装饰设计上重大决策基本是由建设单位决策层或领导进行,由于大部分决策者缺乏专业背景和设计决断能力，往往缺乏科学依据和专业考虑。另外，建筑设计管理的重要性在很多情况下没有被摆到应有的高度，甚至有些业主认为设计变更是不可避免的，也无关轻重，可在实施过程中进行修正。

3. 设计管理协调难度大

鉴于建筑装饰项目设计工作越来越趋向专业化，专项设计在很多情况下由专业公司深化完成，与传统设计相比，设计协调环节增多，协调难度加大。

2.3.4 管理重点

1. 做好业主需求的设计管理

在设计中，建筑装饰企业必须以业主需求为导向进行管理，业主需求包括设计目标、对于设计方案的特殊限制和要求、施工场地的特点建筑空间的位置设计和建筑物之间的关系、业主的投资预算、建筑物功能、建筑物对未来变化的适应性、各种需求中需要优先考虑的因素等。

2. 做好专项方案和图纸的设计管理

设计管理工作的主要任务是根据扩充后的设计、设计需求、设计合同和国家对于建筑工程设计的要求和规范，监督和管理建筑工程施工之前图纸的设计、材料的采购、设备制造等下一阶段的施工工作，并着力于审核施工图和各项专项设计。

3. 做好施工与设计的配合管理

组织各个单位进行设计会审和交底工作，各个部门之间要协调解决施工过程中发现的设计问题。由设计单位向参与施工的监理、承包商等单位说明设计依据、设计意图、主要参数设计、施工技术难点问题以及施工中需要重视的问题等方面进行交底，并且随着施工的逐步进行针对一些难点和重点问题进行交底。

2.3.5 管理要点

1. 设计体系

装饰深化设计师与原设计单位紧密沟通，充分理解原设计意图，结合项目实际进行深化设计。

2. 深化设计

1）总体要求

（1）深化设计应利于施工，保证现场装饰效果。

（2）满足指导施工的同时应保证经济、合理、安全。

（3）深化设计图尺寸必须为现场实际尺寸。

（4）深化设计出图应与施工进度协调一致。

2）设计依据

（1）施工规范标准和合同要求。

（2）原有的施工图，包括土建和机电图纸。

（3）材料特性和非装饰类产品的自身构造、施工工艺、安装特点。

（4）施工现场勘测尺寸和确定的控制轴线标高等。

3）进度控制

（1）根据工程总进度计划编制出图计划。

（2）影响深化设计进度的设计难点，技术管理部门应组织项目部技术质量相关人员进行攻关，解决技术难题。

（3）定期召开深化设计工作会，及时与项目部生产。质量等人员进行沟通，掌握过程中可能存在的接口问题，理清各专业之间的施工工序，便于后续施工。

4）质量控制

（1）深化设计师应对深化设计图的内容进行仔细审查，确保图纸尺寸标注详细、准确，文字说明简洁明了。

（2）项目技术负责人组织技术、质量、施工员。预算员对深化图纸进行审核，并将发现的问题逐一落实。

5）设计交底

（1）设计交底的目的是让项目管理人员更好理解设计意图，了解深化设计的特点，掌握关键工程部位的质量要求，确保工程质量。

（2）设计交底实施过程中，项目技术负责人组织进行设计交底会议，由深化设计师对项目部管理人员进行交底，讲明工程特点、技术质量要求、施工方法与措施等，重点应讲明新技术、新工艺、新材料应用的施工方法，避免技术质量、安全事故发生的措施，并回答项目管理人员提出的疑问，设计交底会议应做会议记录，纳入工程技术档案资料管理。

3. 设计变更

1）变更内容

（1）处理设计中的错误及不完善部位。

（2）解决专业之间的冲突出矛盾部位。

（3）提出合理、有利、便捷的技术方案措施。

（4）保证质量、促进安全生产、提高经济效益。

2）变更提出

（1）设计变更包括设计变更通知书、设计变更图纸，设计变更可能由发包方提出，原设计方提出，也可能由项目部提出。

（2）提出设计变更应当在满足业主基本要求和现行国家标准规范的前提下，遵循有利于改进施工工艺，有利于提高施工效率，有利于降低工程成本的原则。

3）项目部提出设计变更的办理程序

（1）对工程材料安全、功能性、平面布置有重大影响的更改，由项目管理人员提出变更方案，填写设计变更单，报项目技术负责人审核。

（2）对工程材料安全、功能无重大影响的变更，由项目施工部门填写设计变更申请表，由项目技术负责人评审其可行性后，可在现场图纸上直接修改，保持图纸的一致性，并做好交底工作。

（3）变更方案、设计变更单送监理、发包方审批后，由项目部组织实施。

4）图纸会审

（1）项目部在收到图纸（包括深化设计图纸）5日内，由项目技术负责人组织相关人员认真熟悉图纸，并组织进行内部图纸会审。

（2）内部会审记录是重要的深化设计、施工技术和索赔/反索赔依据，应再作为重要的内部记录文件进行存档备查。

（3）项目技术负责人和各专业责任工程师参加由建设单位组织设计、监理、施工单位参加的图纸会审，并做好图纸会审记录。

（4）图纸会审记录及时转发至相关管理人员手中，项目技术负责人组织专业人员学习并督促图纸持有人将会审内容在图纸上进行标志。

2.3.6 典型案例

1. 案例介绍

近年来，某装饰公司敏锐把握市场变革的新方向，积极适应新环境，"捕捉"企业转型升级的关键，加快由"单一专业施工"向"设计施工一体化"转型的步伐，坚持设计牵引，通过自我升级、机制升级、品质升级持续打造"设计施工一体化"的核心竞争力。2019年该公司累计中标装饰EPC项目8个，累计中标额突破50亿元，荣获"全国五一劳动奖状""全国优秀施工企业"等省部级以上奖项30余项，形成了"五壹三甲"的资质体系，公司综合实力和品牌影响力得到大幅提升。

2. 经验做法

（1）做好设计战略规划。一是明确发展路径。制定《设计三年规划》，明确战略目标及发展路径等，推出"12345"工程，即"围绕一个核心"即全力打造"设计施工一体化"；"执行两个层级"即"一令三书""一书三法"；"发挥三大作用"即"设计引领、融入市场、服务保障"；"坚持四大原则"即"全司统筹、内部优先、业绩导向、持续改进"；"打造五大特色"即"品牌建设的领头羊、核心技术的产出地、现场创效的加油站、岗前培训的训练营、精英人才的集中地"。二是优化组织架构。实行总部集中化、区域驻点，在架构搭设、核心团队组建、设计半市场化等方面进行了设计线条改革，减少管理层级，实行集中办公。下设5大专业组：外装深化设计组、内装深化设计组、方案设计组、BIM设计组、区域设计代表。通过精益求精的内部管控，及时跟上行业和匹配公司整体的发展。三是完善考核机制。参照项目经理部模式对其进行考核，盘活设计活力，分层签订责任状、分层考核、分级审核，通过满意度调查倒逼设计人员水平提升，转变服务意识。考核指标除经济指标外，还设有工作质量、创优、人才培养指标，全方位考核，真正发挥品牌建设领头羊作用。

（2）做好设计前延服务。一是"初步设计"。设计人员与项目部统一思想，明确设计管理为主线要求，以业主需求为导向提升建筑品质、以验收标准为前提挖掘利润空间、以专业匹配为原则实现整体平衡三大手段，在工期倒逼、主材预伏等条件下做好设计院的服务沟通工作，从而实现创效价值最大。二是"施工图设计"。经过研讨总结措施，提前管理推进专业协调，同步设计保障系统完整，厘清明确各专业对口责权利关系，从而保证设计质量最优。三是"深化设计"。坚持以收口管理为工具、保证功能完善，以精细验收为标准、满足施工需求，执行谁施工、谁深化的原则，做好统筹协调管理工作，从而保障施工品质最优。

（3）做好设计支撑服务。第一，设计与功能相融合。以业主实际功能需求出发，对验收使用标准适当优化。积极引导业主控制好设计与功能融合平衡。第二，设计与创效相融合。以深化设计主导、商务联动，一切以满足合同要求为原则，选用工艺最优方案，尽可能降低施工的技术难度。第三，设计与物资相融合。在选材上，在材料满足规范及验收标准的前提下，要选用成熟材料。在采购上，做到"工期满足，技术可行，经济合理"。第四，设计与施工相融合。做好项目总体设计和系统设计，监控设计施工方案计划执行情况，及时调整设计进度计划，确保完成的设计文件能够充分满足施工需求。注意多专业经验融合，把各专业有利于项目实施的施工经验统筹起来融入设计，避免现场返工。

2.3.7 模板推荐（表2-9～表2-10）

1. 项目设计工作任务书

项目设计工作任务书　　　　　　　　　　　　　　　　表2-9

项目名称		项目编号	
项目设计阶段	□方案投标　□委托设计　□方案深化修改　□初步设计　□施工图　□其他		
委托方指定完成送交日期		设计任务下达日期	年　月　日
		设计任务完成日期	年　月　日
工程造价（万元）		建筑面积	m²

续表

项目概况							
设计工作内容及要求							
委托方特别要求							
设计输入文件	□标书	□设计委托书	□电子版光盘	□施工蓝图	□现场考察	□口头要求	□其他
项目组负责人员接受任务（签名）				职责范围			
方案设计负责人							
施工图设计技术负责人							
机电设计技术负责人							
项目负责人（签字）							
任务书编制人			任务批准人（主管领导）				

任务书移交日期：

2. 设计进度时间计划表

设计进度时间计划表　　表 2-10

项目名称			项目编号			项目负责人	
项目设计阶段		□方案投标　□委托设计　□方案深化修改　□初步设计　□施工图设计　□场地设计修改					
序号	内容	开始日期	完成日期	月			
				日			
1							
2							
3							
4							
5							
6							
7							
8							
9							
10							
备注		项目负责人		方案负责人		施工图负责人	

编制：　　　　　　　　　　　　审核：
日期：　　　　　　　　　　　　日期：

2.4 建筑装饰企业质量管理

2.4.1 基本概念

建筑装饰企业质量管理是指为全面提高工程质量水平，实现质量管理工作规范化、标准化，增强企业竞争力，企业对生产经营过程中特别是工程项目实施质量控制、检查、验收、分析改进、事故处理等行为进行综合管理的活动。

2.4.2 主要特点

1. 管理内容全面

建筑装饰企业在质量管理过程中，不仅要管好项目生产质量，更强调管好决定项目质量的工序质量和工作质量，全面做好质量监控。

2. 管理范围全面

建筑装饰企业质量管理涉及的阶段包括设计、供料、施工、交付使用、保修服务等全过程，涉及企业各部门各层次，范围比较广。

3. 参加管理的人员全面

建筑装饰企业质量管理需要把质量目标及其保证措施落实到每一个岗位和每一个人员，通过质量管理人员和技术人员开展全员性的质量管理活动。

4. 管理方法全面

建筑装饰企业质量管理需要综合运用技术检验、数理统计、组织管理、技术措施等多种手段和方法，从而实现科学、规范管理。

2.4.3 管理难点

1. 涉及项目建设全过程，影响因素多

由于建筑装饰工程项目建设周期长、生产技术复杂，因而项目建设影响因素多。影响因素涉及工程建设各阶段，不仅受项目管理、材料、机械、施工工艺、操作方法、施工人员素质等人为因素的直接以及间接影响，还受到地理环境因素的影响。

2. 工程质量离散、波动大

建筑装饰工程项目的建造过程涉及多种工作和工艺，工程项目的单项工程质量达标不能说明整个项目质量达标，这种离散特性给工程项目的质量管理带来难度。另外，由于工程项目建设周期长，工程项目无法根据固定的生产流水线进行批量生产，无稳定的生产环境，以在施工过程中质量波动大。

3. 工程质量隐蔽性大

建筑装饰工程项目建设过程中，大部分工序是隐蔽的，完工后很难看出质量问题，从而使得工程质量的隐蔽性极大，往往即使内部出现问题也很难及时发现。另外，工序间的交接也容易造成隐蔽性的质量缺陷。

4. 质量终检局限性大

建筑装饰工程项目完成后，要全面检查工程质量，有很大的困难和局限性。这也要求各专业在施工中严格实施现场监督管理制度，及时发现工程质量的隐蔽性问题，重视工程质量的事前控制和事中控制。

2.4.4 管理重点

1. 事前控制

建筑装饰企业应当建立质量保证体系，明确项目施工要达成的质量总目标，明确各职能部门目标，责任到人；完善建设工程项目管理规程、标准和文件等依据；建立工程质量控制程序；明确奖罚体系及其他操作流程规范。要求各部门各施工参与者树立质量意识，确保施工质量。

2. 事中管理

严格遵守执行建筑工程项目的质量计划，把影响工序质量的因素都纳入管理状态中，建立细化的质量管理；建立有必要的内部监督和外部监督，对施工活动进行时刻检查；对人工操作严格要求，施工活动必须按照流程和规范进行；在原材料的购置和运输上加强管理，确保原材料的质量和运输过程的顺畅；在相关机械设备使用上，应严格按照操作规范和工序顺序，防止机械使用不当出现各种质量问题。

3. 事后自检

建筑装饰企业应按国家有关的质量评定标准和办法，对完成的分项、分部工程和单位工程进行自检，自检时发现问题应及时给予解决。只有内部通过验收再交给建设单位验收，才能保证一次验收通过，并提高整体的建设工程质量。

2.4.5 管理要点

1. 质量工作计划

（1）计划编制

①编制依据：公司年度行政工作报告、生产系统工作报告、上级《质量工作计划》及其他要求。

②注意事项：《质量工作计划》内容包括工作目标和指标、工作重点及年度工程质量创优计划等。其中目标清晰、指标量化，各项重点工作应明确目标、实施方案或措施、时间节点和责任单位或部门。

（2）计划审核及发布

年度《质量工作计划》由分管领导审核后报总经理审批，审批后发布。

（3）计划实施及总结

①计划实施：所属各单位工程管理部经理负责牵头计划与实施方案落实工作，并每季度向分管领导汇报计划与实施方案的执行情况；各级单位分管领导每半年对计划与实施方案进行检查与指导。

②工程管理部负责编制年度工作总结，报分管领导和上级主管部门。

2. 质量过程检查与考核评价

（1）检查策划

公司质量与安全监管部负责检查与考核评价的策划、组织、实施工作，编写检查或评价通知。

（2）检查实施

①质量与安全监管部负责成立检查组，并按通知要求实施检查。

②检查重点检查质量管理制度执行情况、工程资料质量与及时性、施工现场实体质量、成品保护等情况，检查人员做好过程检查记录，记录要求全面完整；对于需要整改的质量问题各级质量管理人员做好复验工作；项目部按整改要求进行整改，并将整改结果以文字、图片等方式报上级主管部门，并对资料进行存档。

③分公司质量与安全监管部牵头组织项目检验批、分项工程样板、样板间等标准的制定，负责验收。验收未通过不许后续施工。

（3）考核与评价

①公司应当每年对所属单位和项目从以下5个方面进行考核与评价：企业质量管理体系、工程质量技术管理、工程质量过程管理、企业质量管理效果、项目质量管理效果。

②项目质量管理效果又分为项目质量管理体系、项目质量过程管理、项目工程实体质量、工程技术资料等4项。

③企业质量管理考评结果应列入企业对下属单位、项目的年度考核内容。

④企业质量管理考核5个分项的权重分配为：企业质量管理体系10%、工程质量技术管理15%、工程质量过程管理15%、企业质量管理效果10%、项目质量管理效果50%。

3. 竣工验收

（1）项目完工后应组织自检，自检合格后向公司质量与安全监管部提出预验收申请，填报《工程内部预验收申请表》（表2-12）。

（2）公司工程管理部组织质量、技术人员对提出预验收申请的项目实施预验收检查，如实填写《工程内部预验收记录表》（表2-13）。或授权下级工程管理部自己组织预验收，合格后按规定进行验收。

（3）公司应组织技术、质量人员对已完成的分部分项工程、单位工程进行自检预验收，并检查督促项目部及时报送检验批、分部分项工程质量验收资料。

（4）项目质量管理人员要及时将工程质量控制资料整理完整，与单位工程竣工验收资料一起移交公司质量与安全监管部。

4. 质量分析与改进

（1）质量信息搜集

①法律、法规、标准规范和规章制度等；

②工程建设有关方对施工企业的工程质量和质量管理水平的评价；

③各管理层级工程质量管理情况及工程质量的检查结果；

④施工企业质量管理检查评价结果；

⑤行业其他施工企业的经验教训；

⑥市场需求；

⑦质量回访和服务信息。

（2）质量信息分析

①工程建设有关方对施工企业的工程质量、质量管理水平的满意程度；

②施工和服务质量达到要求的程度；

③工程质量水平、质量管理水平、发展趋势以及改进的机会；

④与供应方、分包方合作的评价。

（3）质量管理体系评价

①质量管理体系的适宜性、充分性、有效性；

②施工和服务质量满足要求的程度；

③工程质量、质量管理活动状况及发展趋势；

④潜在问题的预测；

⑤工程质量、质量管理水平改进和提高的机会；

⑥资源需求及要求的程度。

（4）质量管理改进与创新

①根据对质量信息的分析和评价，提出改进目标，制定和实施改进措施，跟踪改进的效果；分析工程质量、质量管理活动中存在或潜在问题的原因，采取适当的措施，并验证措施的有效性；

②根据质量管理分析、评价的结果，确定质量管理创新的目标及措施，并跟踪、反馈实施结果；

③按规定保存质量管理改进与创新纪录。

5. 质量事故处理

1）管理主体职责

（1）分管领导：负责组织一般质量事故和重大质量事故的调查和处理。

（2）质量与安全监管部：参与重大质量事故的调查和处理，负责质量问题的整改落实，及时向分管领导汇报调查处理进展和最终结果。

（3）经理：参与重大质量事故的调查和处理，负责质量问题的整改落实，及时向分管领导汇报调查处理进展和最终结果。

（4）质量管理岗：协助部门经理做好事故调查和处理工作。

2）管理要求及流程

（1）成立质量管理委员会

主任：总经理；

副主任：分管领导；

委员：财务资金部、办公室、工程管理部、质量与安全监管部等部门负责人。

（2）质量事故分类

一般质量事故：指由于质量低或达不到合格标准，对工程使用功能和外形观感影响较大的事故，即直接经济损失在5万元以下、50000元（含）以上的。

重大质量事故：具有下述情形之一的质量事故为重大质量事故：严重影响使用寿命；工程建筑物外形尺寸已造成永久性缺陷；直接经济损失在5万元（含）以上的工程质量事故。

（3）质量事故报告

①工程质量事故发生后，事故发生单位的现场施工负责人应立即组织采取有效措施，防止事故扩大。一般质量事故中能当即解决的，现场施工负责人应及时解决，并及时用电话或电传报告各单位工程管理部。

②对于发生工程质量事故不能当即解决的，应立即报告单位分管部门。各单位接到报告后，应立即上报工程管理部，并及时通知设计、监理、业主等驻现场有关人员。同时应停止相关部位及其下道工序施工，并根据现场的实际情况采取适当的防护措施。

③发生重大质量事故时，项目应立即用电话、网络等方式报告单位分管部门，并报质量与安全监管部。报告内容应包括：发生的时间、地点、工程项目，发生的简要经过、损失情况，发生原因的初步分析及采取的应急措施和事故控制情况，处理方案及工作计划等。

（4）质量事故调查处理

①一般质量事故和重大质量事故由各企业分管领导或其指定人员组织单位、项目专业技术人员组成调查组，对事故发生原因进行调查。事故调查组成员应当具有事故调查所需要的某方面的专长，与所发生的事故没有直接利害关系。

②工程质量事故的调查处理，必须做到：查明事故发生的过程、损失情况和原因；组织技术鉴定，明确事故的性质；查明事故责任单位、主要责任者，以及责任性质；提

出工程处理方案；拟定防止类似事故再次发生的措施；提出对事故责任单位及责任人的处理建议；提交事故调查报告。

③质量事故处理完毕后，事故单位必须对整个过程中的有关资料进行归档保存，并形成书面结论，报公司工程管理部备案。

④对于因质量事故给公司造成经济损失的，应当追究相关责任人的经济责任。

2.4.6 典型案例

1. 案例介绍

某装饰企业始终坚持"品牌强企"战略，以过硬的质量管理铸造精品工程，赢得市场，承建的重点工程质先后荣获国家和省部级优质工程，其中鲁班奖、国优、全国装饰奖各2项，省优11项，取得了较好的经济效益和社会效益，极大提升了企业品牌美誉度和信誉度，为企业跻身高端市场，承接高端项目提供了强有力的支撑，对实现公司的可持续发展具有重要助推意义。

2. 经验做法

（1）提高认识，提前谋划质量工作计划。质量管理及创优工作是一项系统工程，需要各部门、项目以及项目班子成员之间的大力配合和齐心协力。该公司在每年年初，召开质量管理专题会议，分清形势，统一思想，坚定信念，明确目标，认真做好质量工作策划方案及创优动员。

（2）严格考核，认真落实质量工作奖罚。公司同项目部签订质量创优专项目标责任书，明确奖罚，将创优工作指标和责任层层分解、落实到具体人，人人扛指标，全员齐参与。项目质量履约形成项目管理考核和管控约束，定期对项目质量履约情况和责任状阶段性指标完成情况进行检查督导，形成了目标明确、责任明晰，齐抓共管的浓厚氛围。

（3）严格履约，确保工程质量过硬。建立科学的质量管理体系和运行机制，要求项目经理自开工初期的项目策划到施工过程的实施，就将质量管理和创优工作融合到各个施工环节，严格的施工管理，高标准，严要求，确保质量。注重过程质量评优资料的整理、收集、归档，力争资料完善，尽量减少评优环节补资料的窘境。

（4）严格管控，坚持过程质量检查。该公司坚持"三抓"，即抓实体质量、抓精细管理、抓验收评比，提高责任意识，确保良性互动，做到"月初有布置，月中有检查，月底有考评"，责任到人，奖罚兑现。要求项目部每周组织内部质量检查，并组织质量分析，积极查缺纠错，落实整改；并结合劳动竞赛对质量管理进行打分评比排名，奖优罚劣。

2.4.7 模板推荐(表 2-11 ~ 表 2-13)

1. 工程质量整改通知单

工程质量整改通知单 表 2-11

检查日期:

所属单位		项目经理	
项目名称		联系方式	
检查内容			整改要求
检查人员		整改通知书签发人	

整改工作报告:

项目经理: 年 月 日

复查情况报告:

公司质量与安全监管部: 年 月 日

2. 工程内部预验收申请表

工程内部预验收申请表　　　　　　　　　　　　　　　表 2-12

工程内部预验收申请表		申请编号	
^		申报日期	
工程名称		项目经理	
工程地点		技术负责人	

工程简介：

主要分部/分项工程有：

致工程管理部：
　　我项目部已经按照合同要求完成了本工程全部施工内容，经自检合格，请予以验收。

　　　　　　　　　　　　　　　　　　　　　　　　　　　　　　　　项目经理签字：
　　　　　　　　　　　　　　　　　　　　　　　　　　　　　　　　日　期：

说明：1. 本表由项目部、公司在工程完工后验收前填写，报上级工程管理部内部预验收；
　　　2. 内部预验收合格后方可组织外部验收。

3. 工程内部预验收记录表

工程内部预验收记录表　　　　　　　　　　　　　表2-13

工程内部预验收记录表		验收编号	
		预验收时间	
工程名称		项目经理	
合同金额（万元）		工程地点	
开工日期		预计竣工时间	
建设单位		监理单位	
工程预验收内容			
工程质量			
预验收结论			
参加验收人员			

2.5 建筑装饰企业安全环境、职业健康管理

2.5.1 基本概念

建筑装饰企业安全环境管理是指为确保企业、项目安全与环保，企业对装饰工程项目在施工过程中，组织安全生产、文明施工和环保等全部管理活动。通过对生产要素的过程管控，使生产要素的不安全行为、不安全状态、不规范行为得以减少或消除，达到减少安全事故的目的，从而保证安全环境管理目标的实现。

2.5.2 主要特点

1. 安全问题多样性

建筑装饰产品是附着在房屋建筑上的，由于建筑结构、规模、功能和施工工艺方

法是多种多样的,对人员、材料、机械设备、设施、防护用品、施工技术等有不同的要求,而且建筑现场环境(如地理条件、季节、气候等)也千差万别,导致建筑施工的安全问题不断变化且是多样的。

2. 责任主体单位多

建筑装饰施工过程存在多个安全责任主体,如建设、勘察、设计、监理及总包等单位,其关系的复杂性,决定了建筑安全管理的难度较高。施工现场安全由施工单位负责,同时也要服从建设单位、总承包单位、监理单位对施工现场的安全生产管理。

3. 安全教育要求高

建筑装饰生产过程需要大量的人力资源,属于劳动密集型行业,从业人员与施工单位间的短期雇佣关系,造成了施工单位对从业人员的教育培训严重不足,使得施工作业人员缺少基本的安全生产常识,违章作业、违章指挥现象时有发生。

2.5.3 管理难点

1. 建筑施工活动空间狭小使不安全因素增多

建筑装饰产品的固定性造成在有限的场地和空间内集中了大量的人力、材料和机具,由于多层次的主体交叉作业,很容易造成物体打击等伤害事故。在城市施工的超高层的幕墙、特殊形体的建筑,其维护工作更受到空间狭小的限制,使得操作者危险度增加,高处坠落事故增多。

2. 建筑工程的流水作业环境使得安全管理更富于变化

建筑装饰的工作场所和工作内容都是动态、变化的,需要及时调整计划、组织进而达到安全生产的目标。从项目环境和资源的限制上看,过于精确的计划,会使其失去指导性。因此,建筑装饰工程项目安全管理更强调灵活性和有效性。

3. 建筑施工现场存在的不安全因素复杂多变

建筑装饰施工劳动对象规模大且高空作业多,噪声、温度、有害气体和尘土,这些都是工人经常面对的不利工作环境。同时,高温和严寒使得工人体力和注意力下降,雨雪天气还会导致工作面湿滑,夜间照明不够,都容易导致安全事故。

4. 施工作业的非标准化使得施工现场危险因素增多

我国建筑企业数量多,其技术水平、人员素质技术装备、资金实力参差不齐,使得建筑安全生产管理的难度增加。当前的安全管理和控制手段比较单一,很多仅依赖经验、安全检查等方式,技术标准难以统一,难以形成统一管理标准。

2.5.4 管理重点

1. 建立健全安全生产制度

建筑装饰企业要建立安全生产责任制度,明确规定安全管理的目标,明确责任和职责，并将安全生产的责任层层落实到实处；要建立安全教育培训制度，制定教育培训计划，明确各个层次人员的安全教育培训要求；要建立事故报告处理制度和事故档案，制定事故应急预案，及时有效处理安全事故。

2. 加强装饰施工人员的安全教育

通过建筑装饰企业的安全教育使所有人员强化安全意识，可分为两方面：安全思想教育，即对全体人员进行有关安全生产的法律法规、管理制度和纪律的教育，并结合本企业的经验教训进行分析讲解；安全技术教育，即指对专业的管理人员、技术工人进行本专业、本工种的安全技术规范和措施的教育。

3. 加强安全技术管理

所有建筑装饰企业的工程的施工组织设计都必须有安全技术措施，对大型特殊工程要编列单项安全技术方案，砌筑工程和脚手架工程等也要编列单项工程安全技术方案。针对不同的施工方法和工艺制定相应的安全技术措施；要做好安全技术交底工作，实行逐级安全技术交底，安全技术交底要具体明确，主要针对分部分项工程中可能对施工人员带来危险的因素来编写。

4. 加强施工现场安全监管

对建筑装饰企业来说，要依据现场的特点建立以项目经理为主的安全领导小组，并可根据施工规模的大小，配备一定数量的专职安全员。建立安全领导小组成员轮流安全值日制度，加强对项目现场的安全监管，以及时解决和处理施工过程中的安全生产问题，并定时或随机地进行巡回检查。

2.5.5 管理要点

1. 安全与环境责任制

（1）制定责任目标原则：建立"四级管理、层级负责"的安全与环境管理体系。责任分级管理，明确各层级、各职能部门、关键岗位在安全与环境管理体系中的职责。实施《安全与环境管理责任书》管理，逐级签订责任书，逐级实施考核与评价。

（2）制定责任目标依据：上级下达的目标指标、企业中长期规划、上年度责任书的执行情况、《项目策划书》、相关方要求等。

（3）责任书签订：逐级签订、岗位全覆盖。管理机构100%签订，管理岗位100%签订。

（4）责任书过程检查与评价：由安监部门组织，在检查计划制定与实施时进行安排，对签订责任书的落实情况实施过程检查与评价。根据检查结果对管理机构与岗位人员责任制的落实进行阶段评价。

（5）责任书考核与结果运用：上级应在责任期末，对下级责任书的完成情况进行考核。考核应由安监部门组织进行，结果应形成报告，报所属安全与环境管理委员会审议。审议后的结果应作为对下级单位绩效考核的依据之一，也可作为体系持续改进的输入。

2. 专项费用管理

安全与环境专项费用包括安全防护、安全教育、安全措施和奖励资金等。

（1）安全与环境费用应当按照项目计取、确保需要、企业统筹、规范使用的原则进行管理。

（2）财务资金部门应将安全费用纳入项目财务计划，做到专户存储，专户核算，保证专款专用，并督促其合理使用。

（3）各单位安全与环境管理部门每半年统计一次专项费用投入情况，报上级主管部门。

（4）在制定检查计划时，应将专项费用使用情况列入，检查费用计划、台账、凭证等内容。

（5）专项费用应当用于以下安全与环境事项：安全与环境技术措施；安全与环境设备、设施的更新、改造和维护；安全与环境宣传、教育和培训；劳动防护用品配备；安全与环境检查、评价支出；配备必要的应急救援器材、设备和现场作业人员安全防护物品支出；完善、改造和维护安全与环境防护设备；重大危险源、环境因素、重大事故隐患的评估、整改和监控支出；其他项的支出。

（6）安全与环境费用计划的编制、审批、调整应严格按制度执行。

（7）各类项目结余专项费用不得作为项目利润或成本超降低进行兑现。

3. 教育培训管理

（1）"三类人员"每年应按管理参加行业主管部门规定的相应岗位培训。

（2）应鼓励职工参加各类安全与环境教育培训。

（3）教育培训计划的编制应在培训需求调查的基础上编制。

（4）安全与环境管理部门应负责内部培训的课件的编制，并组织实施。

（5）培训内容包括意识、法规、基础知识、技能、事故教训、应急管理、进场、转岗等。

4. 监督检查管理

（1）企业安全检查包括对下属单位检查和项目部检查。企业下属单位检查使用《安全管理评价表》（表2-14），对项目部评价使用《现场安全管理评价表》（表2-15）。

（2）公司应每季度对下属单位进行检查，每月对项目部进行检查。

（3）对发生过事故或存在重大隐患的项目部、单位要加大检查频率。

（4）对检查出的问题，按照"四不放过"原则执行。

5. 安全事故管理

（1）发生事故后，要积极开展事故调查，进行事故成本分析，按照"四不放过"的原则严肃处理。根据事故的可控性、严重程度和影响范围，按照企业事故应急预案分级响应。

（2）事故经政府批复结案后，事故单位应及时将政府部门出具的事故结案报告及结案批复意见上报公司安监部门部备案或提供相关能证明事故已经结案的材料。

（3）事故结案后，事故单位按照结案文件的要求提出对有关责任人员的处理意见，由事故单位处理，形成正式文件，一个月内报公司安监部门备案。

（4）发生一般及以上等级事故后，事故单位应认真组织内部事故调查分析，并认真填写《生产安全事故调查报告书》，上报公司安监部门。

2.5.6　典型案例

1. 案例介绍

某装饰企业在生产经营规模大幅增加的情况下,始终坚持"安全第一"的生产理念，持续强化安全系统管理和现场管理，实现全年现场安全达标率100%，10个项目工地被评为市级文明工地，8个工地被评为省级文明工地，该公司也被评为市级安全生产先进单位。

2. 经验做法

（1）建立健全安全管理制度，为安全生产提供保障。该公司结合实际，修订完善了《安全生产管理制度》《现场文明施工管理规定》《安全生产检查制度》《安全教育制度》《安全应急预案》等一系列管理办法和制度，形成了一个基本健全的安全生产制度体系，这些制度的订立和完善，对项目生产履约安全管理起了关键作用，保证了安全生产机制的有效运行。

（2）加强安全生产培训，强化安全生产学习。该公司每年初制定培训计划，对劳务人员进行入场教育和三级教育，给劳务队配发安全生产手册，狠抓培训。每年组织安全生产月的安全宣传活动，把经常性的安全教育贯穿于管理工作的全过程，一定程度上提高了进城务工人员的安全责任意识和自我安全保护意识。加强各层次安全教育工作，贯彻落实三级安全教育，劳务公司做好公司入场安全教育、变换工种安全教育、季节变换安全教育，劳务队负责班前安全教育、事故案例分析等。

（3）层层落实责任，强化安全工作。根据安全工作需要，落实安全责任，除在《劳务分包合同》《劳务承包责任书》中明确各方安全责任外，并同劳务队、班组签订了各层次的《安全目标责任书》。签订各层次安全目标，要求安全达标率100%，杜绝重大伤亡事故。通过以上工作明确了责任,强化了劳务人员的责任意识、风险意识、法律意识，有力地推动了安全工作。

（4）加强督促检查，严抓安全落实。公司采取不定期检查和每月一次的安全检查，检查的主要内容有国家及上级部门劳务用工的法律、法规、规章制度的执行情况，劳务队接受项目经理部安全生产技术交底的落实情况及记录，劳务队长对各生产班组安全生产交底的落实及记录，劳务队对各生产班组进入施工现场的安全生产培训及教育情况，劳务队长和生产班组签订安全生产责任合同的落实情况，劳务人员现场安全帽、安全带佩戴情况，并对劳务队工种及劳务人员分布情况及劳务队承担的施工任务完成情况进行统计，以便进行动态管理，积极配合项目管理，把事故隐患消除在萌芽阶段。

2.5.7 模板推荐（表2-14～表2-16）

1. 企业安全生产费用投入统计表

企业安全生产费用投入统计表　　　　　　　　　　　　　　　表2-14

单位名称（盖章）：　　　　　　　时间：　年　月　日　　　　单位：元

序号	安全生产费用统计项目	全年计划额	已经投入额	备注
一、项目层面投入安全生产技术措施费用（　年1月1日—12月31日）				
1	个人安全防护用品、用具			
2	临边、洞口安全防护设施			
3	临时用电安全防护			
4	脚手架安全防护			
5	机械设备安全防护设施			
6	消防设施、器材			
7	施工现场文明施工措施费			
8	安全教育培训费用			
9	安全标志、标语等标牌费用			
10	安全评优费用			
11	安全专项方案专家论证费用			
12	与安全隐患整改有关的支出			
13	季节性安全费用			
14	施工现场急救器材及药品			
15	其他安全专项活动费用			
	小计（一）			
二、企业层面投入的安全生产管理费用（　年1月1日—12月31日）				
16	安全生产宣传教育费用			
17	安全检测设备购置、更新维护费用			
18	重大事故隐患的评估、监控、治理费用			
19	事故应急救援器材、物资、设备投入及维护保养和事故应急救援演练费用			
20	安全保证体系、安全评价及检验检测支出			
21	保障安全生产的施工工艺与技术的研发支出			
22	劳动保护经费			

续表

序号	安全生产费用统计项目	全年计划额	已经投入额	备注
23	安全奖励经费			
	小计（二）			
	合计（三）=（一）+（二）			

单位负责人：　　　　　　审核人：　　　　　　编制人：

2. 安全管理评价表

安全管理评价表　　　　　　　　　　　　　　　表2-15

单位名称：　　　　　　　　　　　　考评时间：

序号	评定项目	评分标准	评分方法	基准分	扣减分	得分
1	组织保障	未设立安全与环境委员会或安全生产领导小组，扣5分；未按要求设置安全生产监督管理职能部门，或未明确安全生产监督管理工作的职能部门，扣10分；未按要求配备安全总监，扣10分；未按要求配备专职安全生产管理人员，每缺1人扣3分	查企业相关文件，查人员相关证件	10		
2	安全生产责任	未建立健全全员安全生产责任制，扣10分；各部门、各岗位安全生产责任制不健全，每缺1项扣2分；未签订安全生产目标责任书，每缺一个单位扣5分；未对安全生产责任书进行考核，扣5分，不全面地扣3分；未按要求开展安全生产标准化达标评价，扣5~10分	查有关制度和记录。了解有关人员对责任制知晓情况	10		
3	安全生产费用	未制定安全生产费用使用管理制度，扣5分；安全生产费用未专户核算，扣5分；未编制年度安全生产费用投入计划，扣3分；未对安全生产费用投入、使用、管理情况进行检查和统计分析，扣3~10分	查企业制度、安全生产费用投入使用记录	10		
4	安全教育培训	未制定安全培训教育制度，扣5分；未明确培训教育的企业负责人、责任部门，扣5分；未制定安全培训教育年度计划，未对计划实施情况进行检查，扣5~8分；未对三类人员进行企业层面的安全培训教育，扣5分	查企业制度、相关记录及证书	10		
5	技术管理	未建立安全技术管理体系，扣10分；未落实安全技术方案的编制、审核、审批、交底程序，每缺一项，扣3分；未对超过一定规模的危险性较大的分部分项工程组织专家论证，扣5~10分；未对危险源分级管控，扣3~8分	查企业技术管理制度，相关记录	10		

续表

序号	评定项目	评分标准	评分方法	基准分	扣减分	得分
6	安全监督检查	未建立安全检查及隐患排查制度，各扣10分，制度不全面、不完善的，扣3～5分；未按制度要求组织实施检查，扣10分，隐患整改落实不到位，扣3～5分；企业负责人未按规定组织带班检查，扣10分，检查记录不齐全的，扣3～5分	查企业制度、检查记录、对隐患整改销项、处置情况记录，隐患排查统计表等	10		
7	设备管理	未制定设备管理制度，扣3分；未配备设备管理的专（兼）职人员，扣3分；未建立设备管理台账（生产许可证、产品合格证、维修保养、拆除、验收记录等），扣1～3分	查企业设备安全管理制度，查企业设备清单和管理档案	5		
8	事故报告处理及应急处置	未建立事故报告处理制度，扣3分未编制《安全生产综合应急预案》《安全生产专项应急预案》，每缺一项扣3分；未按规定及时上报事故，扣5分；未按规定落实对事故责任人和责任单位进行责任追究，扣5分；未上报事故结案报告，每起扣2分；未对应急预案进行交底、演练，扣5分	查企业制度查事故报告及处理记录；查应急预案的编制及相关演练等记录	5		
9	标准化达标活动	未制定安全生产标准化达标年度工作计划，扣3分；未按计划组织实施，扣3分；未完成安全生产标准化达标评价自评工作，扣5分	查企业相关规定、实施记录	5		
10	贯彻上级要求	未传达贯彻落实上级安全管理的规定、文件、会议精神，没有记录的，扣2分；未按规定召开安全与环境委员会会议，每缺一次扣3分	查企业相关文件，会议纪要，资料记录	5		
11	安全管理资料	未对安全规章制度分类归档或归档不规范，扣2～5分；未配备现行的有关安全生产方面的法律、法规、标准、规范，未建立清单，扣1～3分；未学习现行的有关安全生产方面的法律、法规、标准、规范以及上级单位有关规定或学习无记录，扣3～5分；三类人员（企业主要负责人、项目经理、专职安全管理人员）无有效的安全生产资格证书，每起扣2分	查相关资料	5		
12	安全行为	因生产安全事故导致企业资质受到降级处罚，扣10分；受到暂扣安全生产许可证处罚，每起扣2分；受当地建设行政主管部门行政处罚，每起扣3分；受到国家部委行政处罚，每起扣5分	查相关资料	10		

续表

序号	评定项目	评分标准	评分方法	基准分	扣减分	得分
13	安全信息管理	未按时报送安全事故月报、月分析报告、节能减排报表等，每月扣1分；报送内容不赚钱，扣1分；未按时完成集团要求报送信息，每次扣1分	查月报通报	5		
		合计分		100		

评分员： 　　　　　　　　　　　　　　　　　　年　月　日

3. 项目现场安全管理评价表

项目现场安全管理评价表　　　　　　　　　　表2-16

项目名称：　　　　　　　　　　　　　　　考评时间：

序号	评定项目	评分标准	评分方法	基准分	扣减分	实得分
1	组织保障	未名学项目及负责人、安全员职责，扣5分；未按要求配备专职安全生产管理人员，扣5分	查相关文件、人员证件	5		
2	技术管理	未落实安全技术方案的编制、审核、审批、交底程序，每缺一项，扣3分；未对超过一定规模的危险性较大的分部分项工程编制专项方案，扣5～10分	查资料	5		
3	费用投入	未制定费用投入计划，扣10分；费用投入不符合规定标准，扣5分；费用投入没有建立统计台账，扣5分	查计划、台账、资料	5		
4	教育培训	特种作业人员未持证上岗，每发现1人扣2分；未对新入场、转场、变换工种作业人员进行培训教育，扣10分；未开展班前安全培训，每发现1次扣1分；安全教育培训记录不全，扣1～3分	查资料、记录	5		
5	安全检查	项目负责人按规定履行领导带班生产职责，每缺1次扣5分；每周开展不少于1次的大检查，每缺1次扣3分；每月开展不少于1次的综合大检查，每缺1次扣5分；未对检查情况进行总结分析，每缺1次扣3分；未在规定时间内完成隐患整改，每次扣2分；安全检查资料不完整，隐患整改记录不齐全，每次扣3分	查记录、资料、台账	10		
6	危险源识别及控制	未对施工现场重大危险源进行识别与公示，扣5分；未针对识别出的危险源制定相应的监控预防措施，扣5分	查清单、记录	5		

续表

序号	评定项目	评分标准	评分方法	基准分	扣减分	实得分
7	设备管理	未设置设备管理部门，配备设备管理的专职人员，扣5分； 未建立设备管理台账（生产许可证、产品合格证、维修保养、拆除、验收记录等），扣1~3分	查资料	5		
8	应急管理	未编制现场处置方案，扣10分； 未制定演练计划，扣5分； 未落实培训演练，缺1次扣2分	查预案、演练记录、资料	5		
9	安全会议	未按规定召开安全例会，每缺1次扣1分	查纪要	5		
10	安全验收	未对进场的机具、大型设备、临时设施、防护用品等进行安全验收，每缺1项扣2分	查记录资料	5		
11	脚手架	脚手架搭设、安装不符合方案要求，扣3分； 脚手架与建筑结构拉结不符合要求，扣3分； 脚手板铺设与防护不符合要求，扣2分； 脚手架立面全封闭防护不符合要求，扣2分； 脚手架人行通道搭设不符合要求，扣1分； 卸料平台制作、安装不符合要求，扣2分； 卸料平台无限载标志，荷载未在规定范围内，扣2分	查现场及脚手架方案	5		
12	安全防护	安全帽、安全带、安全网使用不符合要求，扣3~5分； 楼梯口、电梯井口、预留洞口、通道口的安全防护不符合要求，扣3~5分； 阳台、楼梯、楼层及屋面周边等临边防护不符合要求，扣3~5分	查施工现场及相关记录	5		
13	临时用电	小于安全距离的外电防护不符合要求，扣2分； 未严格执行"三相五线制""三级配电、两级保护"的原则，扣2分；现场未做到"一机、一闸、一漏"，扣2分；电闸箱安装、电缆架设或埋设不符合要求，扣2分；临时用电重复接地、防雷接地不符合要求，测试记录不齐全，扣1分； 临时用电高压、低压照明系统未分开设路，扣1分	查现场及相关记录	5		
14	物料提升机与施工电梯	设备无生产许可证、产品合格证，扣1分； 缆风绳、地锚、附墙装置设置不符合要求，扣1分； 钢丝绳质量及其使用不符合要求，扣1分； 设备安全装置失效或不灵敏，发现一项扣1分； 电梯吊笼出入口、吊篮进料口未搭设防护棚，扣1分	查现场及有关记录	5		
15	小型机具	设备安全防护装置失效，发现一项扣1分； 设备用电保护接零不符合要求，扣2分	查施工现场及相关记录	5		

续表

序号	评定项目	评分标准	评分方法	基准分	扣减分	实得分
16	平面布置	现场未按要求进行CI策划、设置大门、围挡和标志标牌，扣1分； 场内道路未按施工组织设计的要求进行硬化和保持畅通，扣1分； 作业场所未做到"活完场清"，发现一处扣1分； 施工区域和办公生活区域未严格划分，扣1分	查现场及相关记录	5		
17	环境管理	现场食堂未按规定建立隔油池，废水未经过滤排放，扣1分； 现场未采取有效控制扬尘和施工噪声的措施，扣1分； 有毒有害废弃物未按规定分类存放、回收，扣1分； 现场未采取节约用水、用电和用料的措施，扣1分	查现场及相关记录	5		
18	消防管理	现场设置的消防设施不完备、临时消防给水系统达不到规定要求（现场主管直径不小于100mm，竖管直径不小于65mm），扣2分； 临时消防给水系统加压泵失效（在施工作业层试水），扣1分； 施工现场动用明火未经过审批并无监护措施，发现一处扣1分； 未在库房区域、易燃易爆品区域设置合理有效的灭火器材，发现一处扣1分	查现场及相关记录	5		
19	临建设施	选址不当，扣3分； 临建设施不符合消防、用电管理要求，扣2分； 安全措施不到位，管理混乱，各扣2分	查现场及相关记录	5		
		合计分		100		

评分员：　　　　　　　　　　　　　　　　　　　　　　年　月　日

4. 生产安全事故调查报告书

生产安全事故调查报告书

1. 企业详细名称：　　　　　法定代表人：　　　　地址：　　　　电话：

2. 经济类型：　　　　　国民经济行业：　　　　隶属关系：　　　　直接主管部门：

3. 事故发生时间：　　年　月　日　时　分

4. 事故发生地点：

5. 事故类别：

6. 事故原因：　　　　　其中直接原因：

7. 事故严重级别：

8. 伤亡人员情况：

姓名	性别	年龄	文化程度	用工形式	工种	级别	本工种工龄	安全教育情况	伤害部位	伤害程度	损失工作日	死亡者死亡原因	备注

9. 本次事故损失工作日总数（天）：

10. 本次事故经济损失（元）：　　　　其中直接经济损失（元）：

11. 事故详细经过：

12. 事故原因分析：

直接原因：　　　　　间接原因：　　　　　主要原因：

13. 预防事故重复发生的措施：

14. 事故责任分析和对事故责任者的处理意见：

15. 附件（事故现场照片、伤亡者照片、伤亡者及有关人员的用工形式和证件完备情况证明、技术鉴定等资料）：

16. 参加调查人员：

负责人：

制表人：　　　　　　　　　　填表日期：　　年　　月　　日

2.6 建筑装饰企业合同商务管理

2.6.1 基本概念

建筑装饰企业合同商务管理是指建筑装饰企业围绕建筑装饰工程项目的履约实施实现谋求最适宜的经济利益明确组织、制度体系、规范管理流程和行为，并组织展开一系列经济类专业管理活动。

2.6.2 主要特点

1. 特定性

即对象特定和时间特定，这一管理活动必须围绕建筑装饰工程项目的履约实施和实现，全面履约和履约实现是建筑装饰工程项目管理的两个阶段，商务管理分为企业和项目两个层次实施对两个阶段的管理工作，能比较好地支撑起企业对主要经济活动的管控。

2. 能动性

能动性在商务管理中最明显地体现为三点，即策划先行、遵守制度、活动干预。商务策划于企业和项目都是不可或缺的，实施过程中还要做到动态调整，企业制度规范了管理主体的具体行为，从而商务管理的员工不可率性而为，当一段时间的经济运行结束必须经过企业和项目两个层次的经济活动分析，总结成绩，做好预警和纠偏，发挥管理的组织功能。

3. 综合性

即管理要素的综合和管理活动的综合。建筑装饰企业商务管理是覆盖财、物、技术、设计等多要素的管理，也涉及综合管理活动、专业管理活动，要实现商务目的，必须打开综合视野，多角度、宽领域、长时间来判别成本支出，实现管理精细化。

4. 变化性

主要是设计变化、材料变化、工期变化及合同条款变化，这是工程本身管理特点所决定的，如果是三边工程，变化量就更大。建筑装饰企业商务管理要适应工程的变化特点有效实施管理覆盖，不断调整商务策划。

2.6.3 管理难点

1. 商务策划的动态管理

商务管理的变化性特点要求我们必须做好商务策划的动态管理，因此如何在变化中果断调整策划内容，及时变更实施策略是一个管理难点。

2. 项目成本控制

建筑装饰企业成本控制难在项目，难点不是一个简单的台账记录和三算对比，而是源于已发生或预测发生的情况，分析原因，制订措施开源节流。

3. 结算管理

结算难是建筑企业普遍面临的问题，而建筑装饰企业结算就更难。如何化解结算难、提高确权率，进而促进资金回收，是商务管理不可回避的难点。

2.6.4 管理重点

1. 合同交底

从管理界面划分、缔约管理属市场营销，合同交底则是商务管理的重要管理活动。实际工作中，纵向二级交底做得还可以，但横向交底存在明显的疏漏，围绕履约实施的管理部门和人员没有做到应交尽交。

2. 商务策划

严格讲投标策划也属商务策划，但为阶段划分更突出市场营销和商务管理各自功能，这里商务策划仅指履约实施和履约实现二阶段的商务策划。做好了商务策划，成本管理、计算管理和目标、流程、要求、措施都能一目了然，为管理提供了一个具体方案。

3. 成本测算和核算

成本测算是依据投标情况、合同情况、市场情况和企业成本管理能力所做的预测，商务管理要求企业商务部门和项目经理部都要做测算，相应来说要单纯一些，而成本核算是项目履约中对目标成本、计划成本和实际成本进行。三算对比，分析差异，相对复杂些。管控好项目成本，成本测算和核算是重点中的重点。

4. 变更签证索赔

变化的东西总是难度大一些，也重要一些。这项工作重点在工程项目商务管理，企业层次要做好相应的指导、检查和服务工作。

2.6.5 管理要点

1. 合同交底

（1）从管理界面划分、缔约管理属市场营销，合同交底则是商务管理的重要管理活动。实际工作中，横向交底存在明显的疏漏，围绕履约实施的管理部门和人员没有做到应交尽交。

（2）实行两级交底，公司对项目部进行一级交底，项目内部进行二级交底。合同交底应当全面、具体，突出风险点与预控要求，具有可操作性。企业合同管理部门对项目部的建设工程施工合同二级交底、分包分供交底的落实情况进行监督检查。合同交底涉及企业商业秘密的，企业应当注意做好保密工作，参与人员不得泄露合同交底的内容；因管理需要调阅交底书的，按企业有关的文件借阅规定执行。

①建设工程施工合同一级交底

合同签订后，在合同签订后15天内组织交底单位的合同商务部组织召开合同交底会，会同法务、工程管理部、市场营销部、召开合同交底会向被交底单位的合同管理部、工程管理部、法务、被交底项目的项目经理、项目商务负责人、技术负责人等项目部主要管理人员进行一级交底，交底形成书面交底记录。

交底依据主要为发包人的资信情况、招标文件及答疑、现场踏勘记录、投标文件、谈判策划书、合同评审记录以及总包合同等。交底要点如下：

a. 发包人的资信状况、承接工程的出发点、项目背景情况；

b. 采用的投标策略，以及投标报价时分析、预计的主要盈亏点；不平衡报价策略中不平衡报价的项目；

c. 合同洽谈过程中考虑的主要风险点和双方洽商的焦点条款，谈判策划书的重点及其洽商结果；

d. 合同订立前的评审过程中提出的主要问题或建议，特别是评审报告中明确要求进行调整或修改、但经洽商仍未能调整或修改的条款；

e. 合同的主要条款，包括质量、工期约定、工程价款的结算与支付、材料设备供应、变更与调整、违约责任、总分包分供责任划分、履约担保的提供与解除、合同文件隐含的风险以及履约过程中应重点关注的其他事项等。

②建设工程施工合同二级交底

项目经理、项目商务负责人及其他主要负责人接受合同一级交底后，再深入理解合同文件，结合施工组织设计和现场具体情况，在一级交底后15天内对项目全体管理人员进行合同二级交底，形成书面的交底记录。

交底依据：合同文件、经发包人和监理批准的施工组织设计、监理合同、一级交底记录、现场具体条件和环境。《项目管理目标责任书》《项目施工商务策划书》《合同责任分解及交底表》等，如果相关内容暂未形成，则二级交底应分段进行。交底要点如下：

a. 总包合同关于承包范围、质量、工期、工程款支付、分包分供许可、人员到位、内业资料管理、往来函件处理、违约等方面的约定，重点说明履约过程中的主要风险点，《项目施工商务策划书》、合同责任分解确定的各风险点应对时间、措施以及落实的责任人；

b. 结合《项目管理目标责任书》，向项目部全体管理人员说明除了应当满足总包合同约定外，项目部应实现包括满足质量、环境、职业健康安全管理体系运行要求在内的及总包合同未涉及的各项管理目标；

c. 可主张工期、费用索赔的事项和时限，确定合适的索赔时机。交底说明发包人、监理方代表的权限，重点交底说明各类签证办理的时间要求、审批权限规定、格式及签章要求，以确保在履约过程中形成的签证单的有效性；

d. 特别说明在合同谈判和评审时主张进行调整或修改、但经洽商仍未能调整或修改的条款；及在履约管理过程中针对这类条款的适时主张调整或变更的时机、方法。

2. 商务策划及动态管理

（1）项目商务策划编制

在进场后，大型项目30天内，中型项目20天内，小型项目15天内，完成项目商务策划书的编制，并逐级上报评审，报送项目商务策划的同时应附成本测算。商务策划内容主要包含：

①工程概况（含合同主要指标、主要价款及项目承包目标责任书主要指标）；

②策划后收入与目标成本情况一览表；

③目标与指标；

④施工管理模式策划；

⑤合同与招标文件条款的识别与风险化解措施（履约与风险策划）；

⑥工程量清单分析及不平衡报价分析与策划；

⑦开源、节流点的分析与策划；

⑧施工方案及深化设计的分析与策划；

⑨商务资料的收集与保管具体安排及结算初步计划。

（2）编制方法

①成本对比分析：做好投标预算与目标成本的对比分析工作，重点分析投标清单中的盈利子目、亏损子目和量差子目；

②风险管理策划：针对合同主要条款及合同履行环境进行识别、分析和策划，采用列举法列出项目风险因素清单，分析风险发生概率、严重程度和涉及金额等，根据风险因素影响度大小排序并逐一确定风险对策和目标，并落实责任人（包括工程质量、安全、工期、造价、付款、保证金、保修、结算、维修、主材价格的风险识别、不平衡报价的风险识别、错项、漏项的风险以及合同条款涉及的风险等）；

③深化设计及施工方案选择：编制专项深化设计及施工方案，对深化设计及施工方案进行对比、讨论和优化并结合经济技术分析，选择科学合理的深化设计及施工方案；

④施工管理模式的策划：根据施工合同条件，结合企业自身实际施工内容、进场时间和作业方法等进行策划，选择合适的项目施工管理模式进行测算，分解风险，降本增效；

⑤二次经营策划：分析项目盈利点、亏损点、风险点、索赔点等，围绕经济与技术紧密结合展开，通过合同价款的调整与确认，材料认质认价的报批、签证方式等策划，增强盈利能力；

⑥关系协调策划：根据各岗位的工作性质和需要，进行分工合作，建立全方位、多层次的关系协调网络；

⑦现场成本的控制策划：现场要注重管理，避免材料浪费、避免因成品破坏造成的二次施工。做好内部材料损耗和零星人工的使用等内部成本的控制工作。

（3）商务策划动态管理要求

①项目部每月进行统计策划动态实际情况，并于每月月底将动态实施情况汇总表、动态实施情况明细表上报。过程管理中需进行策划动态调整的，及时申请动态调整。合同商务管理部门收到商务策划动态调整申请后尽快审批、备案。

②商务策划动态调整方法：根据原商务策划，将每月实施完成情况与原策划情况进行对比，汇总分析已完成策划内容的策划效益；未完成策划内容重新修订策划目标和相应措施，并跟踪策划实施情况；当外部环境发生变化或需补遗修改时，适时增补商务策划内容并根据实施情况进行动态调整。

③严格讲投标策划也属商务策划，但为阶段划分更突出市场营销和商务管理各自

功能，这里商务策划仅指履约实施和履约实现二阶段的商务策划。做好了商务策划，成本管理、计算管理和目标、流程、要求、措施都能一目了然。

3. 履约预警

（1）合同履行预警要贯穿项目全过程。合同管理部门会同法务、工程管理部、财务资金部定期对项目履行监控预警，在召开经济活动分析会时提出化解项目履约过程中的风险，并制订出对合同履行风险要素提出的防控措施，报总经济师或副总经理审批后交执行人实施，化解风险，周而复始，贯穿项目始终。

（2）监控内容主要为监控合同履行情况；监控周期内监控要素与合同条款相比是否都符合制定标准或及时预警；合同主要风险点的规避、变更情况；合同其他异常情况；防控措施的有效落实情况和效果。

4. 合同管理

（1）当遇到合同纷争情况时，合同当事人在友好的基础上，通过相互协商解决纠纷，这是最佳的方式。合同当事人如果不能协商一致，可以要求有关机构调解如，一方或双方是国有企业的，可以要求上级机关进行调解。上级机关应在平等的基础上分清是非进行调解，而不能进行行政干预。当事人还可以要求合同管理机关、仲裁机构、法庭等进行调解。合同当事人协商不成，不愿调解的，可根据合同中规定的仲裁条款或双方在纠纷发生后达成的仲裁协议向仲裁机构申请仲裁。如果合同中没有订立仲裁条款，事后也没有达成仲裁协议，合同当事人可以将合同纠纷起诉到法院，寻求司法解决。

（2）合同纠纷发生时后，项目部以书面的形式向公司报告，并收集相关图像、文字、声音等证据资料一起报送公司，由公司法务牵头会同合同商务部、工程管理部、财务资金部根据书面资料及相关证据资料对事件性质进行研判，确定解决纠纷的方式，制定应急措施，报领导审批后，法务和项目部依据国家法律法规解决纠纷。

5. 成本测算和核算

成本测算是依据投标情况、合同情况、市场情况和企业成本管理能力所做的预测，商务管理要求企业商务部门和项目经理部都要做测算，而成本核算是项目履约中对目标成本、计划成本和实际成本进行。三算对比，分析差异，相对复杂些。管控好项目成本，成本测算和核算是重点中的重点。

（1）成本测算

成本测算是指项目中标或签订合同后施工前期目标成本测算，作为项目目标责任状的重要依据之一。投标阶段的成本测算纳入投标商务策划内容中。

成本测算是在项目进场后，合同商务部与项目部同时依据投标资料和现场实际情况，组织骨干人员编制项目成本测算。由项目部和企业层面职能部门同时编制并核对，部门和项目达到一致意见后逐级上报审批。项目进场能够编制项目预算及成本测算的，项目应及时组织人员编制施工预算及成本测算，相应的完成时间按照正常的时间要求顺延。在开工后若无法编制项目预算及成本测算的，项目施工图纸初步完成后，项目商务人员可根据图纸编制预算报业主或者总包确认，部门商务人员和项目人员根据确认的预算书编制成本，确定项目效益目标。

测算内容主要包括：封面、工程概况表、成本测算汇总表、分部分项工程成本测算表、策划收入汇总表、主材费用测算表、其他各项费用测算表。

项目成本包含的内容及分类：工程成本指项目施工生产及经营中所发生的全部耗费，将项目成本分为直接费、现场管理费、其他费用、总包管理费、税金五大类。

（2）成本核算

成本核算是指将企业在生产经营过程中发生的各种耗费按照一定的对象进行分配和归集，以计算总成本和单位成本。项目成本核算对象是指施工企业在进行产品成本核算时，应选择什么样的工程作为主体，来归集和分配建筑产品的生产成本，即建筑产品生产成本的承担者。

成本核算对象确定原则主要有以下三点：

①应按照结合企业施工组织的特点和加强工程成本管理的要求，来确定工程成本核算对象。

②在实际工作中，避免出现以下两种状况。一要避免对工程成本核算对象划分过粗，把相互之间没有联系或联系不大的单项工程或单位工程合并起来，作为一个工程成本核算对象，就不能反映独立施工的各个单项工程或单位工程的实际成本水平，不利于分析和考核工程成本的管控情况；二要避免对工程成本核算对象划分过细，就会出现许多费用不方便分摊，其结果是不仅增加了工程成本核算的工作量，而且也不能保证正确、及时地计算出各项工程的实际成本。

③施工企业的成本核算对象应在工程开工以前确定，且一经确定后不得随意变更，更不能相互混淆。

各项目可以根据自身的管理要求及项目的实际特点选择最适合的方法来确定项目的成本核算对象。主要有以下 4 种确定方法：

第 1 种方法：以单项施工承包合同作为施工工程成本核算对象。通常情况下，应以所签订的单项施工承包合同作为施工工程成本核算对象，这种方法适合工期短、规模小的项目。

第 2 种方法：根据合同内容按单位工程确定施工工程成本核算对象。如果一项施工承包合同包括多个单位工程，而每个单位工程均有独立的施工计划，并且每个单位工程的收入和成本均可以单独辨认．在这种情况下，应以单位工程作为施工工程成本核算对象。如果开工、竣工时间接近、结构类型相似并属于同一建设项目的若干个单位工程，可以合并为一个成本核算对象。

第 3 种方法：按照使用功能的房间区域划分施工工程成本核算对象，如分会议室、公共区间、标准客房等。

第4种方法：根据合同内容按分部分项工程确定施工工程成本核算对象。如果一项施工承包合同规模较大、工期较长，应按分部分项工程划分成本核算对象。

项目部自工程报量起每月进行成本核算，统计项目发生成本情况，按核算对象填报各类项目成本统计台账。项目部商务人员收齐各项成本核算明细台账后，经项目经理审核签字后，以成本统计报表的形式按月度上报备案。成本核算的分期必须与项目商务月度报告、企业经济活动分析频率相一致，按月、季度、年度进行分期核算，这样可以便于成本的计算。按照产值统计、实施施工进度与实际成本"三同步"的要求，成本核算的时段必须与企业产值统计时段相一致。

（3）实际成本的核算

①各项目所有反映工程成本费用的原始记录和核算资料都必须按照确定的成本核算对象填写清楚，以便于准确地归集和分配施工生产费用。为了集中地反映和计算各个成本核算对象本期应负担的施工生产成本，应该按每一成本核算对象编制合同收入及设置工程成本明细账，并按成本项目分设专栏来组织成本核算，以便于正确计算各个成本核算对象的实际成本。

②根据成本实际发生情况应由本期成本负担的费用，不论是否已经支付，都要计入本期成本；不应由本期成本负担的费用（即已计入以前各期的成本，或应由以后各期成本负担的费用），虽然在本期支付，也不应计入本期成本，以便正确提供各项的成本信息。

③成本核算的科目应与成本测算完全一致，项目成本核算科目分为直接费（直接工程费和措施费）、现场管理费、其他费用、总包管理费、税金五大类。

④直接费是指与直接构成工程实体工程量直接正相关的费用及与工程实体密切相关的措施性费用，包括劳务费（含劳务队伍自带的小型机具、辅材费）、材料费、机械设备使用费、专业分包费、措施费（含临时设施费、脚手架及吊篮等技术措施费、成品保护费、二次搬运费、现场水电费、安全文明施工费及其他措施费）。临时设施费包括现场临建设施、道路、围墙等。现场办公设施的建设及租赁费用归入措施费中的临时设施费一栏中。现场清理费计入安全文明施工费一栏中，工完场清发生的现场清理费包含中劳务费中不另计。安全文明施工费指项目现场环境保护、文明施工、安全施工、CI费用。

⑤现场管理费是指施工现场发生的与实体工程数量没有明显相关关系的各种费用，包括现场办公费（含办公用品及办公设备）、差旅及交通费、职工薪酬、通信费、业务招待费、现场管理人员住宿费、材料检测检验费及其他现场管理费等。职工薪酬包含职工工资、五险一金、兑现、奖励及各种福利等。通信费包含现场网络费、办公电话费及现场员工电话补贴。

⑥其他费用是指与工程有关的政府规定、经营过程中发生的其他费用。包括前期投标费、招标投标服务费、设计费、财务费用、资金占用成本费、施工办证费及其他规费等。施工办证费及其他规费包含施工过程中办证需要的费用及除具体列明外的其他规定费用，包含施工建管费、备案费等。

⑦按照成本核算对象登记成本并建立项目成本统计台账。根据成本实际发生及登记情况做好成本统计台账。

6. 成本分析

（1）项目部每月分析完成产值与目标成本、计划成本、实际成本、对比项目实际利润率与目标上缴利润，分析项目成本盈亏原因，并制定整改措施。完成产值根据分析期完成工程量和合同计价条款，计算出的工程造价，应与分析期的成本相对应。业主暂未最终确认的变更签证及索赔造价不高于实际成本计入。对项目盈亏进行分析，根据主要材料的合同单价或甲方批价与采购价进行对比，计算出材料的盈亏情况；根据《劳务总体控制计划表》《劳务控制计划调整表》和《劳务合同变更单》与实际发生的累计劳务费进行对比，找出劳务费超额的原因；对主材、劳务以外的成本费用的盈亏对比分析，根据《项目目标责任管理书》与实际发生的费用进行对比，找出超额或节支原因。

（2）在统计所有在建项目成本情况、项目结算情况、项目成本分析报告的基础上，分析在建项目平均利润率、结算完成率、项目结算利润率、资金回收情况，并与企业管理目标进行对比，进而深入掌握成本管理的优势，清楚成本管理的瓶颈，提出针对性地改进措施。过程中现重大问题应提出改进意见并督促整改，对造成成本严重超支的情况，进行问责和处罚。

7. 成本控制

（1）通过对成本测算、商务策划、项目的总体计划成本《分部分项工程量计算台账》《劳务总体控制计划表》《物资总体控制计划表》《主材用量计划表》、月度计划成本等，对成本进行动态监控。全过程动态管理确保项目过程的阶段成本符合目标责任阶段要求，最终实现项目完成目标上缴率。

（2）当有设计变更、现场签证、价款调整、索赔事项、商务策划调整等事项发生，与原来的目标成本测定范围不一致，导致成本的增减时，应当及时进行计划成本的动态调整。

8. 设计变更及签证索赔

（1）工程变更、现场签证、索赔基本要求

①勤签证、精索赔，做到一次一签、一事一签，及时处理，将事件在建设工程竣工前办法完毕。坚持单项索赔，减少总索赔。先签证、若签证不成再进行索赔，且签证不成即应进入索赔程序；努力以签证形式解决问题，减少索赔事件发生。

②梳理完善工程变更、现场签证、索赔流程，明确各相关岗位及人员责任机制。项目内业技术、现场施工人员等均有责任发起提出签证、索赔，项目内业技术人员计算工程变更（现场签证、索赔）工期，商务人员计算量、价，项目经理批准，重大事项的工程变更、现场签证、索赔需报企业工程管理部门及商务管理部门审核，分管领导审批。

③规范现场签证、索赔工期费用计算、提交报告文函、证据资料等环节管理，按《现场签证申请表》《工程量、费用或工期计算说明书》《工程工期延误报告》《工程工期补偿报告》《工程费用补偿报告》等模板及工期费用计算规范、证据规范等规范执行。

④在施工过程中，应坚持发包方、监理工程师、造价咨询单位、企业方对分包分供方指令以书面方式为准，发包方、监理工程师、造价咨询单位的口头指令应在24小时内办理书面确认现场签证。在签署分包分供合同时应明确约定分包分供方所有的索赔文件应经我方项目经理在授权范围内批准签字方才有效，其他任何人的签字确认及（或只）加盖项目公章的索赔文件在双方做无效处理。

⑤建立反索赔管理机制。

（2）现场签证索赔证据要求

①真实性。工程签证索赔证据应当是在实施合同过程中确定存在和发生的，以事实为依据；

②全面性。所提供的证据应能说明事件的全过程。工程签证索赔申请中涉及的签证索赔理由、事件过程、影响、索赔数额等都应有相应证据；

③关联性。工程签证索赔的证据应当能够互相说明，相互具有关联性，不能互相矛盾；

④及时性。工程签证索赔证据的取得及提出应当及时，符合合同约定；

⑤具有法律证明效力。一般要求证据应是书面文件，有关记录、协议、纪要应是双方签署的；工程中重大事件、特殊情况的记录、统计应由合同约定的发包人现场代表或监理工程师签证认可。

9. 过程报量

（1）累计对外报量不应低于完工进度对应合同收入。项目部按照合同要求编制过程报量，过程中发生的变更及签证要随项目报量一起报送，力争一并核准。

（2）项目部要建立过程报量台账，过程报量要连续编号，对业主未及时审批的报量，台账中要注明原因。

10. 结算策划

1）管理主体

（1）分管领导：负责审批结算商务策划书。

（2）市场商务部：负责审核结算商务策划书。

（3）项目商务人员负责编制结算商务策划书，项目经理负责复核。

2）管理要求

（1）结算商务策划书内容主要包含：工程概况、工程成本汇总表、已完成产值及工程款回收情况、拟定结算目标值、拟定结算时间目标、结算相关或对造价有影响的合同条款、政策性文件分析、索赔与反索赔风险评估与对策、单项策划（包含工程量策划、价款调整策划、工程变更策划、现场签证策划、索赔策划、总包管理费策划及其他单项策划）、业主总包对于结算工作的流程和安排结算工作安排及完成时间安排。

（2）结算商务策划书编制主要注意以下几点：

①针对承包人在工程工期、质量方面的履约情况分析利弊，制定结算对策。

②分析施工合同中的条款及用词对承包方结算的利弊，制定对策。

③从工程量计算的角度出发，制定对承包方有利的计算方向。

④分析现行的政策法规，结合发包人审批的施工组织设计、设计变更、签证等，确定对承包方有利的套价方法与计价程序。

⑤检查索赔资料的完整性与说服力，确定索赔的谈判方式。

⑥研究如何处理好与结算初审、复审、审计等审核经办人的关系。

⑦研究业主或发包方结算人员、审核流程与审核时间安排。

⑧编制完整的结算商务策划书前应收集整理合同台账、报量台账、成本台账、设计变更台账、价款调整台账、现场签证台账、索赔台账，分析后编制完整的结算商务策划书。

11. 结算书编制、送审、谈判

（1）结算书的编制应结合设计变更、技术核定单、隐蔽报验资料、招标图纸等，对竣工图的尺寸、节点等对竣工图进行复核；根据投标报价工程量计算规则，对现场工程量进行丈量；过程中签证单、变更、甲方指令、技术核定单、各种验收资料、材料及设备核价资料、政府部门发布的政策性调价文件及有关造价信息等结算相关资料；资料的签字、盖章等手续的完善；材料、劳务、间接费等完全成本进行锁定。编制过程中要注意结算基础资料的准备必须充分，数据经多方对比，充分论证，最大限度保证其准确性；结算书的编制过程必须严谨认真，做到有理有据。项目部派出专人将结算书送达发包人或发包人委托的咨询机构。结算书送交发包人或发包人委托的咨询机构时，要有签收记录，并定期催促办理结算。

（2）结算谈判要做到相关人员积极对接发包人或发包人委托的咨询机构，推进结算进展，严守职业操守。停工工程结算应根据施工合同约定，及时办理已完成部分工程结算。对不具备办理条件或不能办理结算的，项目部应准备好结算资料，并交法务管理部门处理。结算核对过程中，双方存在争议的部分应协商解决。必要时，可对双方没有争议部分先进行审核确认，对有争议部分按合同约定的争议或解决程序办理。

（3）送审及谈判过程中应注意结算过程中所有用到的图纸、资料、计算底稿等等都要备齐，忌讳对账时丢东落西。谈判过程中尽量留有回旋余地，不要轻易表态，对出现的重大争议报上级主管领导决策。结算过程中要与其他相关单位联合，及时反馈相关信息，盯住关键人、关键信息。

2.6.6 典型案例

某建筑装饰公司承建的某会展中心幕墙装饰施工项目，位于某市经济开发区，是该地区政府重点工程，暂定工程预算造价1.5亿元，合同开竣工日期为2016年12月30日至2017年7月30日。经过各方的共同努力，该工程于2017年7月30日顺利竣工验收，并于2019年1月顺利完成全部结算，结算额2.05亿元（过程中存在诸多变更、增项工程），实现效益额3500万元。在前期准备工作、过程商务管理及后期结算工作方面主要经验做法有：

（1）投标前，注重报价策略，严格控制经营风险。

在该项目跟踪阶段，通过业主获悉为最低价中标，主要竞争对手为远大、江河等行业知名企业。为确保该项目能够成功中标，在投标前进行多轮投标报价分析，公司组织对投标成本进行精确测算和降压。通过选择降价和不平衡报价（对不合理内容进行投标甩项），最终成功中标，同时也为该项目后期商务策划做好铺垫，大大降低经营风险。

（2）开工前，实测项目成本，制定可行控制计划。

精确测算承包控制成本，制定可行控制计划。开工前，该公司及时组织相关部门对本项目进行了成本测算工作，成本测算利润率为0.5%，原计划上交比例定位8%，报公司审核后，公司提出了5个潜在商务策划点，经与项目部协商决定，最终确定上交比例为10%。

（3）中标后，注重商务策划，科学制定盈利目标。

公司牵头组织商务策划，层层把关，主要从投标阶段所埋伏笔进行了策划，并确定了四项可行性的商务策划点，策划金额600万元。由公司主管商务领导组织召开商务策划评审会，对项目盈利点、风险点、开源和节流措施等进行全方位分析，并结合项目外观效果、实用性方面提出了潜在策划点，将亏损项扭亏为盈。最终共明确可行性商务策划点10项，其中8项为开源（量差策划3项、设计变更策划3项，价差策划2项），2项为成本节流（其中深化设计1项）。

（4）施工中，注重成本控制和二次经营，充分挖掘项目效益。

加强劳务和材料管控，对于项目大宗材料进行集中采购，降低项目采购成本，对项目现场劳务管理、材料管理进行严格管控，每月进行劳务费和材料费预结算，杜绝劳务费超支和材料超量现象。及时召开商务周例会及经济活动分析，对前期商务策划实施情况地进行检查，对后期策划点进行动态调整，对材料、劳务措施费、间接费提出预警及整改方案，确保项目成本始终处于受控状态。

（5）完工后，注重结算策划，确保项目"开花结果"。

由于在过程中，商务策划点均已实现，因此本项目在结算阶段主要是工程放量，项目在结算策划前实际利润率为14%，经过结算放量，增加了5%的效益。针对业主工作方式，项目部充分做好前期的铺垫和串接工作，为结算放量做准备。结合技术要求、参照合同类似项、迎合业主办事方式，制定实际可行的策划重要突破点，整个观目商务策划管控过程中，共策划40项，完成35项，最终达到效益约3000万元。

凡事预则立，不预则废。商务工作贯穿初期投标到最终结算，干得好不如算得好，作为贯穿整个工程的商务工作，投标阶段做好不平衡报价，施工阶段深入研究合同，策划先行、群策群力、责任明确、目标分解，过程中将商务工作作为一个常态化工作，做到先算再干、边干边算、干完算完，才能在最后结算阶段画上一个完美的句号，实现良好项目效益。

2.6.7 模板推荐（表2-17～表2-35）

1. 工程合同交底书

一、合同主体

合同签订主体：包括合同洽谈和合同评审的过程

合同参与主体：业主： 总包： 监理： 设计： 其他分包：

二、施工范围

包括各项施工工作面的范围，重点对地质资料、地下管线、水准点、坐标控制点交验要求、设计交底时间、场地周围管线、建筑物等要求及时间进行考虑，施工重难点、新技术、新材料的交底

三、工程量的确认和支付时间

包括报、审、付的时间计算在内

四、合同价款的支付方式

主要对垫资和预付款进行审核

五、竣工验收和竣工结算

提供竣工资料和结算报告的提交、审定、支付等

六、工程变更和工程分包分供情况

七、履约担保的提供和解除情况

八、合同相关背景情况

1. 洽谈背景　　2. 评审背景　　3. 投标背景　　4. 市场背景

2. 风险预警及防控表

风险预警及防控表　　　　　　　　　　　　　　　　　表 2-17

_____项目风险预警及防控表

序号	重要因素变动	合同约定条款	风险点识别	盈亏影响	应对方案	责任人	备注

3. 合同变更/解除审批表

合同变更/解除审批表　　　　　　　　　　　　　　　　　表 2-18

合同变更/解除审批表　　　　　　　　表格编号

项目名称					
施工合同名称					
变更/解除合同文件名称					
发包方			工程地点		
合同价款		价款方式		层数	
建筑面积		日期		结构类型	
质量标准		担保方式		签约地点	
承包内容					
承包方式		合同采用文本		合同份数	

合同变更/解除合同文件的内容：

部门	各部门意见（风险点及修改意见、防控措施，可另行附页）
市场商务部	
	签字：　　　　　　　　　　　　　　　　年　月　日

第2章 直面业务链：专业管理

续表

工程管理部	
	签字： 年 月 日
财务资金部	
	签字： 年 月 日
……	
	签字： 年 月 日

副总经理：

签字：

年 月 日

总经理：

签字：

年 月 日

4. 成本测算汇总表

_____ 项目成本测算表　　　　　　　　　表 2-19

序号	费用名称	目标成本	计算方法	备注
一	直接工程费			
1.1	劳务费		按分部分项成本测算	
1.2	材料费		按分部分项成本测算及主材价格表	
1.3	机械费		按机械费测算表	
1.4	专业分包费		按专业分包测算表	
二	措施费			
2.1	临时设施费		按临时设施费测算表	
2.2	脚手架及吊篮等技术措施费			
2.3	成品保护费		计算式	
2.4	二次搬运费		计算式	
2.5	现场水电费		计算式	
2.6	安全文明施工费		按安全文明施工费测算表	

续表

序号	费用名称	目标成本	计算方法	备注
2.7	其他措施费		按其他措施费测算表	
三	现场管理费			
3.1	办公费			
3.2	差旅及交通费			
3.3	职工薪酬			
3.4	通信费			
3.5	业务招待费			
3.6	现场管理人员住宿费			
3.7	检验检测费			
3.8	其他现场管理费			
四	其他费用			
4.1	前期投标费			
4.2	招标投标服务费			
4.3	办证费及其他规费等			
4.4	设计费			
4.5	资金占用成本费			
4.6	财务费用			
五	总包服务费			
六	税金			
七	测算成本合计		（一）+（二）+（三）+（四）+（五）+（六）	
八	合同收入			
九	合同内利润		（八）-（七）	
十	合同内计划上交率		（九）/（八）×100%	
十一	策划后总收入		（八）+（十二）	
十二	其中：策划收入增减			
十三	策划后目标成本总计		（七）+（十四）	
十四	其中：策划成本增减			
十五	策划后目标利润		（十一）-（十三）	
十六	策划后目标上缴率		（十五）/（十一）×100%	

编制人： 项目经理： 市场商务部： 副总经理：

5. 分部分项工程成本测算表

工程名称：

分部分项工程成本测算表

标段：

表 2-20

序号	项目编码	项目名称	计量单位	合同工程量	核对工程量	合同直接工程费单价					合同费用单价		合同综合单价	合同合价	成本								
						单价	其中				管理费	利润			直接成本费单价				单价合计	劳务费	直接成本费用合价			合计
							人工费	材料费	机械费						劳务费	主料费	辅材费	机械费			主料费	辅材费	机械费	

6. 策划收入增减表

策划收入增减表　　　　　　　　　　　　　　　　表 2-21

序号	子目名称	拟采取措施	预期增减	备注

7. 主材费用测算表

主材费用测算表　　　　　　　　　　　　　　　　表 2-22

序号	主材名称	单位	工程量	消耗率	材料单价	主材合价	备注

8. 其他各项费用测算表

其他各项费用测算表　　　　　　　　　　　　　　表 2-23

序号	费用名称	单位	数量	费用单价	费用合价	备注
一	机械费用					
	……					
二	分包费用					
	……					
三	临时设施费用					
	……					
四	周转材料的摊销及租赁费					
	……					
五	安全文明施工费					
	……					
六	其他设施费					
	……					
七	办公用品费					
	……					

续表

序号	费用名称	单位	数量	费用单价	费用合价	备注
八	办公设施费					
	……					
九	职工薪酬					
	……					
十	资金占用成本					
	……					
十一	其他费用					

9. 项目收入、产值、收款统计分析报表

项目收入、产值、收款统计分析报表　　　　表 2-24

序号	月度	已确认合同收入		施工产值完成情况		差异	原因分析	工程款回收情况		下月计划		累计拖欠工程款
		自开工累计到上期	本月	自开工累计至本月	本月			自开工累计到上期	自开工累计至本月	完成工程量	回收工程款	
	……											
	本年度合计											
	自开工累计											

项目经理：　　　　项目商务负责人：　　　　编制人（成本员）：

10. 总体目标成本、计划成本、（预计）实际成本对比表

总体目标成本、计划成本、（预计）实际成本对比表　　　　表 2-25

序号	内容	目标成本（元）	项目计划成本（元）	调整后的项目计划成本（元）	预计总成本（元）		
					截至目前实际成本	预计后期成本	预计总成本
一	直接成本费						
1.1	劳务费						
1.2	材料费						
1.3	机械费						

续表

序号	内容	目标成本（元）	项目计划成本（元）	调整后的项目计划成本（元）	预计总成本（元）		
					截至目前实际成本	预计后期成本	预计总成本
1.4	专业分包费						
二	措施成本费						
2.1	临时设施费						
2.2	周转材料的摊销及租赁费						
2.3	成品保护费						
2.4	二次搬运费						
2.5	现场水电费						
2.6	安全文明施工费						
2.7	其他措施费						
三	现场管理费						
3.1	办公费						
3.2	差旅及交通费						
3.3	职工薪酬						
3.4	通信费						
3.5	业务招待费						
3.6	现场管理人员住宿费						
3.7	检验检测费						
3.8	其他现场管理费						
四	其他费用						
4.1	前期投标费						
4.2	招标投标服务费						
4.3	办证费及其他规费						
4.4	设计费						
4.5	财务费用						
4.6	资金占用成本费						
五	总包管理费						
六	税金						
	小计						

项目经理：　　　　　　　　　　　　　　　项目商务负责人：

11. 已完工程成本对比分析

已完工程成本对比分析　　　　表 2-26

序号	项目名称	单位	完成产值			计划成本				实际成本			计划成本与实际成本对比			备注
			总量	单价	合计	总量	已完量	单价	合计	工程量	单价	合计	工程量（量差）	单价（价差）	差价合计	
一	劳务费	元														
1	（分工种）															
	……															
二	材料费															
1																
	……															
三	机械费															
1																
	……															
四	专业分包															
	……															

12. 商务策划及变更签证等完成情况

变更签证等预计收入 / 成本明细表　　　　表 2-27

序号	业主方文件编号	收文时间	变更签证日期	变更签证编号	签证内容	送审报价			预计收入			预计成本			审批情况	业主返回情况	备注
						单位	送审工程量	单价	小计	实际工程量	单价	小计	实际工程量	单价	小计			
1																		
1.1																		
1.2																		
1.3																		
1.4																		
1.5																		
2																		
2.1																		
2.2																		
……																		

13. 工程量计算台账

分部分项工程量计算台账 表 2-28

序号	工作内容	特征描述	单位	总工程量	楼层一			楼层二			楼层……		
					部位1	部位2	部位……	部位1	部位2	部位……	部位1	部位2	部位……

项目商务负责人：　　　　　　　填报人：

劳务总体控制计划表 表 2-29

序号	分部分项名称	数量	计量单位	劳务单价	劳务费合计	备注
1						
2						
3						
4						
5						

项目经理：　　　　　项目商务负责人：　　　　　填报人：

物资总体控制计划表 表 2-30

序号	材料名称	规格型号	计量单位	预计采购量	损耗率	备注
1						
2						
3						

项目经理：　　　　　项目商务负责人：　　　　　填报人：

14. 项目劳务费用（过程、完工）结算单

项目劳务费用（过程、完工）结算单　　　　　　表 2-31

工程名称：　　　　　　　劳务队伍：

序号	分部分项工程名称	合同工程量清单编号	工作部位	计量单位	劳务合同工程量	现场最终实际完成工程量	人工单价（元）	人工费金额（元）	辅材单价（元）	辅材费金额（元）	合计金额（元）	备注
本页合计金额												
大写：												

劳务队长：施工员：　　　　　　　项目经理：

市场商务部：　　　　　劳务管理员：工程管理部：

（副）总经理：

15. 工程变更索赔台账

工程变更索赔台账　　　　　　表 2-32

工程名称：

序号	编号	来文编号	主要内容	发生时间			造价（万元）				工期（天）			确认手续		确认时间	依据理由
				收到指令时间	指令完成时间	申请报出时间	成本价	按合同原则计价	报送价	确认价	实际数	报出数	确认数	监理	甲方		

16. 结算策划评审表

结算商务策划评审表　　　　　　　　表 2-33

申报单位：　　　　　　　　　　　　　　　申报日期：

序号	工程名称		工程地点	
一	合同造价		竣工日期	
二	策划后目标成本		目标上缴率	
三	实际成本		拟定目标结算金额	确保值
四	预计盈亏率			争取值
五	已收款			理想值
六	拟报送结算价：　万元	其中：合同内金额　万元		
		合同变更金额　万元，可争取　万元。		
		签证索赔金额　万元，可争取　万元。		
		奖励金额　万元，可争取　万元。		
七	潜在违约及反索赔金额			
	审核意见（明确填写审核及修改意见并签字，可附页）			
八	市场商务部：	（部门经理填写并签字） 日期：		
九	工程管理部：	（部门经理填写并签字） 日期：		
十	财务资金部：	（部门经理填写并签字） 日期：		
十一	综合意见：	（由市场商务部门经理综合各部门意见后填写） 日期：		
	审批意见（明确填写审批意见并签字，可附页）			
十二	总经理意见：	 日期：		

17. 结算策划成本汇总表

结算策划成本汇总表　　　　　表 2-34

序号	内容	最终成本（预估）			目标成本	计划成本	确认人员	备注
		小计	其中已发生	其中后期预估				
一	直接工程费							
1.1	劳务费							
1.2	材料费							
1.3	机械费							
1.4	专业分包费							
二	措施费							
2.1	临时设施费							
2.2	脚手架及吊篮等技术措施费							
2.3	成品保护费							
2.4	二次搬运费							
2.5	现场水电费							
2.6	安全文明施工费							
2.7	其他措施费							
三	现场管理费							
3.1	办公费							
3.2	差旅及交通费							
3.3	职工薪酬							
3.4	通信费							
3.5	业务招待费							
3.6	现场管理人员住宿费							
3.7	检验检测费							
3.8	其他现场管理费							
四	其他费用							
4.1	前期投标费							
4.2	招标投标服务费							
4.3	办证费及其他规费							
4.4	设计费							
4.5	财务费用							
4.6	资金占用成本费							
五	总包管理费							
六	税金							
七	合计							

续表

序号	内容	最终成本（预估）			目标成本	计划成本	确认人员	备注
		小计	其中已发生	其中后期预估				
八	实际成本与计划成本差额：							
九	原合同额：							
十	原合同外收入（已确认）：							
十一	待确认原合同外收入：							
十二	确保结算额：							

18. 结算书报出评审表

结算书报出评审表　　　　　　　　　　　　表2-35

申报单位：　　　　　　　　　　　　　　　　申报日期：

序号	工程名称		工程地点		
一	合同造价		竣工日期		
二	策划后目标成本		目标上缴率		
三	实际成本		目标结算金额	确保值	
四	预计确保利润率			争取值	
五	已收款			理想值	
六	报送结算价：　　万元	其中：合同内金额			
		合同变更			
		签证索赔			
		奖励金额			
七	潜在违约及反索赔金额				
	公司审核意见（明确填写审核及修改意见并签字，可附页）				
八	市场商务部：	（部门经理填写并签字） 日期：			
九	工程管理部：	（部门经理填写并签字） 日期：			
十	财务资金部：	（部门经理填写并签字） 日期：			
十一	综合意见：	（总经理签字） 日期：			

第3章
有限的资源：要素管理

　　建筑装饰行业属于资源消耗型服务性行业，其主要特征是在生产发展过程中对资源的高度依赖性。具体来说，主要包括：人的使用即管理人员、技术人员、劳务资源的开发利用；技术的使用即对技术标准规范、施工组织设计、施工方案、工程技术资料等进行管理；财的使用即预算、资金、税务筹划的有效管理；物的使用即物资资源、机械设备的统筹管理。实现人、财、物的高效合理利用对于建筑装饰企业提升管理效率，增强市场竞争力具有十分重要的现实意义。本章从资源利用角度出发，对建筑装饰企业人力资源、技术、财务资金、劳务、物资材料和供应链以及机械设备等要素管理的基本概念、重难点及操作要点进行了详细阐述。

　　人力资源管理是在人本思想的指导下，通过人员招聘引进、培训开发、薪酬福利等管理形式对组织内外相关人力资源进行有效运用，满足企业当前及未来发展的需要。财务管理是为全面、真实、准确地反映企业财务状况、经营成果及现金流量情况，为企业经营决策服务，对于企业预算、资金、资产、税务及财务报告进行管理的活动。劳务管理是根据经营生产需要，对劳务资源的选择、分配和使用进行的计划、组织工作。物资材料和供应链管理是对物资材料供应商、采购、结算支付等进行的组织、控制管理工作。机械设备管理是对施工所需机械设备及工具的采购（租赁）、配置、安装验收、使用维护等过程进行控制管理活动。本章内容将建筑装饰企业生产经营中所需要的资源要素，即人、财、物的管理使用进行了系统介绍，通过本章的学习，可以使读者系统地对装饰企业资源要素的管理行为进行更加全面地了解。

　　在本章内容的学习和实践应用中，针对人力资源和财务资金管理应用要从企业的战略目标和运营实际情况出发，注重整体性和协调性；针对劳务、物资、机械设备的管理应用要从项目工程实际需求出发，注重集约化和灵活性，从而实现各类资源要素的高效使用，促进企业管理水平和运营能力的提升。

3.1 建筑装饰企业人力资源管理

3.1.1 基本概念

建筑装饰企业人力资源管理是指建筑装饰企业根据发展战略要求,有计划地对人力资源进行合理配置,通过对员工的招聘、培训、使用、调整、考核、激励等一系列过程,调动员工的积极性,发挥员工的潜能,为企业创造价值、带来效益,确保企业战略目标的实现,是企业的一系列人力资源政策以及相应的管理活动。

3.1.2 主要特点

(1)人才需求量大。国内建筑装饰行业市场规模巨大,企业数量众多,对各岗位各类型人才需要量长期处于高位。在企业发展过程中,由于规模不断扩张,对人才的需求量始终保持较高水平,校园招聘、社会招聘成为常态化工作,加上国内缺乏针对建筑装饰行业的高等教育体系,人才培养基本上依靠企业自行开展,内部培训压力较大。

(2)成熟人才培养周期长。建筑装饰企业管理的线条多、涉及的范围广,成为一名合格的建筑装饰管理人员,需要在施工技术、现场管理、商务法务、市场营销等方面成为专家能手。因此,需要经历一定周期、涉及一定岗位后,才能培养出成熟管理人才。

(3)人才流动性大。建筑装饰工程规模相对较小、施工周期相对较短,对于项目人员而言,工作场所变动大,调动比较频繁,对工作环境、人际关系、生活条件等方面的适应能力,成为区别于其他行业工作岗位的突出特点,因此对建筑装饰人员的管理工作也要符合实际情况的需要。

(4)人才过程管理难度大。建筑装饰企业的一线工作人员长期工作于项目现场,由于条件限制,较难建立针对项目现场的人力资源管理体系,对人员的招聘、培养、使用、考核受现场条件影响较大,管理的规范性、有效性不足。

3.1.3 管理难点

(1)支持和服务企业发展战略。在满足人力资源管理传统模块业务功能上,根据企业发展战略,优化适应于市场竞争需要的组织架构,储备满足业务发展的新型人才,帮助员工学习应对新挑战的专业技能,推动企业战略变革。

(2)科学设置组织结构与工作岗位。根据市场竞争要求,合理控制部门人员数量,优化岗位分工,明确工作职责,不断优化绩效管理制度,最大限度发挥人力资源价值。

(3)有效开展人才调配。结合不同市场区域、不同项目类型、不同岗位分工的要求,

第 3 章 有限的资源：要素管理

在满足项目不同阶段人力资源需求的条件下，合理组织、协调、调配项目层次人才队伍，既发挥人才作用，又满足项目管理要求。

（4）培养和保留核心人才。根据不同岗位的要求、各类人才各阶段的实际需求，充分掌握人才发展需求，合理组织培训资源，明确培养标准，分析培训实效，对成长为企业骨干的人才做好需求分析，满足不同阶段不同层次要求，最大限度培养人才、激励人才、保留人才。

3.1.4 管理重点

（1）建立人力资源管理体系。实现对人员招聘、培养、使用、考核等管理工作的规范化、制度化。在岗位管理方面，编制以"岗位说明书"为基础的管理体系。在薪酬管理方面，强调员工基本薪金和福利待遇，突出"多劳多得"原则。在绩效考核方面，重点考核员工的工作过程、工作态度、工作成果。使公司人才选、育、用、留步入规范化管理的轨道，为保持员工队伍稳定，为吸引大量人才进入企业。

（2）建立学习型组织。强化员工培训工作，形成知识共享机制，满足信息社会员工的求知欲望，提升员工个人价值。对新员工全部实行"传、帮、带"的方式进行培养，保证新员工在良好的条件下，尽快适应公司的环境，迅速胜任本职工作。

（3）优化人才使用管理。实行合理授权，为中高层管理人员提供广阔的发展平台，挖掘个人潜能。在干部提拔方面，广泛提拔忠诚度高的干部，将个人发展与公司发展密切地结合在一起。

3.1.5 管理要点

1. 人力资源规划管理

建筑装饰企业人力资源规划管理是指通过对企业未来的人力资源的需要和供给状况的分析及估计，运用科学的方法进行组织设计，对人力资源的获取、配置、使用等各个环节进行职能性策划，制定企业人力资源供需平衡计划，实现人力资源与其他资源的合理配置的活动过程。

1）人力资源需求分析预测

人力资源需求分析预测分为现状分析、流失预测和需求预测。现状分析是指对人员配置情况进行盘点和评估，确定目前的人力资源需求。流失预测是在综合考虑所在人员流失情况的基础上对预测期内的人员流失情况作出预测。需求预测是指根据业务发展规划对预测期内所需人员数量、种类和条件所做的预测。

2）人力资源供给预测

人力资源供给预测包括内部供给预测和外部供给预测。内部供给预测是对内部人员拥有量的预测，根据现有人力资源及其未来变动情况，预测出规划期内各时间点上的人员拥有量。外部供给预测是确定在规划期内，各时间点上可以从外部获得的各类人员的数量，主要内容包括：全国相关专业毕业生人数及分配情况、国家的就业政策和法规、所属行业人才供需情况、薪酬水平和差异、业务所在地的人力资源整体现状、所在地有效人力资源供给现状、公司薪酬福利吸引程度等。

3）人力资源规划制定与调整流程

（1）人力资源部对上一期人才规划执行情况进行全面总结，结合本期人才供需分析预测，草拟规划方案。

（2）人力资源部对规划方案向本单位其他部门和下级单位征询意见。

（3）人力资源部将反馈意见汇总分析后，对规划方案进行修订。

（4）规划方案经本单位主要领导审核、规划与决策委员会审定后执行。

2. 人力资源体系管理

建筑装饰企业人力资源体系管理是指企业通过开展岗位分析及评价，规范岗位说明书编制、职级设置，明确人力资源管理部门的权责，健全人力资源管理工作评价体系，构建完整统一、专业高效、全面受控的人力资源管理体系。

1）岗位说明书管理

（1）每个岗位应有相应的《岗位说明书》。《岗位说明书》对岗位进行文字性的界定和说明，是岗位评估、员工招聘、绩效考核、培训与开发、薪酬分配等工作的重要依据。

（2）《岗位说明书》的内容包括岗位基本要求、工作描述、任职资格、其他事项等内容。

（3）《岗位说明书》由人力资源部负责组织制定。

（4）《岗位说明书》实行动态管理，每年要根据部门职责调整和部门岗位设置评估情况，对《岗位说明书》进行修订和发布。

（5）人力资源部负责保管公司所有员工的岗位说明书，各部门保管本部门的岗位说明书。

2）职级设置管理

（1）职级设置应按照企业业务发展需求制定。职级设置分为机关部门职级序列及项目经理部职级序列。

（2）机关部门职级序列包括领导班子正职、领导班子副职、副三总师级、部门正职、部门副职、部门助理经理、高级经理、业务经理、业务主办、业务助理等。项目经理部职级序列包括项目经理、项目副经理、项目专业负责人、项目专业管理、项目辅助管理等。

（3）职级设置应以促进员工职业发展，规范企业管理人员职级序列，健全员工晋升和职业发展机制，充分发挥人才效能，激励人才潜能，提升管理绩效为目标。

3）人才引进管理

建筑装饰企业人才引进管理是指企业为有效满足人力资源需求，保障人力资源战略目标实现，对内外部人才的招聘和引进工作进行规范管理的活动过程。人才引进管理主要包括校园、社会、内部招聘等管理工作，引进对象为高校毕业生、社会专业人才等。

（1）人才引进计划

①年度招聘计划内容应包括本单位人力资源现状分析（包括专业结构、年龄结构、学历结构、配置合理性以及资源利用率等）、岗位需求预测、招聘人员的岗位、工作职责、任职资格、到岗时间及实施措施等。

②本单位拟定的需求计划应符合企业规划、业务发展和经营布局的需要，要控制质量和数量，考虑一定的人才储备系数。

（2）社会招聘

包括社会招聘、系统内招聘、员工推荐、媒体招聘、网络招聘、猎头公司等。根据招聘计划，选择合适的招聘渠道，实现以最低的招聘成本，选拔出最合适的人才。社会招聘主要满足企业新型业务、关键技术和紧缺人才的需求。

（3）校园招聘

①校招生源要求：

保证生源质量，原则上只接收二本及以上高校生源；优化学历结构；调整专业结构，生源专业与工作岗位相匹配。

②简历收取及筛选应符合以下要求：

在校成绩良好，一次性通过所有核心专业课程考试；二本以上学生通过英语四级，研究生通过英语六级；党员、学生干部、持相关执业资格证书、实习经历丰富、获奖学金、有体育及艺术特长等应优先招收。

（4）新员工入职

①入职时间：录用人员在接到录用通知后，应按约定时间到人力资源部门报到，同时办理入职手续。如因故不能按时报到的，应与人力资源部门联系，另行确定报到日期。

②入职资料：包括本人学位、学历、身份证、英语、计算机等级证书及其他资格证书复印件和一寸免冠近照两张。社会招聘人员需递交与原单位签订的《解除劳动合同协议书》或相关证明文件。

③培训要求：按照企业培训管理制度，对新入职员工开展培训。

3. 人才培养管理

建筑装饰企业人才培养是指企业对人才进行教育、培训的过程，为企业提供持续、可靠的人力资源保证，打造学习型团队，提升员工队伍的素质，激发员工的工作积极性、主动性和创造性,满足本单位生产管理工作需要。

1)培训管理

(1)企业组织的培训必须建立在培训需求分析的基础之上,培训需求分析要体现员工、组织、战略三个层次。

(2)培训组织单位在培训前应拟定详细的策划,包括培训目标、时间、地点、对象、内容、课程、教材、讲师、形式、预算等。

(3)培训讲师既要对培训内容有一定的理论研究,又要熟悉行业和企业的实际情况,同时还具备一定的授课技巧。组织者事先应与培训讲师进行充分沟通。

(4)培训主办单位(部门)按培训计划向人力资源部提交培训讲师使用申请。人力资源部根据本单位筛选符合要求的内训师,并就授课时间与内训师所在单位(部门)协商一致后,告知内训师和主办单位(部门)。

(5)在实际工作中存在培训需求,且自行组织条件不成熟的,可参加外部培训。外部培训由部门根据业务需要,结合个人需求,由申请人填写《外部培训申请表》,经审批同意后参加培训。

(6)行业和地方主管部门强制要求参加的培训,在收到通知后,由业务部门会商人力资源部门后,根据需要提出培训人员名单,报分管领导批准后可参加外部培训。

(7)企业一般应当按照职工工资总额的 1.5%～2% 提取教育培训经费。

2)执(职)业资格管理

(1)执(职)业资格认定。注册类执业资格通过培训、考试、注册、考核认定、评审等途径获取。主要包括一、二级注册建造师、注册造价师、注册安全工程师、注册会计师、注册建筑师、注册结构工程师、注册电气工程师、注册经济师等。专业技术管理人员岗位资格,即上岗证是根据国家、政府主管部门等有关规定,参加相关培训,考试合格后获得相应上岗证书,或者经审查符合免试条件到相应办证机构办理。目前可通过考试或办理的岗位证书主要包括:质量员、安全员、造价员、材料员、劳资员、机械管理员、施工员、统计员、资料员、试验员、测量员、内审员及会计从业资格等专业管理人员的岗位证书。

(2)证书的使用。负责办理各类资质年审、升级、备案时所需要的各类执(职)业资格证书,由使用部门与人力资源部相互协商办理。所有员工本人持有的各类职(执)业资格证书无偿为企业资质申报、年检使用,并按照企业的要求及时上交原件或复印件。各类执(职)业资格证书只允许在公司投标的项目上使用,不允许利用员工各类执(职)业资格证书牟取私利,承揽私活,违者应当按有关规定给予严惩。

3)职业生涯规划管理

(1)职业发展通道管理要求

职业发展方向:企业应鼓励员工专精所长,在此基础上可以继续往专业纵深方向发展，也可以往管理方向或通才方向发展，为不同类型人员提供公平、平等的晋升机会，给予员工充分的职业发展空间。

职业发展通道：企业应根据员工成长的各个阶段、所在岗位系统与职级划分情况，分别设计新员工成长计划、项目经理专业序列通道、商务经理专业序列通道、设计师专业序列管理通道、行政岗位职级晋升通道等职业生涯发展通道。

员工发展通道转换：考虑本公司需要、员工个人实际情况及职业兴趣，员工在不同通道之间应有转换机会，但必须符合各通道相应职位的任职条件，经系统负责人审核通过后，由人力资源部备案并及时调整员工职业生涯发展规划。

（2）员工开发管理要求

员工开发主要通过三种方法实现：岗位锻炼、学习教育与培训、辅导制。

①岗位锻炼：公司运用岗位锻炼对员工开发的方式包括扩大现有的工作内容、工作轮换、晋升、专项工作授予或暂代工作、临时派遣到其他部门（项目）中去工作、跟随工作等。

②学习教育与培训：在新员工培训的基础上，强调专业性，主要为员工制定专业课程体系和相应的开发计划，在专业性的基础上做适当的拓展；对于部门（项目）一般管理人员：开发专业性技能、跨专业复合技能以及赢得客户满意能力等，对管理人员设立领导力开发课程体系和开发计划；对于中高级管理人员：高级经营管理开发系列计划，针对战略能力、领导力、跨职能整合能力以及赢得客户满意能力的课程体系等。

③导师制：为了使员工通过与更富有经验的其他员工之间的互动来开发自身的技能，各公司应大力推广导师制。即由各公司中工作经验丰富、业绩优秀的高级别员工担任导师。

（3）职业发展的组织管理

职业发展管理，是公司和员工个人对职业生涯进行设计、规划、执行、评估和反馈的一个综合性的过程，包括两个方面：一是员工自我的职业发展管理，员工是自己的主人，自我管理是职业发展成功的关键。二是公司组织协助员工规划其职业生涯，并为员工提供必要的教育、培训、轮岗等发展的机会，促进员工职业生涯目标的实现。

企业通过职业发展指导工作，使员工对公司的发展要求、自己的兴趣、素质和技能有一个充分的了解和现实的把握，从而理性地选择职业方向。完善各类员工发展的通道制度，包括晋升、横向调动、降职等相关制度，保证员工在各条通道上公平竞争、顺利发展。

（4）建立职业发展档案。

职业发展档案包括员工的职业生涯规划书、任职资格认证记录以及考核结果记录。任职资格认证记录、考核结果记录存档，以作为对职业发展调整的依据。人力资源管理部门负责组织员工级别升降，并由各部门协助开展。人力资源部年底将考核结果汇集整理，列出满足晋升条件的员工，报公司领导班子讨论通过后，确定员工职级，并将结果通知到本人。

4. 人事调整管理

建筑装饰企业人事调整管理是指企业为合理分配人力资源，激发员工工作积极性，保证员工的正常调配和使用，寻求员工个人与工作岗位的最佳结合点，对员工的岗位工作进行调整。

1）调动管理

调动是指员工从一单位（部门）调到另一单位（部门）工作的管理行为（不包含借调）。调动类别分为：组织调动—各单位因工作需要的员工调动；个人申请调动—个人主动申请的工作调动。

调动管理应遵循个人服从组织、下级服从上级、局部服从整体的原则，同时兼顾个人和下属单位意见。调入单位与调出单位经协调未能形成一致意见时，由共同上级单位按照海外优先、新型业务优先、基础薄弱企业优先的原则协调解决。涉及职级变动、职务调整的参照相应职级管理权限、职务晋升与降职管理程序执行。

2）职级调整管理

（1）类型划分：晋升是指员工由原有职级上升到较高职级的人事调整。降级是指将员工从原有职级调整到较低职级的人事调整。降级一般是由于员工个人原因（如考核不合格等），对员工进行的职级调整。

（2）程序执行：按照任职基本要求和晋升（降级）条件，各部门推选候选人名单，人力资源部汇总；人力资源部分别征求系统分管领导和部门责任人对候选人名单的意见，达成共识后向主要领导汇报；主要领导与领导班子成员沟通后确定考察人选；人力资源部牵头对确定的考察人选征求所在部门意见，形成考察报告，提交决策层讨论决定后发文。

3）轮岗管理

轮岗交流是指将员工从某一单位（部门、岗位）派往另一单位（部门、岗位）进行工作的管理行为。接收单位（部门）负责轮岗交流人员的日常管理，具体要求如下：

（1）各单位及部门应对轮岗交流人员的素质、能力进行综合评价，提出改进、提升建议，便于接收单位（部门）有针对性地对其进行培养。对于毕业两年内的交流人员，接收单位应指定指导导师，对其进行培养教育，原单位或部门负责人应适时掌握交流人员工作情况，保持与员工的联系，定期与接收单位或部门就员工成长情况进行沟通。

（2）认真履行干部任前谈话制度，对轮岗交流的各级干部提出明确、具体的工作要求。各轮岗交流人员要主动适应岗位和工作需要，积极完成各项工作任务，为企业发展贡献力量。

（3）定期要对轮岗交流工作进行评价，主要分析交流工作存在的问题与不足、建议和改进措施。

4）待岗管理

待岗是指员工在劳动合同期限内，因所在单位经营战略、管理机构及职能调整、市场经营等实际情况，或人员绩效考核、个人表现等原因，暂无合适工作岗位安排，且经过所在单位人力资源部门在本单位内调节，仍无工作岗位安排所实行的阶段性保障措施。

（1）待遇要求：待岗期间工资发放标准应不低于当地相关法律法规要求。待岗人员除享受待岗工资和法定保险及公积金外，不再享受所在单位其他薪酬福利待遇。

（2）工作要求：所在单位应当尽可能为待岗人员安排合适工作岗位，帮助待岗人员重新上岗。待岗人员应服从工作安排，按时到指定地点报到，否则按旷工处理。超过规定期限，按自动离职处理。

5）离职管理

离职主要包括辞职、辞退、合同到期离职等情形：

（1）辞职是指员工本人不愿或不能继续为所在单位服务，辞去现职。

（2）辞退是指企业根据有关劳动法律、法规规定，提前解除与现有正式人员的劳动关系。拟辞退员工所在部门或项目提出书面报告，经分管领导审核后递交所在公司人力资源部。人力资源部核实拟辞退员工情况，并征求所在单位工会意见后提出辞退意见，报公司主要领导审批。人力资源部应提前30天书面通知员工本人按规定办理相关手续。

（3）在职员工符合下列情况之一的，所在单位可予以辞退：

①劳动合同签订时所依据的客观情况发生重大变化（包括应聘过程中提供虚假信息），致使劳动合同无法履行；

②在试用或实习期间被证明不符合录用条件或不能胜任岗位工作；

③员工因病或非因工负伤，在医疗期满后不能继续从事原岗位工作，也不能从事所在单位另行安排的工作；

④员工不能胜任工作，经过培训或者调整工作岗位，仍不能满足工作要求；

⑤员工严重违反劳动纪律或企业管理制度；严重失职，营私舞弊，对企业利益造成重大损害；

⑥被司法机关依法追究刑事责任；其他管理制度中规定达到辞退条件的。

6）退休管理

退休是指根据国家有关规定，劳动者因年老或因工、因病致残完全丧失劳动能力而退出工作岗位休息养老。管理工作包括员工正常退休、提前退休、因病退休、退休后返聘等。退休管理要严格按照国家有关规定执行。

企业应在员工到达退休年龄的前一个月通知本人，并在到达退休年龄后的一个月内按规定办理完有关手续。员工退休时间从其到达退休年龄的次月算起。

对于未达到退休年龄、因病或非因工致残，依照劳动鉴定程序，经劳动能力鉴定机构鉴定达到完全丧失劳动能力的，或经区级以上医院证明患病且不能正常工作的员工，人力资源部结合员工档案，按照员工退休审批机构所在地人力资源及社会保障机构的相关要求与程序为员工办理因病退休。

5. 薪酬福利管理

建筑装饰企业薪酬福利管理是指企业为理顺分配关系、规范分配秩序、优化分配方式、完善激励机制，建立以企业战略为导向，以绩效和岗位管理为重点，构建短期激励和中长期激励相结合的薪酬福利分配体系，充分发挥薪酬福利的保障、调节、激励和约束作用。

1）薪酬福利构成

薪酬福利体系可分为年薪制、岗位绩效工资制、项目承包责任工资制、包干工资制、协议工资制。以年薪制、岗位绩效工资制、项目承包责任工资制为主，包干工资制、协议工资制为辅。不同岗位类型的员工可执行不同的薪酬福利体系，实行不同的薪酬福利单元。薪酬福利结构主要由基本薪酬、绩效奖励、福利补贴等部分构成，各部分在不同薪酬体系中分别以不同薪酬福利单元形式体现。

（1）基本薪酬：是对员工岗位职责、工作强度以及劳动技能给付的报酬。分别体现为基本年薪、岗位工资、协议工资、包干工资等不同的薪酬福利单元。

（2）绩效奖励：是对员工的岗位贡献和工作业绩给付的报酬。分别体现为绩效年薪、绩效奖励（半年绩效奖励、年终绩效奖励）、项目承包责任兑现奖、专项奖励及总经理奖励基金等不同薪酬福利单元。

（3）专项奖励包括但不限于质量、安全、工期、科技、清欠、经营、结算、诉讼、党建等奖励。总经理奖励基金适用于对企业作出贡献的各部门、各单位、各项目的相关人员，依据考核结果进行发放。

基本薪酬和绩效奖励在不同薪酬福利体系中的单元形式如下：

序号	薪酬体系	基本薪酬	绩效奖励
1	年薪制	基本年薪	绩效年薪
2	岗位绩效工资制	岗位工资	绩效奖励、专项奖励
3	项目承包责任工资制	岗位工资	承包责任兑现奖、专项奖励
4	包干工资制	包干工资	—
5	协议工资制	协议工资	—

2）薪酬类型及适用对象

（1）年薪制：适用公司领导班子成员，下属子公司/分公司参照执行。

（2）岗位绩效工资制：适用于公司各级机关工作的部门管理人员、技术人员及部分工勤人员。

（3）项目承包责任工资制：适用于公司工程项目管理人员。

（4）协议工资制：适用于公司范围内采用市场化方式选聘的特殊专业技术人员、特殊管理人才及海外项目的特殊专业人才、属地化外籍人员。

（5）包干工资制：适用于公司的工勤服务类岗位人员。

3）福利体系

企业项目员工享有的福利补贴分为法定保险及公积金和专项福利两大类。法定保险及公积金包括养老保险、失业保险、工伤保险、医疗保险、生育保险、住房公积金，各项法定保险及公积金根据国家、地方政府的相关规定执行。企业专项福利采取弹性管理制度，根据自身情况选择不同的福利供员工自由选择。

4）社会保险管理

（1）企业应为所有签订劳动合同的员工缴纳社会保险。

（2）参保单位以参保人上年实际发生工资总额的月平均工资作为申报当年社会保险缴费基数的依据。

（3）参保单位应按国家、当地政府社会保险相关规定及时办理员工参保、缴费、转移、变更、享受社会保险待遇手续。

（4）员工应在企业法人注册地参保，分公司在当地参保的，需经上级单位批准后执行。

（5）密切关注中央和本地政府社会保险法规、政策动态，并及时做出相应调整。

（6）建立员工社会保险管理登记制度，记录每位员工参保缴费情况。

（7）每年度制作社会保险缴纳的统计报表和文字分析资料，分析企业各类人员的社会保险情况，为人力资源管理提供信息和合理化建议。

5）请假批准管理

（1）员工请假半日以上必须采用书面形式请假，即填写《请假记录单》。

（2）公司部门副经理以下员工请事假，按照程序分级审批，人力资源部备案。

（3）休假结束后，需到人力资源部办理销假手续。

（4）因特殊情况，需要续假的，要及时详细说明理由，并按程序获准后方可续假。未经批准而擅自延长假期的，按旷工处理。

6. 劳动关系管理

建筑装饰企业劳动关系管理是指企业为构建和发展和谐稳定的劳动关系，规范劳动合同签订与履行行为，维护企业和员工的合法权益，对劳动合同范本制定、合同编号、合同的签订、履行、变更、续订与解除等工作进行管理的活动。

1）劳动合同签订

（1）劳动合同应具备条款：用人单位名称、住所和法定代表人或者主要负责人；劳动者姓名、住址和居民身份证或者其他有效身份证件号码；劳动合同期限；内容和工作地点；工作时间和休息休假；劳动报酬；社会保险；劳动保护、劳动条件和职业危害防护；法律、法规规定应当纳入劳动合同的其他事项；劳动合同除前款规定的必备条款外，企业与劳动者可以约定试用期、培训、保守秘密、补充保险和福利待遇等。

（2）劳动合同期限：企业根据生产（工作）岗位特点、工作需要与员工协商确定。劳动合同期限分为固定期限劳动合同、无固定期限劳动合同和以完成一定工作任务为期限的劳动合同。

（3）试用期：招聘的员工，实行试用期制度。劳动合同期限三个月以上不满一年的，试用期不得超过一个月；劳动合同期限一年以上不满三年的，试用期不得超过两个月；三年以上固定期限和无固定期限的劳动合同，试用期不得超过六个月。试用期包含在劳动合同期限内。

（4）保密规定：对负有保密义务的员工，企业可以在劳动合同或者保密协议中与员工约定竞业限制条款，并约定在解除或者终止劳动合同后，在竞业限制期限内按月给予劳动者经济补偿。劳动者违反竞业限制约定的，应当按照约定向用人单位支付违约金。

（5）工时制：企业据员工的工作特点，安排员工执行标准工作制、综合计算工时工作制、不定时工作制。工程项目现场施工的生产人员、管理人员、技术人员等，由于工作性质特殊，需要连续作业或受季节及自然条件限制，可实行综合计算工时工作制。除此以外的员工实行标准工作制。

2）劳动合同履行与变更

（1）劳动合同依法签订即具有法律约束力。在合同期内，双方当事人应全面履行劳动合同规定的义务、任何一方不得擅自变更或者解除劳动合同。

（2）企业变更名称、法定代表人、主要负责人或者投资人等事项，不影响劳动合同的履行。企业发生合并或者分立等情况，原劳动合同继续有效，劳动合同由承继其权利和义务的用人单位继续履行。

3）劳动合同解除

（1）员工有下列情形之一的，公司可以解除劳动合同：在试用期间被证明不符合录用条件的；严重违反劳动纪律或者公司规章制度的；严重失职、营私舞弊、泄露商业秘密或者违反劳动合同，对公司利益造成重大损害的；被劳动教养或者依法追究刑事责任的；员工同时与其他用人单位建立劳动关系，对完成本单位的工作任务造成严重影响，或者经公司提出，拒不改正的。

（2）下列情形之一的，公司可以解除劳动合同，但应提前30日书面通知员工本人或者额外支付劳动者一个月工资：员工不能胜任工作，经过培训或者调整工作岗位，仍不能胜任工作的；员工患病或者非因工负伤，医疗期满后，不能从事原工作也不能从事公司另行安排的工作的；劳动合同签订时所依据的客观情况变化，致使原劳动合同无法履行，经当事人协商不能就劳动合同的变更达成协议的。

（3）公司濒临破产，被人民法院宣告进入法定整顿期间或者生产经营状况发生严重困难，达到当地人民政府规定的严重困难企业标准，确需裁减人员的，可以裁减人员。

（4）员工有下列情形之一的，公司不得根据上述第（2）项规定解除合同：患职业病或者因公负伤并被确认丧失或者部分丧失劳动能力的；患病或者非因工负伤在规定的医疗期内的；在孕期、产期、哺乳期间的；在公司连续工作满十五年，且距法定退休年龄不足五年的；法律法规规定的其他情形。

（5）下列情形之一的，员工可以解除劳动合同：在试用期内的；公司未按劳动合同的约定支付劳动报酬；公司以暴力、威胁或者非法限制人身自由的手段强迫员工劳动的，或者公司违章指挥、强令冒险作业危及员工人身安全的，员工可以立即解除劳动合同，不需事先告知用人单位；法律、法规规定的其他情形。

4）劳动合同终止

符合下列条件之一的，劳动合同即行终止：

①劳动合同期满的；

②员工开始依法享受基本养老保险待遇的；

③员工死亡，或者被人民法院宣告死亡或者宣告失踪的；

④公司被依法宣告破产的；

⑤公司被吊销营业执照、责令关闭、撤销或者集团及所属各单位决定提前解散的；

⑥法律、行政法规规定的其他情形。

5）解除劳动合同时经济补偿

（1）公司提出解除劳动合同，经双方当事人协商一致，公司应根据员工在本单位的工作年限，每满一年发给一个月工资的经济补偿金，最多不超过12个月。六个月以上不满一年的，按一年计算；不满六个月的，向员工支付半个月工资的经济补偿。

（2）员工因不能胜任工作，经过培训或者调整工作岗位仍不能胜任工作而被解除劳动合同的，公司应按其在本公司工作年限，每满一年发给相当于一个月工资的经济补偿金，最多不超过12个月。

（3）员工患病或者非因工负伤、经劳动鉴定委员会确认为不能从事原工作也不能从事公司另行安排的工作而解除劳动合同的，公司应按其在本公司工作年限，每满一年发给一个月工资的经济补偿金，同时发给不低于6个月工资的医疗补助费。患重病和绝症的还应增加医疗补助费，患重病的增加部分不低于医疗补助费的百分之五十，患绝症的增加部分不低于医疗补助费的百分之百。

（4）劳动合同签订时所依据的客观情况发生重大变化，致使原劳动合同无法履行，经当事人协商不能就变更劳动合同达成协议由公司解除劳动合同的，公司应按员工在本单位工作年限，每满一年发给相当于一个月工资的经济补偿金。

（5）公司濒临破产进入法定整顿期间或者生产经营状况发生严重困难，达到当地人民政府规定的严重困难企业标准而裁减人员的，公司应按被裁减人员在本公司的工作年限，每满一年发给相当于一个月工资的经济补偿金。

（6）经济补偿金的标准，按照公司正常生产情况下员工解除劳动合同前12个月的本人月平均工资计算。员工的月平均工资低于公司月平均工资的，按公司月平均工资的标准支付。高于公司所在直辖市、设区的市级人民政府公布的本地区上年度员工月平均工资三倍的，按员工月平均工资三倍的数额支付。

6）劳动合同管理

劳动合同新签、变更、续签均一式两份，企业和当事人各执一份。企业留存的劳动合同要编制台账，统一归档保存。

7. 员工绩效管理

员工绩效管理是指为了达到组织目标共同参与的绩效计划制定、绩效过程沟通、绩效考核评价、绩效结果应用、绩效目标提升的持续循环过程。通过绩效管理，可以激励员工，使他们的工作更加投入；促使员工开发自身潜能，提高他们的工作满意感；增强团队凝聚力，改善团队绩效。

1）考核频次及内容

（1）部门负责人实行年度考核，一般员工实行季度考核和年度考核。季度考核的周期为每个自然季度，于每季度末组织进行；年度考核的周期为每年1月1日至12月31日，于次年第一季度组织。

（2）考核内容包括任务绩效和综合评价两部分，任务绩效指标被考核人考核周期内的工作目标完成情况；综合评价指对被考核人的工作态度、执行力、协作与沟通等进行综合评价（表3-1、表3-2）。

部门负责人考核内容及权重表 表3-1

考核对象	年度考核内容		考核主体	权重
部门负责人	任务绩效	部门年度绩效考核	战略管理与考核委员会	60%
	综合评价	执行力	公司主要领导	10%
			公司分管领导	10%
			公司其他领导	5%
		协作与沟通	副总师、部门正副职	5%

续表

考核对象	年度考核内容		考核主体	权重
部门负责人	综合评价	服务与协作	二级单位班子正职	5%
		领导力	本部门员工	5%

部门一般人员考核内容及权重表　　　　表 3-2

年度考核内容		考核主体	权重
任务绩效	季度考核得分	部门负责人	20%
	岗位目标责任书	部门负责人	40%
综合评价	执行力	部门负责人	30%
	配合与协作	部门其他员工	10%

2）绩效考核实施

（1）工作述职。部门负责人由公司组织工作述职，一般员工提交个人年度工作总结，由部门组织内部述职，公司人力资源部派人参加述职会。

（2）任务绩效考核。部门负责人的任务绩效考评得分为部门年度绩效考核得分，由企划部门牵头负责；部门一般员工的任务绩效考评由部门负责。

（3）综合评价考核。部门负责人的综合考评由人力资源部牵头负责；部门一般员工的考评由部门负责。

（4）人力资源部审核汇总统计结果，报公司绩效考核领导小组审批。

3）绩效考核结果反馈

部门负责人考核结果由分管领导反馈，部门一般员工考核结果由部门负责人反馈。考核结果反馈采取个别谈话的方式进行，反馈内容应包括对员工发展提高的指导和绩效改进建议，反馈人需填写《员工绩效面谈反馈表》，报人力资源部备案。

4）绩效考核结果应用

（1）确定浮动薪酬。在薪酬分配方面，结合单位/部门绩效考核结果、员工个人绩效考核结果，综合确定分配方案，重点在于确定浮动或绩效薪酬的确定。

（2）岗位职级调整。参照职级体系与任职资格体系，对符合职级晋升的人员，由任职资格评审委员会进行评定，伴随职级晋升，按一定比例实施年度调薪；同时，对绩效考核不合格的人员，将结合任职资格，建议转岗、降级或淘汰。

（3）员工培训和发展。依据已有的双职业通道与任职资格，结合客观绩效表现与员工意愿，帮助员工制定 IDP（个人发展规划）或 PIP（绩效提升计划）。

8. 典型案例

1）案例介绍

某建筑装饰企业始终坚持"人才强企"战略，充分发挥人才第一资源优势，在队伍建设上大胆创新，任人唯贤，人尽其才，以制度用人，搭平台育人，使优秀人才能够引得进、用得好、留得住，逐渐形成人才素质高、人才效能高、人才结构优、人才环境优、人才竞争力优的良好氛围，有力支撑了企业的健康良性发展。

2）经验做法

（1）科学规划，广纳人才。在坚持校园招聘的基础上，大胆引进社会人才，通过网络招聘、人才市场、内部推荐等形式引进外部优秀施工员、质量安全员、预算员、设计师等关键岗位人员。围绕公司企业管理制度对聘用人员开展岗前培训，并在入职后组织试用期考核、季度考核和半年考核，坚持优胜劣汰的引入机制。通过多渠道的人才引进方式，聘用了一大批专业技能强、综合素质高的人才，为企业人才队伍输入了新鲜的血液，极大充实了团队力量。

（2）知人善任，全面考核。推行全方位绩效考核，根据公司设立的部门和项目管理人员任用与晋升标准，建立和完善内部岗位考核标准，改进干部选拔聘用机制，坚持以"重业绩、凭德才、听公论、看状态"为标准，将上级考核与同级、下级和社会评价结合起来。实行中层干部轮岗制，加强岗位间沟通协调和轮换力度，保证组织持续活力，提高骨干人员综合素质。

（3）细化目标，落实责任。建立人才培养目标责任制，公司与班子成员、部门负责人、项目经理分别签订人才培育的目标责任状，细化培养目标、对策和措施，年底对培养情况进行考核，与绩效奖金挂钩。

（4）长远出发，关注成长。狠抓专业技术人员培养工作，完善定期学习和岗位培训制度，严格执行年初培训计划，重点加强人力资源管理知识、现代管理技能、岗位技能、法务风险等方面的培训，通过开展劳动竞赛、岗位立功等活动，鼓励员工发挥创造性。狠抓新员工身份转化工作，通过落实一对一作业指导、鼓励员工自学等途径加快新员工融入和成长。狠抓员工职业能力培养工作，全面开展职业技能和专业知识培训，实现50%以上员工具有专业技术职称，70%以上员工取得职业资格证书及岗位证书。

（5）以人为本，激发活力。组织开展"我工作、你满意、我快乐"活动，利用业余时间持续开展体育锻炼和文艺活动，健康的文娱活动既增强了员工体质，又陶冶了道德情操。坚持分配向项目一线、市场营销和管理骨干倾斜，实施"先考核、再分配"，努力做到"按业绩分配、按能力分配、按贡献分配"，通过"奖优罚劣、奖勤罚懒"，营造"学先进、赛成绩、比贡献"的良好氛围。打造学习型组织，鼓励职工通过参加在职学习和职业培训，丰富知识结构，对成绩突出的职工给予发文表彰、先进称号、奖金、国内旅游等多种形式的奖励。

3.1.6 模板推荐(表 3-3 ~ 表 3-6)

1. 岗位说明书

岗位说明书　　　　　　　　　　　　　表 3-3

一、岗位概述					
岗位名称		岗位编号		所属部门	
任职人		管理层次		关键岗位	是/否
二、工作描述					
职责一	职责表述:			负责程度	全责/部分/支持	
	工作内容	1.				
		2.				
职责二	职责表述:			负责程度	全责/部分/支持	
	工作内容	1.				
		2.				
职责……	职责表述:			负责程度	全责/部分/支持	
	工作内容	1.				
		2.				
三、协作关系					
汇报对象						
授权对象						
联系/洽谈						
四、任职资格					
教育学识						
经历经验						
能力技能						
心理品质						

2. 人力资源需求申请表

人力资源需求申请表　　　　　　　　　　　　　　　　　　　表 3-4

填报部门（项目）：　　　　　　　　　　　　　　　　　填报日期：

需求岗位名称		需求人数		到岗时间	
岗位要求	年龄			性别	
	教育学识				
	经历经验				
	能力技能				
	持证上岗				
	其他要求				
需求说明					
部门（项目）负责人意见					
人力资源部意见					
分管领导意见					

3. 员工职业生涯规划表

员工职业生涯规划表　　　　　　　　　　　　　　　　　　　表 3-5

填表日期：　　年　月　日　　　　　　　　　　　　　　填表人：

姓名		员工编码		性别	
出生年月		文化程度		专业	
学习、培训情况					
起止时间	学习、培训机构	学习、培训内容		取证情况	备注
岗位、职务变化情况					
起止时间	所在单位/部门	岗位及职务		就任当前岗位/职务的优势及不足	备注
技能、能力水平					
技能/能力类型	技能、能力水平			取证情况	备注

续表

对工作结果的期望（请选择你认为最重要的三个期望并对其重要性进行排序）
□提高薪酬　□工作内容有创造性　□尽量独立工作　□进入领导序列
□成为专家　□工作负荷不要过大　□大量的培训机会　□工作稳定

自我评价	
性格特点	
专长	
其他	
自己希望的职业发展通道	

各阶段职业发展目标	目标	内容
	短期目标（3年）	
	中期目标（5年）	
	长期目标（10年）	
3年内职业生涯发展行动计划和培养措施	1年	
	2年	
	3年	

对当前工作的认识	
岗位的任职要求	
已具备哪些任职条件	
哪些知识/能力/技能需要提升或改进	

职业发展辅导人签名：
　　年　月　日

4. 年度绩效考核面谈反馈表

年度绩效考核面谈反馈表　　　　　　　　表 3-6

姓名		部门（项目）		职务/职级	
考核结果	考核得分： 考核等级：A：　B：　C：				
绩效面谈内容	1. 成绩与优点： 2. 存在的不足： 3. 改进建议： 4. 需要的帮助： 5. 培训及职业发展建议：				
考核结果反馈情况	绩效反馈人	反馈时间	员工意见		
			①认同　②有异议： 本人签字： 签字日期：		

3.2 建筑装饰企业技术管理

3.2.1 基本概念

建筑装饰企业技术管理是指为实现管理标准化，提高工作效率，达到技术创新、降本增效的目的，企业对生产经营中的技术标准规范、工程投标（技术标）、施工组织设计、施工方案、工程技术资料等进行管理的活动。

3.2.2 主要特点

1. 实用性

建筑装饰施工需要运用工程技术的手段和方法，用来提高生产效率，从而促进项目履约。因此，企业技术管理要以实用性作为第一要义，离开了实用性，技术管理将没有任何意义。

2. 可行性

任何一项技术都有具体目标，但这个目标的实现，要受许多条件的约束，如工程技术项目的规模、资金、材料、设备、人力、工艺、环境等。因此，要根据实际的具体情况，确定适合经济、社会的适用技术，确保其具有可操作性。

3. 经济性

建筑装饰企业技术管理要保证在实现履约的条件下，最大限度地降低成本，或在成本不变的情况下，把提高效率、降本增效作为首要任务，实现良好的经济效果，从而达到技术先进和经济效益的统一。

3.2.3 管理难点

1. 企业对技术管理重视程度不够

现在很多建筑装饰企业对于技术管理工作不是十分重视，具体表现在对技术管理工作实施力度不足、技术管理工作标准太低等。在建筑装饰工程施工过程中，企业偏重对物资、设备、人力以及资金的管理，认为控制好这些内容，就能降低工程成本，就会实现企业的经济目标。这种观点过于追求眼前利益，缺乏对长远发展的考虑。

2. 技术管理制度不完善

目前部分建筑装饰企业存在技术管理制度不完善的情况，对于各种技术没有进行严格监管。即使设立了相应的技术管理制度，也没有将其落实到实际工作中去，一些落后的制度没有及时更新。实际上，随着技术的革新，设备的更新，原有的技术管理制度已经无法适应市场的需求。

3. 企业缺乏技术创新

技术创新需要大量投入，不能很快得到相应的回报，同时也会影响企业的利润，所以很多企业并不重视新技术的研发和应用，不愿投入大量资金进行技术创新。此外，引进新技术大多费用高，一些企业鉴于对经济利益的考虑，继续选择用传统的施工技术进行施工，严重影响了工作效率和施工质量。

3.2.4 管理重点

1. 提高对技术管理的重视

现代建筑装饰企业技术管理工作的科学开展，需要企业提高对技术管理的认识，促进技术管理水平提升，为保障装饰工程施工质量、提高企业市场竞争力奠定基础。

2. 建立完善的技术管理体系

建筑装饰企业应构建完善的技术管理体系，并针对装饰工程特点、技术管理要点等建立不同的技术管理体系，实现技术管理工作有效开展。

3. 构建完善的施工技术控制点数据库

建筑装饰企业应根据以往施工经验进行技术控制要点的总结，并建立数据库，对其进行分类保存。在每项工程开工前，根据装饰设计方案，对照数据库进行技术控制点的整理。同时，针对设计方案中的技术要点等，对该项工程施工技术控制点进行完善，确保施工技术控制点能够涵盖装饰工程的各个方面。

4. 强化施工过程的技术管理

注重施工过程的技术控制与管理，施工前通过技术人员与设计人员的分析与探讨，使技术人员能够明确工程技术控制要点，在施工过程中切实的按照施工技术要点进行技术控制与管理，以此实现技术管理的目标。

3.2.5 管理要点

1. 技术标准规范管理

（1）参照国家有关的质量、安全及职业健康、环境管理体系文件，对于适用的国家、行业颁布的技术标准及规范，由企业负责识别，并及时更新现行有效版本的技术标准、规范目录清单。

（2）公司应建立《技术标准规范目录清单》，定期收集各单位报送的技术标准规定更新情况，汇总、校对之后公布，在全司范围内适用，并负责标准的后续管理工作。

（3）对于已经更新发布的标准，在上传新版本标准正文的同时，旧版本不可进行删除，应标记为失效，及时宣布作废规范、规程、标准及作废时间。

2. 工程投标（技术标）管理

（1）技术标编制人员须熟悉招标文件、图纸、答疑文件等。

（2）技术标编制人员应进行现场踏勘，了解现场环境、道路、交通、作业面等情况。

（3）技术标编制人员在编制施工组织、方案、计划时，应与商务标编制人员充分沟通。

（4）投标前，技术管理部门应结合评分办法、业主要求和经济合理性对进度计划和施工方案进行评审。

（5）经所属各单位评审的项目，投标文件依据评审意见修改后报分管领导审核，经主要领导或授权领导审批后报出。

3. 施工组织设计管理

施工组织设计是以施工项目为对象编制的，用以指导施工的技术、经济和管理综合治理性文件，是对施工活动实行科学管理的重要手段，具有战略部署和战术安排的双重作用。

（1）编制要求和依据

依照现行国家标准《建筑施工组织设计规范》GB/T 50502、《施工组织设计管理办法》、《施工组织设计编制大纲》和项目技术管理策划书，结合现场实际情况编写。

（2）编制时间要求

工程开工前应编制施工组织设计，因招标或设计图纸等原因可分阶段编制。工程开工后10日内需报审施工组织设计或施工方案。

（3）施工组织设计实施及检查

①经过审批的施工组织设计与施工方案是指导项目施工的法规性文件，必须严格执行，不得随意变更或修改。确需变更或修改时，应报原审批单位审批后实施。

②经过审批的施工组织设计、施工方案，应及时进行三级交底，保证施工组织设计的顺利进行。

③工程实施过程中，项目技术负责人对本项目施工组织设计的执行情况进行监督。

4. 施工方案管理

施工方案包括专项技术施工方案（D类）和专项安全施工方案。专项安全施工方案依安全法规分为一般性专项安全施工方案（C类）、危险性较大工程专项安全施工方案（B类）和超过一定规模的危险性较大工程专项安全施工方案（A类）。

（1）施工方案在分项工程开工前完成编制与审批。

（2）施工方案是指导项目施工的法规性文件，项目部必须严格执行，不得随意变更或修改。由于施工条件等发生变化，施工方案有重大变更时，要及时对施工方案进行修改、补充、并经原审批单位批准后执行。

（3）施工方案由方案编制人向各责任工程师交底，交底内容包括分部工程（或重要部位、关键工艺、特殊过程）的范围、施工条件、施工组织、计划安排、技术要求及措施、资源投入、质量及安全要求等。

（4）必须编专项方案的有：

①脚手架工程：搭设高度24m及以上的落地式钢管脚手架工程、悬挑式脚手架工程、吊篮脚手架工程、新型及异型脚手架工程、移动操作平台工程、挂脚手架工程；

②网架和索膜结构安装工程；

③建筑幕墙工程；

④采用新技术、新工艺、新材料、新设备及尚无相关技术标准的危险性较大的分部分项工程；

⑤其他需编制的方案。

（5）需专家论证的方案有：

①脚手架工程：搭设高度50m及以上落地式钢管脚手架工程、架体高度20m及以上悬挑式脚手架工程；

②跨度大于60m及以上的网架和索膜结构安装工程；

③采用新技术、新工艺、新材料、新设备及尚无相关技术标准的危险性较大的分部分项工程；

④其他需论证的方案。

（6）专家论证：专项方案论证必须由科技管理部门组织。方案论证应当组织不少于5人的专家组。专家是指具备相应背景、具有高级工程师以上职称的企业内外专业人员，对已编制的专项施工方案进行论证，专项施工方案专家组必须提出书面论证审查报告。

5. 工程技术资料管理

工程技术资料是反映建筑工程质量和工作质量状况的重要依据，也是评定建筑安装工程质量等级的重要依据，是单位工程事故处理、鉴定、维修、扩建、改造、更新的重要档案材料。

（1）工程技术资料管理人员应了解国家规范标准及有关建筑材料检验性能的要求。

（2）工程技术资料管理人员要收集项目所在地主管部门有关工程技术资料管理的要求和规定。当项目所在地地方主管部门的要求与单位要求不一致时，应向上级单位提供有关信息。

（3）工程技术资料收集与整理应与工程进度同步。

（4）工程竣工后，各单位技术资料管理部门应协助项目部按照现行国家标准《建设工程文件档案规范》GB/T 50328和所在地档案馆相关规定的要求，做好技术资料及工程档案组卷、验收、归档、移交等工作。按照合同规定的份数，移交给建设单位，并交单位档案管理部门一份原件。

（5）工程技术资料在移交时应办理移交手续，并由双方承办人和负责人签章。

3.2.6 典型案例

1. 案例介绍

某装饰公司承建的某省博物馆项目,地处城市核心地段,总建筑面积为8万平方米,该公司负责博物馆大楼内部装修装饰施工任务。在项目履约过程中,该公司坚持以科技创新为引领,通过系统的技术管理、技术创新促生产、保质量、创效益,经过5个月艰苦奋战,顺利完成履约,赢得了建设单位、监理和总包的一致好评,也取得了良好的经济效益。

2. 经验做法

(1)坚持技术交底,强化过程管控。坚持针对每道工序进行技术交底、检查、验收和工作面交接。由技术负责人于施工前组织对施工员进行技术交底,再由施工员对班组交底。工序完成后由班组交接验收,质检员进行质量验收后方可交接下一工序。隐蔽工程按照各个工序要求严格检查,组织专业分包单位进行隐蔽会签,邀请总包、监理进行联合验收和交接。

(2)坚持样板先行,引领后续施工。项目部秉持"样板先行"原则,于项目初期进行了天花墙面铝板、不锈钢圆柱、石材晶面等样板段的施工。通过对样板的验收和评价及时整改设了结构构造、选材、施工工艺等方面的不合理之处,避免了大范围施工后大面积返工造成的工期、品质和成本等方面的损失,取得较好效果。

(3)严谨测量放线,打牢施工基础。鉴于施工现场层高较高、作业面积大、面层材料板幅宽、安装工艺精度要求高等情况,项目部执行标准化施工放线,提前制定测量放线方案与交底,实施过程中注意核对现场尺寸与图纸尺寸的相符性,及时调整材料尺寸,以提高生产效率。

(4)推动标准化建设,提升企业形象。项目部编制了CI工作和现场标准化管理策划书,成立项目现场标准化创优工作小组。牢固树立"工地就是窗口,现场就是市场"的形象理念,坚持高起点规划、高品位设计、高标准制作"三高"要求,加强组织领导,规范宣传形式,认真做好业主现场检查考核,塑造公司专业、敬业的良好形象。

(5)坚持科技创新,攻克难点提质增效。项目部坚持技术引领、科技创效,结合项目特点拟定多个科技创新课题,提出科学合理经济可行的技术实施方案,积极采用新技术、新工艺、新材料、新设备,从而提高施工质量、缩短工期、节约成本,为项目提高效益。针对该项目,项目部已整理20项施工方案、19项施工工法。

(6)充分运用BIM技术,助力项目顺利履约。项目部BIM小组根据实际情况对部分复杂区域开展BIM建模工作,进行碰撞试验和调整,并以现场实际施工为基础,协调生产、商务、深化设计、技术等相关部门,完成了一次钢结构的结算模型,出具了钢结构工程量清单,为项目竣工结算提供三维可视模型,降低了商务风险。

3.2.7 模板推荐

1. 施工组织设计编制大纲

施工组织设计编制大纲

1. 编制依据

1.1 合同概况

1.2 施工图纸

1.3 适用的标准规范

2. 工程概况

2.1 工程总体概况

2.2 施工范围概况

2.3 现场条件

2.4 工程特点及重难点

3. 施工部署

3.1 工程目标

3.2 项目部组织机构

3.3 施工段划分

3.4 主要施工工艺流程

3.5 施工准备

4. 施工进度计划

4.1 工期节点目标

4.2 进度计划（网络、横道图）

5. 施工平面布置

5.1 施工平面布置依据

5.2 施工平面图

6. 主要分部（分项）工程施工方法

6.1 测量放线

6.2 各分部（分项）施工方法

续表

7. 各项管理及保证措施
7.1 质量保证措施
7.2 技术保证措施
7.3 工期保证措施
7.4 降低成本措施
7.5 安全、消防保证措施
7.6 施工现场环境保护措施
7.7 文明施工与 VI
8. 主要技术经济指标
8.1 工期指标
8.2 劳动力计划
8.3 物资需用计划
8.4 科技进步计划

2. 工程技术资料移交表（表3-7）

工程技术资料移交表　　　　　　　　　　　　　　　表3-7

序号	文件部门	文号/版本	名称	日期	页数	备注

移交人签字/日期：　　　　　　　　　接收人签字/日期：
移交部门经理签字/日期：　　　　　　接收部门经理签字/日期：

3.3 建筑装饰企业财务资金管理

3.3.1 基本概念

建筑装饰企业财务资金管理是指建筑装饰企业在项目管理全生命周期和企业治理发展过程中,致力于开展资产购置、资金融通和经营现金流等方面所进行的计划、决策、控制、核算、分析和考核等一系列专业化管理活动,是建筑装饰企业管理的重要组成部分。

3.3.2 主要特点

1. 合法合规性

建筑装饰企业财务资金管理的关键点在于合规,既要符合国家会计法律法规,又要符合企业自身制度和审计工作需要,可以说合法合规性特征是建筑装饰企业一切财务资金管理工作的前提和核心。

2. 目标一致性

建筑装饰企业财务资金管理的目标要与企业战略目标保持高度一致。企业战略目标的实现一定是需要企业决策者通过全面预算、过程监督和结果考核,最终是体现在财务目标上的分解、落实和督促执行上。

3. 管理专业性

建筑装饰企业财务资金管理工作一般需要由具备相关学习经历和专业背景的人士负责。这主要是因为财务资金管理工作,尤其在建筑装饰行业,现金流管理、税务筹划、筹资活动等与企业经济效益息息相关的领域,更需要扎实的专业水平和丰富的实操经验的人才。

4. 联系紧密性

建筑装饰企业财务资金管理可以说是整个企业管理中连接性最强、业务沟通最多的管理活动。不管是市场营销、生产履约,还是合约商务、办公行政,在合理利用资金和提高资金使用效率上,都必须按照财务管理需求来,无一例外。而财务资金管理本身也为企业营销、履约、商务等管理提供准确、及时、连续、完整的基础服务,密不可分。

3.3.3 管理难点

1. 原则性与灵活性的把握

财务资金管理工作的特点和性质就决定了其必须讲原则、按规章办事,但是在实际管理过程中,难免会出现手续不全、流程不到、资金不够的情况,如何平衡财务资金管理工作的原则性和灵活性就往往成为较难抉择的地方。如何把握二者的度,显得尤为重要，也较为困难。

2. 会计核算与财务管理的协调性把握

企业的财务管理工作包括会计核算和财务管理两方面。会计核算主要是将经济业务转化为会计分录，财务活动管理则主要集中在"管理"上，更强调事前预算、事中控制和事后分析。在建筑装饰企业管理实务中，往往重视会计核算和财务基础工作，忽略了财务数据分析，也未发挥为企业决策作参谋的职能。

3. 预算控制与结果考核的存在脱钩现象

在预算的实际实施过程中，由于建筑装饰行业的特殊性，企业项目劳务分包、材料供应商众多，分供方繁杂，难以实现全面预算的逐项归拢，最后归集的各项成本与预算情况就存在差距，再加上包工包料的存在，可能到最后人工费、材料费、机械费等直接费用与预算相差都比较大，在最后考核时难以确定单项费用究竟是节约还是超支，也就无法进行结果考核，预算的作用发挥不够。

3.3.4 管理重点

1. 优化现金流管理

对建筑装饰企业来说，利润是权责发生制下经济效益的体现，现金流是收付实现制下反映企业现金流入和流出的相对指标，利润短暂缺失不会影响企业的生存，但现金流枯竭则会使一个企业迅速走向灭亡。要做好现金流管理，就要下沉到项目管理层级，履约过程中杜绝施工垫款，全力做好清收防欠工作。

2. 重视税务筹划

税务筹划工作一直是建筑装饰企业财务管理工作中最重要的分支，可以直接给企业带来效益和现金流。随着营改增工作的开展，建筑装饰企业的税负处于较高水平的，在实务中，要在合法合规的前提下，尽可能发动员工在日常工作开展中获取增值税专用发票，做好增值税的抵扣。还要充分利用好企业所得税减免、研发费加计扣除等税收优惠政策，这就需要更精确、更高效的税务筹划。

3. 做好筹融资管理

建筑装饰企业在项目承接和履约过程中，难免会遇到开具投标保函、预付款保函和履约保函等工作，甚至部分还会采用供应链融资、应收款保理等金融手段保障项目履约，所以做好筹融资管理，搭建与银行的沟通渠道，尽量扩大企业的综合授信至关重要。

3.3.5 管理要点

1. 财务资金体系建设

（1）建筑装饰企业要建立健全财务资金相关管理制度，制定发展规划，搭建财务控制体系。

(2) 建筑装饰企业要统一财务机构和岗位设置，明确财务机构职能和岗位职责，强化财务系统团队建设、业务培训，提高系统人员素质能力，对企业会计基础工作进行监督指导。

(3) 建筑装饰企业要优化职责配置：落实好资金管理、催收清欠、全面预算、资产管理、会计核算、税务管理、统计分析等职责定位。

2. 资金管理

(1) 资金集中管理：建立健全资金上划管理、资金下拨管理、资金集中考核管理、资金集中收益分配管理等制度，聚合企业资金资源，发挥管理效益，降低整体财务费用，实现系统内的资金归集、有序流动和充分利用，支持和服务于企业的发展。做好中长期现金流量计划管理、项目现金流量计划管理、年度现金流量管理、季度及月度现金流量管理和每周现金流量管理等。

(2) 现金流量管理：坚持以收定支、留有余地的原则，现金流量管理应以宏观经济形势和市场环境的分析预判为重点，充分估计各项现金支出，谨慎预测现金收入。要科学合理预测现金收入来源，从严把控现金支出，保持足够的财务弹性，为选择最佳市场机遇随时做好准备。现金流量预算应结合发展规划目标要求，与公司综合预算、投资预算相协调，按照"自下而上、上下联动、逐级汇总、动态平衡"的方式开展编制工作。各级预算单位应密切关注市场变化，加强预算的跟踪执行，掌握预算执行情况，分析差异原因，及时采取应对措施。财务资金部门为现金流量牵头部门，商务合约、工程管理等部门为现金流量协管部门。相关部门应按照现金流量管理分工紧密配合，共同推进现金流量管理工作。

(3) 货币资金管理：对企业所拥有的现金、银行存款和其他货币资金（外埠存款、银行汇票存款、银行本票存款、信用卡存款、信用证保证金存款等）进行管理管控，规范货币资金使用，保证货币资金安全。

①现金收入管理

现金收入须由会计人员开出收据或发票，填制记账凭证，出纳根据记账凭证（含凭证原始单据）办理现金收款事项，出纳清点现金后，在凭证上加盖"现金收讫"章后方可入账。

②现金支出管理

现金付款业务必须有原始凭证，有经办人签字和相关负责人审核批准，并经会计复核、填制付款凭证后，出纳才能付款并在付款凭证上加盖"现金付讫"章后入账。

③现金保管

根据单位实际情况确定本单位库存现金限额，对超过库存限额的现金应及时存入银行，因特殊原因未能交存银行的，出纳人员应当报告会计机构负责人，并安全妥善保管，于次日交存银行。

④银行存款管理

企业开立、变更及撤销银行账户时，要经财务资金部、总会计师、总经理审批核准；应建立银行账户备查登记簿，及时清理长期不使用的银行账户，避免出现账户"久悬"；应按规定的用途使用银行账户，不得将公款以个人名义私存，不得出租、出借、转让银行账户，不得为个人或其他单位提供信用担保；银行账户资料视同会计档案的一部分，按照会计档案的有关规定进行保管、销毁、传阅等。

⑤银行对账管理

银行对账应由稽核人员或财务负责人安排出纳岗位以外的会计人员进行，特殊情况下由出纳人员进行银行对账的，必须由稽核人员或会计主管审核、签字。对账工作应至少每月核对一次，及时编制《银行余额调节表》，使银行存款账面余额与银行对账单余额调节相符。

⑥票据和印章管理

应加强与货币资金相关的各类票据的管理，明确票据购买、保管、领用、开具、收取、背书转让等各个环节的职责权限、程序和控制措施，并专设登记簿进行记录，防止空白票据遗失和被盗用。签发的支票应取得有关负责人员审批和签字，并在支票领用登记簿上逐笔顺序登记，作废支票应加盖"作废"章后，与存根一并妥善保存。

3. 资产管理

（1）存货管理

存货管理应遵循"满足流转需要、加快存货周转、减少资金占用"的原则，做到以账管物，及时登记账簿，定期抽查核对，确认存在跌价或减值依据要及时进行账务处理，确保基础数据准确。存货盘点采取定期盘点和不定期抽查相结合、分类盘点和全面清查相结合的方式抽查，并建立盘点结果责任追究制度。对于损失或无使用价值的存货，应及时上报管理部门，经批准后予以处理。

（2）固定资产管理

固定资产按经济用途分为房屋及建筑物、施工机械、运输设备、生产设备、实验设备及仪器、临时设施、融资租入固定资产、其他固定资产。固定资产取得后应进行验收，由相关管理部门进行鉴认，财务部门负责资产的价值确认，并进行相应账务处理。建立固定资产台账，及时、完整地反映固定资产状况；按要求登记固定资产卡片，做到账、卡、物相符，确保原始记录和凭证真实、准确。定期对固定资产进行盘点（至少每年盘点一次），确保账实相符。财务部门按照会计制度确定固定资产折旧方法、预计使用年限、资金和折旧率等指标，结合资产管理部门提供的固定资产增减变动等资料，按月计提固定资产折旧。

（3）无形资产管理

无形资产初始计量、入账及摊销按照《企业会计准则》执行，当月增加的无形资产当月开始摊销；当月减少的无形资产当月不再摊销。无形资产的处置包括出售、转让、投资、置换、抵债、租赁、调拨、报废等形式，资产管理部门应根据情况提出申请，报技术部门、财务资金部、法律事务部审核签字后，提交分管业务的相关领导、总会计师提出审核意见后上报单位负责人签字核准，获得批准后，方可实施处置。财务资金部门负责无形资产处置与报废的账务处理，并将《无形资产处置申请表》或批复文件作为入账依据之一。

（4）长期股权管理

长期股权投资的初始投资成本的确认方法分为企业合并形成的长期股权投资和其他方式取得的长期股权投资。企业企划部负责编制对外长期股权投资处置报告，处置报告应包括被投资单位的生产经营状况及财务状况、账面投资成本及收益情况，拟聘请评估的专业机构情况以及拟处置的方式等，并报投资管理委员会进行审批。财务资金部根据经批准的投资处置批复进行账务处理。

（5）抵债资产管理

抵债资产包括：在回收债权时债务人以非货币性方式抵偿我方债权的资产，要有建筑工程、土地使用权、房产、汽车、机械设备、建筑材料、股票、债券、对第三方债权等类型。应遵循的管理原则：

①严格控制原则：应首先考虑以货币形式受偿债权，从严控制以物抵债。回收方式以现金为第一选择，债务人无货币资金偿还能力时，要优先选择以直接拍卖、变卖非货币资产的方式回收债权。当现金受偿确实不能实现时，为减少企业损失，可接受以物抵债。

②合理定价原则：当选择以物抵债更为合理时，必须以市场价值为基础，经过严格的拍卖或资产评估程序来确定抵债资产的价值。

③妥善保管原则：对接收的抵债资产妥善保管，确保资产安全、完整和有效。

④及时处置原则：收取抵债资产后应及时进行处置，尽快实现抵债资产变现。

企业批复文件、决议、以物抵债协议等作为财务入账依据。财务资金部要建立《抵债资产台账》，每年至少组织一次对抵债资产的账实核对并作好核对记录。

4. 催收清欠管理

（1）制定催收清欠工作计划，量化管理目标：企业应以年度为周期，制定催收清欠工作计划或工作方案，量化工作目标和管理责任，通过签订责任书的方式，明确应收款项回收责任人及责任。明确项目部是工程款回收的第一责任组织，必须依照项目目标管理承包责任书做好工程款回收所涉及的相关工作，制订工程款回收计划，明确相关岗位工程款回收或催收责任人。

（2）项目合同履约管理：严格合同履约管理，避免因工程质量、进度等主观原因造成的经济索赔；及时办理项目报量签证、变更洽商、收入确认、工程结算，索赔事宜，防止因相关工作滞后造成的工程款延收；对业主超过合约（协议）期限延付的工程款项，须及时发出催款通知，保证债权实现的有效性、可追溯性；业主无法保证工程款支付或因争议导致工程施工无法进行的，要及时采取停工措施或其他防范措施予以防范，规避继续施工带来的经济损失；须完整保存工程款回收所涉及的原始资料和证据；工程款回收遇到问题的，须及时向上级单位的有关职能管理部门书面报告有关情况并请求协助，有关职能管理部门负有协调、协办的责任。

（3）会计核算与债权管理：对于各类代付的分包款、材料款、设备款、劳务款等，要及时办理结算、清算，做好会计核算；对于暂借暂付的备用金、周转金、短期挂账债权等，要加强监督，及时清理催收，防止相关债权演化成实际垫资；加强已完工未结算款项管理，严格按照建造合同计量项目完工工作量、实际成本、确认收入。商务管理部门应配合项目部做好项目完工工作量的计价和确认工作，为工程款回收创造条件。

5. 预算管理

（1）预算编制：预算编制要依据企业战略规划和年度发展目标、国内外宏观经济环境，行业市场环境、发展态势和相关政策、上级单位预算编制相关要求以及近年来企业预算目标的执行情况等方面进行编制。预算编制过程中要坚持"积极可行，留有余地"的原则，实事求是，量力而行；要紧密结合公司战略规划，实现年度预算与战略规划有效衔接；加强对标管理，强化价值创造和降本增效，认真研判市场形势，合理安排年度预算目标。预算编制要严格履行相关审批流程。预算目标要分别在管理层级、责任人和预算执行期间上进行细化分解，从横向和纵向落实到具体部门、具体岗位。

（2）预算分析与预警：根据指标的期间分解，推进预算指标的落实和执行，并根据预算指标定期对预算执行情况进行总结。预算执行机构发现问题需及时反馈，进行外部经济形势分析，内部经营形势分析，并结合企业外部环境的机遇挑战和内部条件的优势劣势提出下一阶段主要指标预测安排及所采取的各项应对措施。预算分析应至少以季度为周期进行，二、四季度预算执行分析可与半年和年度预算执行分析合并进行。对主要预算项目及关键业绩指标的完成情况相对预算目标发生偏离时要及时进行预警，对于发生的性质重要的或金额重大的或反常的经济现象要发出预警，提醒管理者警觉并采取相应措施。

（3）预算调整：全面预算一般不能随意更改与调整。预算调整因素应为企业发展战略发生调整，重新调整经营计划；企业内部发生重大政策调整；市场形势发生重大变化，需要调整相应预算；国家政策发生重大变化，发生不可抗力的事件；其他造成预算调整的客观原因。调整后的预算应保证预算指标体系整体协调性、合理性和可执行性。

（4）预算考核：建立健全预算考核制度，落实责任主体，在会计年度终了时对预算执行情况进行考核，对各部门、各单位预算执行情况予以通报。

6. 税务管理

税务管理是指在法律许可的范围内，通过对经营活动事前筹划、事中管控、事后审阅，以达到公司合法经营，诚信纳税。主要包括纳税管理、发票管理、外出经营管理、税务筹划管理、税务档案管理、税务管理目标责任考核等。

（1）税务登记管理

公司在外地设立的分支机构和从事生产、经营的场所，必须办理总（分支）机构的税务登记。税务登记证由单位财务部门统一管理、登记使用。税务登记证的验证、换证、变更和注销等工作由税务主管人员负责办理。税务登记证由部门档案管理员负责保管，借用时须提出书面申请并办理登记手续。

（2）日常申报管理

严格执行国家和地方税务机关规定的纳税申报流程，每月终了后，纳税主体单位的会计应向税务主管提交当月的会计报表，税务主管根据报表和本月经济业务涉税情况计算税费。各税种的申报，税法已明确规定的，按税法规定的申报，税法未明确规定的，根据主管税务机关具体要求在税种认定范围内申报。

（3）发票管理

经济业务运行中，严格根据经济业务的性质开具和取得合规的发票。杜绝假发票、跨期发票或过期发票。不符合规定的发票，不得作为财务报销凭证，不得列支成本费用。严格按照国家法律法规有关规定领购、开具、取得、保管和缴销本单位的各类发票。发票只限于用票单位填开使用，不得转借、转让、代开发票，不准拆本使用发票。财务负责人应不定期检查本单位财务票据管理工作。

（4）税务筹划

公司财务主管和税务人员应积极关注和学习全国各地区税收法律法规，要认真研究各项税收优惠政策享受条件，在经济业务发展过程中积极取得享受税收优惠政策的各类申报材料。对发生的各类经济业务应充分考虑税务成本，事前对其进行税务成本测算并进行税务筹划，事后对纳税情况进行分析，从而达到合理运用税收法规节约税收支出的目的。

（5）税务档案管理

税务档案包括涉税账簿、完税凭证、税务发票、纳税申报表、税务报表、税务证明、税务备案回执、税务稽查（评估）报告及其他涉税资料。年度结束后，应将公司的各类税务档案按顺序单独装订成册，统一编号、归档保管。除另有规定者外，保存十年，保存期满需要销毁时，应编制销毁清册，经总经理和财务负责人批准后方可销毁。

（6）税务管理目标责任考核

考核对象为税务管理团队，包括总会计师、财务经理、税务主管、涉税工作人员。考核方式实行过程考核和结果考核相结合的目标责任考核。考核依据为国家相关税收法律法规，年度税收管理责任目标或专项责任目标。考核内容包括税收岗位设置、日常税收工作管理、年度税收管理责任目标的完成情况等工作的考核。

7. 负债管理

负债是指企业过去的交易或者事项形成的、预期会导致经济利益流出企业的现时义务，主要包括借款管理、应付票据管理、应付账款管理、预收账款管理、应交税费管理、应付职工薪酬管理、应付利息管理、应付股利管理、长期应付款管理、预计负债管理等。通过对负债类科目的规范核算和对外债务的管理，保证债务清晰，避免债务纠纷，控制债务风险。

（1）应付账款管理

应付账款是指企业因购买材料、物资或接受劳务、发包工程等而应付分供单位的款项，包括应付材料物资款、应付周转料具款及设备租赁款、应付劳务款、应付分包工程款等。

①应付账款确认需要提供完整的入账依据，支付应严格遵循资金支付流程，财务人员应定期（一年至少一次）与分供商对账，核对一致后编制应付账款对账单。

②应每季度对应付账款进行清理，清理内容包括：客商辅助是否与合同全称一致，是否出现应付账款借方余额并分析原因，是否存在核算串项，是否存在长期挂账款项。

③任何人不得以任何理由违背应付账款支付原则办理应付账款支付。因违背支付原则办理应付账款支付给企业造成损失的，由支付申请单签字人和财务部门负责人共同承担责任。

（2）预收账款管理

预收账款是指按照合同规定向甲方预收款项而产生的债务，后期企业用商品或劳务等偿付，包括预收的工程款、预收的备料款。财务人员应定期与甲方办理预收账款对账，编制预收账款对账单。对于预收账款年限"超过""以上"二者删其一的，要及时清理，是否存在未抵扣情况，预付款保函是否收回。对同一项目既有合同约定的预收账款又有已结算尚未完工款时，财务人员应对已结算尚未完工款进行核查。判断是否属正常的项目营销行为，否则，应提示合同履约风险。

（3）应交税费管理

应交税费是按照税法规定应交纳的各种税费，包括增值税、消费税、营业税、所得税、资源税、土地增值税、城市维护建设税、房产税、土地使用税、车船使用税、教育费附加、矿产资源补偿费等。财务部要严格执行国家规定的纳税申报流程及时申报并缴纳各类应交税费，对缴纳情况实行动态管理，按季度对应交税费科目期末贷方余额（反映企业尚未交纳的税费）分税种进行统计，认真分析形成原因并制定解决措施。每个会计年度终了后应及时按主管税务部门要求做好各类税费的年度申报，分税种核对全年各类税费缴纳金额。

建筑装饰企业管理实战要领

（4）应付职工薪酬管理

职工薪酬是指企业为获得职工提供服务而给予各种形式的报酬以及其他相关支出，主要包括职工工资、奖金、津贴和其他补贴、职工福利费、社会保险费、非货币性福利等。计量应付职工薪酬时，国家规定了计提基础和计提比例的，应当按照国家规定的标准计提。没有规定计提基础和计提比例的，企业应当根据历史经验数据和实际情况，合理预计当期应付职工薪酬。

（5）长期应付款管理

长期应付款是企业除了长期借款和应付债券以外的长期负债，偿还期在一年或"超过""以上"二者删其一。长期应付款的核算为核算长期应付款的发生和偿还情况，企业应设置"长期应付款"和"未确认融资费用"等科目。对于融资租入的固定资产管理，财务部对融资租赁合同留档备查，并在"长期应付款——融资租入固定资产"登记簿上登记。

（6）或有事项

或有事项指过去的交易或事项形成的一种状况，其结果须通过未来不确定事项的发生或不发生予以证实。或有负债包括对外提供担保、未决诉讼、已贴现商业承兑汇票、亏损合同及重组义务等很可能发生的负债。或有负债的确认要坚持稳健性与真实性原则，财务资金部负责或有负债的确认和计量，半年末或年度末应会同审计部、法律事务部、工程部对存在的或有事项，包括诉讼事件、对外担保、工期、质量保证、待执行合同、企业重组，逐项进行测试，形成书面报告，详细说明预计负债的类别、形成原因以及经济利益流出的金额以及不确定性情况的说明。

8. 所有者权益管理

所有者权益是指企业资产扣除负债后由所有者享有的剩余权益。所有者权益管理的对象包括实收资本（或股本）、资本公积、盈余公积和未分配利润。

（1）实收资本。实收资本是投资者投入资本形成的法定资本，公司应按实收资本的构成比例作为确定投资者在所有者权益中所占的份额和参与财务经营决策的基础，作为进行利润分配的依据。公司收到投资者投入资本的出资额、出资形式应符合有关法律规定。

（2）资本公积。资本公积是公司收到投资者的超出其在公司实收资本中所占份额的股份（即资本溢价），以及不计入当期损益、会导致所有者权益发生增减变动的、与所有者投入资本或向所有者分配利润无关的利得或损失（即直接计入所有者权益的利得和损失）等，公司应当设置"资本溢价""其他资本公积"等明细科目核算资本公积。

（3）盈余公积。盈余公积是根据其用途不同分为公益金和一般盈余公积两类。公司当年实现的净利润，应当按照如下顺序进行分配：提取法定盈余公积、提取任意盈余公积、向投资者分配。

（4）未分配利润。企业实现的净利润经过弥补亏损、提取盈余公积和向投资者分配利润后留存在企业的、历年结存的利润。未分配利润可以进行分配，回报公司投资者，也可以作为留存收益，便于公司扩大再发展。

9. 财务报告管理

（1）财务报告准备工作：财务人员编制报表前要进行对账、调账、差错更正、结账，保证账证相符、账账相符、账实相符，确保会计记录的数字真实、内容完整、计算准确、依据充分、期间适当，按要求时间节点进行关账。年度报告编制前，财务人员要全面清查资产、核实债务，并及时报告清查结果及其处理方法；按要求对重要非常规交易和事项、重大会计或调整事项、会计核算重大变化进行会计处理，严格执行相关审批流程。

（2）财务报告编制：编制财务报告要以真实的交易和事项以及完整、准确的账簿记录等资料为依据，并按照有关法律法规、国家统一的会计制度规定的编制基础、编制依据、编制原则和方法进行。

（3）财务报告审计：编制完成的财务报告应当接受会计师事务所进行审计。报告编制单位及部门应当配合注册会计师的审计工作，及时提供与财务报告相关的资料。对审计的处理程序，各单位应当提出明确要求，已经审计人员同意的财务报告草稿，经由总会计师和总经理审核并签署真实性承诺后，应当及时提交董事会（或类似机构）审核确认。董事会正式批准财务报告后，注册会计师方可签发审计报告。

10. 会计档案管理

（1）对年度形成的会计档案，财务部门应按照归档要求，负责整理、立卷、编制会计档案案卷目录。

（2）对财务部门移交的会计档案，档案管理部门要登记造册、填写会计档案入库登记表。

（3）未设档案管理部门的单位，应在财务部门内部指定专人保管，但出纳人员不得兼管会计档案，会计档案不得携带出境。

3.3.6 经典案例

1. 案例介绍

某建筑装饰企业是一家财务管理制度比较健全的大型国有企业，该企业财务资金管理部门紧紧围绕工作目标，积极开展财务系统相关工作，扎实推进部门年度工作任务的落实，不断提高管理水平和服务质量，形成了较为完善的财务管理体系，财务资金部门多次以第一的成绩通过相关检查和测试，并协助企业成功获取了高新企业，完成了返税目标，有力地推动了企业高质量发展。

2. 经验做法

（1）夯实财务基础工作。利用财务信息化，重新梳理了公司管理流程，从高效结合内控原则，对不合理的流程重新进行了优化，确保一体化流程高效运转。安排清理并调整应付账款借方余额，其他应收（付）款清理等工作，并对应付账款长期挂账余额进行清理，解决了长期以来存在的挂账问题，有效化解了财务风险。严格控制备用金借支，目前全司日常经营用备用金不许借支，备用金余额基本为税金缴纳和用油借支，且金额不超过10万元，严格控制保证金占用，每月通报保证金情况，对支出时间超过3个月的实行预警，并进行通报，紧盯督促责任人必须收回款项，并按照签订的责任状进行奖罚。准确把握公司效益情况，对资金、效益逐个项目分析，对已完已结项目重点分析应收款情况；已完成未结项目重点分析结算进展以及效益资金情况；在建项目重点分析履约情况。

（2）推进现金流管理。做好项目资金支付管理，明确项目资金支付权限。在付款手续合法合规的前提下，项目部可在公司批复后的项目资金策划和月度资金计划范围内自由分配各类资金支付。使用"项目成本付现率"作为项目资金策划编制的重要工具，以合理、科学的项目付款比例控制项目资金支付。加强资金计划准确性。每月召开月度资金专题会，组织领导、部门和项目部集中评审资金计划，提高上报公司资金计划编制质量，对完成计划情况不理想的单位进行处罚，公司资金计划准确性得到提高。严格执行资金倒挂项目审批手续和流程，300万以上资金倒挂项目均通过公司集体决策，300万以下的资金倒挂项目均须分公司领导班子会进行集体决策，并报送公司主要领导审批后方可安排资金支付。

（3）抓好催收清欠。落实存量项目节点管控机制，制定清欠若干节点目标，形成相应时间和质量标准，对每个节点完成情况进行过程通报、督导，针对未完成事项，根据滞后情况由不同层级负责人或公司领导介入，以节点促项目清欠完成。做好增量项目过程防欠，在过程中控制资金风险：在建项目拖欠超过1个月的，必须由分公司领导班子进行集体决策是否停工缓建，否则停止项目资金支付；对拖欠超过2个月的，必须报公司决策会评估决策，经审批后方能继续施工。

（4）强化税务管理。强化增值税税负管理向项目成本管理延伸，将增值税管理与项目经济活动分析相结合，落实进项税额应取尽取原则，确保进项税额及时抵扣。强化增值税税负管理责任向项目落实，在项目责任状中加入增值税税率考核指标，与项目的兑现考核挂钩。强化增值税税负管理责任向分公司落实，按季度检查通报分公司在建项目增值税负目标管控情况，将增值税管理目标列入财务资金部门管理责任状，与财务负责人年度考核挂钩。

（5）加强财务系统建设。加强财务负责人管理，充实了财务管理队伍，加大优秀财务人员引进力度，招聘优秀毕业生，财务理论基础扎实，综合素质较高。加强财务人才培养力度，重视财务人才梯队建设，对优秀人才给机会、给平台、给时间，人才建设加强。

3.3.7 推荐模板（表 3-8 ~ 表 3-13）

1. 项目现金流分析表

项目现金流分析表 表 3-8

	项目名称											
	开工日期			本表填报日期				本项目第　次估算				
一、现金流估算情况												
	时间	1月		2月		3月		……		……		……		备注
	内容	当期	累计	当期	累计	当期	累计	当期	累计	当期	累计	当期	累计	
计划现金流入	1. 预付款													现金流入
	2. 工程款													
	合计													
计划现金流出	1. 分包费													
	2. 劳务费													
	3. 材料费													
	4. 机械费													
	5. 管理费													
	6. 税费													
	7. 保修金													
	8. 保证金													
	合计													
净现金流量														
现金流实际情况	现金流入													
	现金流出													
	1. 分包费													
	2. 劳务费													
	3. 材料费													
	4. 机械费													
	5. 管理费													
	6. 税费													
	7. 保修金													
	8. 保证金													
	合计													
	净现金流													
	编制			审核				批准				

2. 现金盘点表

现金盘点表　　　　　　　　　　　表 3-9

单位名称：		币种：			货币单位：
账面余额			截止日期：		
未入账单据		款项性质	序号	摘要	金额
加：		已收款未入账		小计	
	其中		1		
			2		
			3		
减：		已报销未入账		小计	
	其中		1		
			2		
			3		
			4		
			5		
减：		借条		小计	
			1		
			2		
			3		
			4		
			5		
实际盘点金额				小计	-
		面值		张（枚）数	金额
		100 元			
		50 元			
		20 元			
		10 元			
		5 元			
其中		2 元			
		1 元			
		5 角			
		2 角			
		1 角			
		5 分			
		2 分			
		1 分			
盘点结果说明（长款或短款要注明金额和原因）					

盘点人：　　　　　　　　　监盘人：　　　　　　　　　财务经理：

3. 财务对账单

财务对账单　　　　　　　　　　　　　　　表 3-10

工程项目名称：			单位：元
一、		工程总包报量预估（结算）值：	
二、		已收款总额：	
		其中：工程款	
		其中：业主供材料款	
		其中：业主代缴税金款	
		其中：业主代缴水电费	
		其中：其他	
三、		实际应收款余额：(一)-(二)	

业主：　　　　　　　　　　　　　　施工单位：

核对人：　　　　　　　　　　　　　核对人：

复核人：　　　　　　　　　　　　　复核人：

日期：　　　　　　　　　　　　　　日期：

4. 预计总收入表

预计总收入计算表 表 3-11

工程名称：　　　　　时间：　年　月　日　　　　金额：　元
单位名称：

序号	收入名称	金额			相关附件	施工部位	备注
1	合同初始收入	合同总金额					
		收入调整	本期数				
			累计数				
2	变更收入	本期数					
		累计数					
3	签证索赔收入	本期数					
		累计数					
4	奖励收入	本期数					
		累计数					
5	合计	本期数					
		累计数					

项目经理审核：

市场商务部门审核：

5. 预计总成本表

预计合同总成本计算表　　　　　　　　　　表 3-12

工程名称：　　　　　　　年　　月　　日　　　　　　　金额：　　元
单位名称：

工程概况	合同造价		合同预计总成本	
	预计毛利率		施工部位	
一、累计已经发生的实际成本：				
二、预计尚需发生的成本：				
1. 合同内预计尚需发生的成本余额：				
2. 设计变更尚需发生的成本：				
3. 签证索赔需发生的成本：				
4. 其他因素对成本的影响数：				
5. 小计：1+2+3+4=				
三、预计总成本＝一＋二＝				

大金额的变更分包价款补充协议（如有）

项目经理审核：

市场商务部门审核：

编制人（预算员）：

6. 工程项目（合同）月度收入、成本、毛利计算表

工程项目（合同）月度收入、成本、毛利计算表　　　　表3-13

工程名称：　　　　　　　　　　　　　　　编制单位　　　年　月
　　　　　　　　　　　　　　　　　　　　金额单位：　　元

序号	项目	行次	金额
1	合同初始收入	1	
2	合同变更收入	2	
3	合同索赔收入	3	
4	合同奖励收入	4	
5	合同预计总收入	5=1+2+3+4	
6	累计发生实际成本	6	
7	尚需发生的预计成本	7	
8	合同预计总成本	8=6+7	
9	合同预计总毛利	9=5－8	
10	完工进度（％）	10=6/8×100	
11	累计应确认的合同成本	11=8×10	
	以前期间已确认的合同成本	12	
12	本期应确认的合同成本	13=11－12	
13	累计应确认的合同收入	14=5×10	
14	以前期间已确认的合同收入	15	
15	本期应确认的合同收入	16=14－15	
16	以前会计期间累计已确认的合同预计损失	17	
	当期应确认的合同预计损失	18=－9×（1－10）－17	
	当期确认的合同毛利	19=16－13	
17	工程结算价款	20	
18	实际收到款项	21	
19	已完工未结算	如 14>20，则 22=14－20；如 14<20，则 22=0	
20	已结算未完工	如 20>14，则 23=20－14；如 20<14，则 23=0	

财务负责人：　　　　　　　　　预算负责人：　　　　　　　　编制人：

3.4 建筑装饰企业劳务管理

3.4.1 基本概念

建筑装饰企业劳务管理是指企业为提高劳务资源利用效益，防范用工风险，根据经营生产需要，对劳务分包单位的选择、分配和使用进行的计划、组织工作。主要包括劳务供应商管理、劳务招标投标管理、合同管理、劳务分包过程管理、劳务支付与结算管理等。

3.4.2 主要特点

1. 主体特定

建筑装饰企业劳务管理的对象是企业通过一定程序引进的劳务作业分包单位（劳务班组），而劳务分包单位均是由专门从事建筑装修装饰劳务工人组成的，是开展施工作业的主力军，主体构成具有特定性。

2. 可选择性

当前建筑装修装饰行业劳务分包单位众多，企业在引进劳务分包单位的过程中，可以根据项目实际需要采用公开招标投标方式或者定向邀标方式，选择更加具有实力、更加适合项目的劳务分包单位，从而顺利推动工程履约。

3. 种类细分

建筑装修装饰行业涉及的劳务作业工种类型繁多，根据施工内容的不同可以分为贴面工、油漆工、木工、瓦工、水电安装工等，在管理上需要根据施工内容和类型进行分类管理。

4. 管控严格

建筑劳务分包涉及农民工工资支付问题，这是当前国家重点关注和管控的领域，国家住建管理部门对于建设工地劳务分包管理的监管力度十分严格，这也倒逼建筑装饰企业要进一步规范管理行为，防范违规行为发生。

3.4.3 管理难点

1. 劳务分包方选择不规范，优秀分包方难以入选

当前部分企业分包商的选择模式单一，招标方式不合理，企业招标时会考虑低价中标，可能会导致最终中标的供应商质量不是最优。分包商准入环节把关不严，采取分包商先入场再慢慢审核，导致进场后发现分包商资质不全或不足等，造成施工过程中需要临时选择分包商，影响项目进度。

2. 劳务分包合同签订不规范，忽视合同管理

劳务分包合同是分包方和发包方关系界定的起点，现在很多施工企业往往注重合同的签订，但对合同形式、条款及签订审查程序都比较忽视，造成对分包的工期、质量、安全、验收结算、违约责任等存在缺漏项或歧义的地方，使得实施过程中难以按合同执行、工程结算支付艰难等情况。

3. 劳务分包管理意识薄弱，甚至以包代管

有些装饰企业往往会在分包合同签订以后，将所有的事情交给劳务分包单位自行处理，但劳务作业作为装修装饰工程的一个分项，其施工质量和进度对整体施工内容有很大的影响，此外还存在农民工工资拖延支付问题。如果忽视分包管理工作，将会给工程带来隐患，甚至带来重大法律责任。

4. 劳务分包商评价机制不完善，战略分包商队伍缺失

建筑装饰企业对于劳务分包商管理，都会建立相应的分包商库，但大部分企业关注的重点在于分包商入库标准的建立，以及对分包商入库程序的管理。相应的对分包商维护以及对战略分包商队伍建立关注的分包商再评价机制比较忽视，导致选择合适的分包商总成为困扰企业的难题。

3.4.4 管理重点

1. 严把劳务分包供应商引入关

建筑装饰企业要建立规范的劳务分包商选择制度，根据项目特点及招标内容约定不同的招标形式，在保证程序合规、质量可控的基础上尽量简化程序，提高效率。建立分包商供应商库，对于已经入库的优秀供应商可以简化相关的审批程序，避免因为程序、制度的原因对优秀分包商的进入形成阻碍。建立规范合理的招标管理制度，根据招标的内容选择合适的中标规则，适当选择合理低价中标而非单纯的最低价作为供应商选择的标准，以保证优秀的供应商能够中标。

2. 严把劳务分包合同签约关

建筑装饰企业要高度重视劳务分包合同的管理，优先采用标准的合同范本，以保证合同的公平性，对于特殊条款一定要双方仔细研讨确定，避免出现过程中的纠偏影响项目进展。项目开始前一定要进行分包合同的交底，尤其是工作范围、权利义务进行解读确保对合同理解一致。要重视分包合同台账及合同结算支付台账的管理，重视合同的执行管理，关注双方利益的最大化，保障项目高效开展。

3. 严把劳务分包过程管理关

建筑装饰企业要强化劳务分包管理意识，秉持与分包单位共同发展的思想，以制度、行为的规范执行为基础，识别分包方能力薄弱环节、关键质量审核点、分包方管理的风险点等进行针对性的重点管控。对于分包方之间的施工部位加强协作为分包方工作

创造条件,过程中随时观察纠偏,并建立严格的奖惩制度。

4. 完善全链条劳务分包管理体系

建筑装饰企业要建立系统的劳务分包商管理机制,从分包商的选择、使用、培养以及评价等应该形成闭环。通过分包商的评价不断优化分包商的选择和使用,为分包商的选择和使用提供输入。评价可以围绕分包方的人员储备情况,包括持证人员、技术人员数量及质量;履约能力,如进度履约率;安全文明施工管理情况;现场质量管理及落实情况;劳务工人工资管理情况等方面开展。

3.4.5 管理要点

1. 劳务供应商管理

(1)成立劳务考察小组:公司应成立以主管生产领导牵头的劳务考察小组,小组成员必须由人力资源部、市场商务部、工程管理部等部门人员及项目经理组成。

(2)对劳务队伍的考察重点:劳务考察小组在考察成建制劳务队伍时应重点审查资质资料及信用审查、在建项目现场考察两个方面。对已有劳务队伍班组扩充式培养须重点考察其信誉及以往业绩,并有及时完善其合法用工手续的能力,考察之后按实填写《劳务分包商考察表》(表3-14)。

(3)考察合格的劳务分包商管理办法:考察小组根据考察情况填写劳务分包考察表,考察合格的劳务队伍经审批同意方可准入,由管理部门办理注册备案,进入合格分包商名册,新引进的分包商按照分级要求列入配合层(C级)。公司(分公司)建立《合格劳务分包商名册》(表3-15),制定选择、评审、考核制度,参加投标的分包商必须从合格劳务分包商中选择。

(4)办理注册的劳务分包商需提交资料:工商行政管理部门颁发的《企业法人营业执照》(或营业执照);建设行政主管部门颁发的《劳务分包资质等级证书》;企业所在地税务部门颁发的《税务登记证》;建设行政主管部门颁发的《安全生产许可证》;企业法人的《法人证明书》或企业法人签发的《法人授权(委托)书》;外埠企业应提供当地建筑管理部门签发的《外出施工许可证》;本企业组织机构图、《人员花名册》《劳动合同书》、施工机具(设备)清单;各类人员所持证书清单及证书复印件。

(5)对合格劳务分包商信用分级管理:合格劳务分包商划分为核心层(A级)、基本层(B级)、配合层(C级)三个等级。

(6)分级标准及待遇

合格劳务分包商分类	核心层劳务分包商（A级）	基本层劳务分包商（B级）	配合层劳务分包商（C级）
分级标准	1. 与公司长期合作达3年（包括3年），或合作6个项目以上； 2. 遵纪守法，合规经营，各类证照齐全，具有壹级建筑劳务分包资质； 3. 专业配套、工种齐全，劳务作业人员素质高、专业结构合理、人员稳定；特种作业人员100%持证上岗，其他工种持证率达到有关要求； 4. 有较强的综合管理能力，组织体系完善，管理制度健全； 5. 能够独立承担特大型或造型复杂、施工难度大、质量要求高的项目的劳务作业； 6. 施工水平高，施工质量优良，没有出现过重大质量、安全事故； 7. 遵守公司关于劳务管理各项规章制度，尊重公司的企业文化，服从管理，合作意识强、诚实守信； 8. 能够认真履行合同，信誉良好，没有出现故意违约、拖欠克扣劳务人员工资等不良行为，并且在企业有困难时，能够主动与企业分担风险； 9. 对于合作时间不符合上述条件，但实力雄厚、能打硬仗，或能够与公司进行特殊合作的劳务供应商，经公司批准，可以列为核心劳务分包单位	1. 与公司合作1年(包括1年)，或合作2个项目以上； 2. 遵纪守法，合规经营，各类证照齐全，具有壹级建筑劳务施工资质； 3. 专业配套、工种齐全，劳务作业人员素质高、专业结构合理、人员稳定；特种作业人员100%持证上岗，其他工种持证率达到有关要求； 4. 有较强的综合管理能力，组织体系完善，管理制度健全； 5. 能够独立承担大型或结构较复杂、施工难度较大、质量要求较高的项目的劳务作业； 6. 施工水平高，施工质量优良，没有出现过重大质量、安全事故； 7. 遵守公司关于劳务管理的各项规章制度，尊重公司的企业文化，服从管理，合作意识强、诚实守信； 8. 能够认真履行合同，信誉良好。没有出现故意违约、拖欠克扣劳务人员工资等不良行为，并且在企业有困难时，能够主动与企业分担风险	1. 与公司合作时间在1年以内或者合作时间长但专业工种不配套、仅限某些专业有较强实力； 2. 新引进的劳务分包商
分级待遇	1. 具有在全公司范围内参与劳务分包投标的权利； 2. 具有通过简易招标程序或者以议标的方式取得分包的权利； 3. 具有独立承担特大型、大型工程、公司重点工程项目劳务分包的优先权； 4. 享有采取扩大劳务分包（包劳务、辅助材料、小型施工机具、周转料具、辅助材料）或大包（在扩大劳务分包的基础上进一步扩大分包范围）的方式承接分包工程的权利； 5. 可以作为公司共建劳务基地的合作伙伴，享受相关优惠政策； 6. 在分包结算、付款等方面，享有优惠优先的权利； 7. 享有劳务外派（出国劳务）的优先权	1. 具有在公司范围内部参与劳务分包投标的权利； 2. 具有通过招标或议标方式取得分包的权利； 3. 具有独立承担大型以下（含大型）工程项目的劳务分包权； 4. 享有扩大劳务分包的权利； 5. 享有通过考核晋升为核心层劳务分包商的权利	1. 具有在区域分公司范围内部参与劳务分包投标的权利；且必须经过招标，才能获得分包的权利； 2. 具有承担与自身实力相适应的单一工种或多工种的劳务分包工程的权利； 3. 享有扩大劳务分包的权利； 4. 享有通过考核晋升为基本层劳务分包商的权利

（7）分级考核评价：劳务分包评价分为年中评价和年末评价，评价合格的劳务分包商分为三个等级，即核心层（A级）、基本层（B级）、配合层（C级）。凡被评定为不合格的劳务分包商将从合格分包商名册中删除，进入公司《劳务分包商黑名单》（表3-16），二年内不得选用。

（8）过程考核。项目部每月对劳务分包商进行考核评价，公司每季度对项目部和所属劳务分包商进行专项检查，对劳务风险进行评价，填写《劳务分包商考核表》（表3-17），公司6月份、12月份对公司范围内劳务分包商进行集中检查、评比，根据评比结果发布《合格劳务分包商名册》《劳务分包商黑名单》。

（9）完工考核。劳务分包商完工退场后30日内，由工程管理部组织对劳务分包商进行综合考核评价。对于考核不合格的劳务分包商，工程管理部应及时发布《劳务分包商黑名单》。

（10）每年年末，公司工程管理部根据实际情况提出年度劳务队伍的引进计划，根据引进计划，组织劳务考察小组对劳务分包商进行考察，考察合格可注册进入公司《合格分包商名录》，进入《合格分包商名录》方可参加公司所属项目的劳务招标投标，施工过程中项目部进行定期考核，公司定期更新《合格分包商名录》。

2. 劳务招标投标管理

（1）劳务策划的编制：在项目中标后5天内，公司（分公司）工程管理部牵头、项目部配合编制劳务策划。

（2）成立招标小组：公司（分公司）必须成立劳务招（议）标工作小组并参与招标全过程活动，招（议）标工作小组应由项目部经理、财务资金部经理、分管领导共同组成，项目经理必须全过程参与劳务招议标活动。

（3）劳务招标投标实行额度授权管理：分公司在劳务分包费为500万元内行使招标，超出额度的必须由公司层面组织招标。公司（分公司）工程管理部牵头项目部配合编制招标文件，确定分包方案、评标办法和程序、招标方式，在合格劳务分包商中邀请3家以上单位参加投标，按照"合理低价、优质优价"的原则选择劳务分包商，一般应优先使用评定等级较高的合格分包商。

（4）招标、议标过程管理：公司必须制定详细的劳务招标投标工作流程，明确工作内容、完成时间、责任部门及流程节点。项目部编写《劳务招标申请表》并经审批→工程部组织项目部配合编制招标文件→工程部发招标文件→开标→评标→定标。

①招标：项目开工前15日内项目经理部以书面形式提出用工申请，填写《劳务招标申请表》，明确用工时间、工种、人数及其他相关要求，交至公司（分公司）工程管理部与招标文件一起进行评审，填写《劳务分包招标文件评审表》。项目开工前7日内启动劳务招标投标程序，按工作流程进行招标投标活动。向不少于3家合格劳务分包商发布招标文件。

②开标:工程管理部牵头组织招(议)标工作小组进行开标并填写《开标记录表》,开标后工作小组立即组织评标。

③议价:工程管理部牵头组织招(议)标工作小组,在7天内与意向单位进行议价并填写《劳务议标记录表》及《劳务招标定案汇总表》。

④定标:为规避低价中标、高价索赔的风险发生,按照"合理低价、优质低价"的原则选择劳务分包商。由工程管理部在15天内将议价结果报劳务管理工作小组,综合评定后确定中标单位并公示,并陆续发《中标通知书》及《进场通知书》。

⑤选择劳务分包商,满足以下议标条件即可议标:样板工程;三边工程;施工过程中的新增分部分项工程;无既往施工经验的项目;合同额小于(含)10万元的分包工程。议标须先报公司审批后方可进行,且分包商必须是公司核心层或基本层。

3. 劳务合同管理

(1)合同的编制:确定中标单位后,工程管理部起草、项目经理部配合编制《劳务分包合同》,原则上采用《劳务分包合同示范文本》。当地建设主管部门另有统一要求的,以当地发布的版本为准。

(2)合同的审批:劳务分包合同及补充协议经工程管理部、相关部门评审,报公司(分公司)领导批准后正式签订。

(3)合同的签署:公司必须与中标分包企业在队伍进场前签订《劳务分包合同》《安全生产协议书》《廉政建设协议书》等相关协议,以明确双方的责任权利及义务。在签订合同后由工程管理部牵头组织相关人员对项目经理部进行合同交底并发《进场通知书》至劳务分包商。以上合同及协议必须加盖劳务公司印章,并由法定代表人签章(由委托代理人签署的必须出具《法人委托书》交工程管理部留存)。在签订合同后,公司劳务负责人做好各项目的《劳务分包合同台账》。

(4)合同交底:工程管理部劳务分包管理员就劳务分包合同的主要条款对项目部进行合同交底。

(5)过程监管:公司工程管理部建立《劳务分包合同、结算台账》(表3-21),对劳务分包合同履行情况进行动态监管。

(6)合同的变更:在合同履行过程中,当内容发生变更时,变更总额超过原合同额的10%时,应签订补充合同或协议,并由公司批准。

(7)合同的终止:当主体变更/不可抗力/劳务合同中另行约定的终止条件发生时/一方不能履行合同又拒不采取改进措施时可以终止合同。

4. 劳务分包过程管理

(1)项目部按时上报劳务季报,要如实填写项目实际数据,反映施工现场实际情况。

(2)劳务实名制管理:公司工程管理部定期组织对劳务实名制管理工作进行检查、评比、通报及奖罚,收集各项目每月所记录的人员花名册。

（3）劳务资源调配：公司工程管理部应从任务分配入手合理调配本区域内各项目的劳务队伍使用，确保劳务队伍供需基本平衡和稳定。当项目部发生劳务队伍需求缺口较大时，应及时编制《劳务队伍调配申请表》报公司工程管理部，由公司在全司范围内平衡调度。

（4）劳务纠纷与突发事件的处理：项目经理部应设立专（兼）职劳务管理人员，可成立由项目经理、生产经理、劳务管理人员、人力资源部相关人员、劳务分包商负责人或施工队长组成的劳务人员协调处理小组，为处理劳务纠纷与突发事件提供有力的组织保障。出现劳务纠纷时，协调处理小组应迅速采取措施稳定农民工情绪，控制事态进一步发展，并立即展开调查，做好相关资料、证据的收集整理工作，会同公司研究制定解决处理方案。

5. 劳务费结算及支付管理

（1）公司必须制定劳务人工费结算工作程序，按工作流程进行劳务人工费结算与支付。人工费结算必须严格执行《劳务分包合同》并按总量控制的原则，每月进行一次结算。

（2）公司工程管理部、市场商务部每月 28 日前完成项目《月（总）劳务结算单》（表 3-22）的审核，公司要建立《劳务分包结算台账》，掌握所有项目的劳务结算信息；项目商务人员要建立《项目劳务结算台账》；财务部凭审批后的《月（总）劳务结算单》和劳务公司出具的发票办理支付。

（3）其他人工费控制与支付：工程中的零星用工、定额工作内容以外的二次材料用工、行政用工、安全文明施工用工、计时工以及所有未预见用工，原则上实行系数包干或总量包干。特殊用工签署权由项目经理（或项目副经理）掌握，其他人员无权开工。当零星用工数量超过 100 个以上的单项工作内容时，项目经理部应测算相应工程量，与劳务分包商进行协商，采取总价包干形式，编制专项报告，上报公司合约商务部审核，分管领导审批方可使用。

（4）公司、项目部要对本单位、项目的劳务结算进行分析，公司还应督促项目经理部按月组织监督检查劳务人工费发放情况，并采用台账进行管理。

3.4.6 典型案例

1. 案例介绍

某建筑装饰企业紧密围绕企业发展目标，扎实开展劳务管理工作，通过体制机制创新，精准有效管控，建立了高质量的劳务队伍，形成稳定的劳务供方 100 余支，总人数达 5000 余人，劳务管理效能显著提升，有力效保障了公司项目的顺利履约。

2. 经验做法

（1）建立健全劳务管理体系。组建由公司间接控制的劳务公司，整合优秀劳动力资源,负责劳务工人工的招收、使用、考核、薪酬、培训、教育等各项管理工作。强化劳务成本计划工作,成本部门在项目进场初期核定劳务费用控制指标,明确项目部管理责任。将劳务招标书编制工作逐步转移到项目层次,并由成本部门指导,招标组织工作由项目部组织进行,劳务招标监督权和决策权仍由各级劳务招标投标领导小组负责。劳务费预结算和结算管理工作划入成本管理部门,使审核工作更及时有效。

(2)加强对劳务工作的宏观管理。严格劳务合同签订权限,提高公司法人层次的管理力度。加强劳务费用结算管理,要求项目在内部验收30天内,必须完成与分包劳务单位的费用结算手续,防止产生劳务纠纷。及时发布队伍信息和价格信息,指导有关部门和项目合理选用劳务队伍,共同控制好人工费成本。按照"立足当地,资源共享"的原则,通过网络平台及时发布劳务供求信息,引导合格劳务供方在公司范围内有序流动。

(3)优化劳务招标投标及结算管理。优化劳务招标投标管理环节。将劳务招标书编制工作下放到项目层次,将报价清单编制工作转为成本管理部门负责,由项目部负责招标组织工作,负责提交招标队伍名单,理清管理环节,提高劳务招标工作的效率和效果。加强劳务结算管理。由成本管理部门负责项目施工过程中人工费审核,及时了解项目进度情况,防止过程中预结数量超过实际额度。将人工费结算与项目结算工作统一起来,对劳务队伍实际完成工程量和分部分项单价进行审核,增加结算工作的准确程度。成本部门完成人工费审核后,立即办理劳务费用结算手续,与劳务承包方负责人确认,避免产生经济纠纷。

(4)完善理顺劳资合同关系。以劳动合同管理为契机,将劳务队伍内部管理引导到较高层次上来,劳动合同范本由公司人力资源部统一制订,并指导各劳务公司与其招收工人建立正式劳动关系,以规范双方行为,消除劳务工人与公司发生经济纠纷的隐患。制订生产工人社会保险管理办法,进行有序管理,维护劳务工人合法权益。将工资发放管理纳入日常工作,工人工资发放由有关管理人员组织发放,并制订严格签收手续,禁止由班组长代发。

(5)加大对核心技术工人的培训教育力度。认真落实核心技术工人教育培训工作,从技术知识、管理知识、政策法规等各个方面入手,制订符合装饰企业特点的培训内容,委派具有较高理论水平和丰富实践经验的技术人员进行授课,使劳务队伍负责人、劳务公司技术管理人员每年至少接受一次培训,在施工现场开展对技术工人的培训教育,使培训工作与施工实际相结合,提高实际效果。

3.4.7 模板推荐(表3-14~表3-22)

1. 劳务分包商考察表
2. 合格劳务分包商名册

劳务分包商考察表

表3-14

劳务单位名称		类型		法定代表人姓名		身份证号	
通讯地址				委托代理人		电话	
营业执照编号		安全生产许可证		资质证书编号		资质类别	
自有工人人数		具有职业资格证书人数		特殊工种人数		特殊工种持证数	内部管理人员人数
施工项目情况	年度	工程名称	完成工程量	工程质量	是否出现安全事故		考察情况
劳务主管部门意见						审批人：　年　月　日	
劳务考察小组意见						审批人：　年　月　日	

合格劳务分包商名册

表 3-15

序号	分包商名称	资质				营业执照编号	营业范围	安全生产许可证编号	公司内评定等级	本年度合作情况			法定代表人				被授权委托人				自有员工人数	其中:				通讯地址	主要使用地
		资质序列	资质类别	主项资质等级	资质证书编号					本年度分包工程名称	本年度分包额		姓名	性别	身份证号码	联系电话	姓名	性别	身份证号码	联系电话		签订劳动合同人数	具有职业资格证书人数	特殊工种人数	特殊工种持证人数		

填报人:　　　　　　　　　　劳务负责人:　　　　　　　　　　分管领导:

3. 劳务分包商黑名单

劳务分包商黑名单

表3-16

序号	分包商名称	企业资质类别	企业资质等级	分包负责人姓名	籍贯	负责人身份证号码	曾经分包工程项目名称	不良信用行为	不良信用行为发生时间	是否仍在本企业分包工程
1										
2										
3										
4										
5										
6										

填报人： 劳务负责人： 分管领导：

4. 劳务分包商考核表

劳务分包商考核表

表3-17

单位：　　　　　　　　　　　　　　　　　　　　　年　月　日　　　　　　　　　　　　　　　　检查人员：

序号	检查项目	检查内容	分值	评分标准	扣分原因	得分
1	人员配备	现场管理人员配备情况	8分	劳务班组是否按公司或项目要求配备技术、质检、安全、电工等管理人员，缺1人扣4分，无上岗证缺1人扣2分		
2		实名制管理	23分	1. 是否配合项目建立人员进场花名册登记、退场通知办理手续等情况。（3分） 2. 劳务公司与劳务工人签订劳动合同并保存在项目。（5分） 3. 考勤记录清楚，逐日记录劳务人员出勤情况与劳务作业人员花名册的人员一致。（3分） 4. 分包方根据劳务作业人员完成工作任务情况，劳动合同约定工资标准发放工资，并由劳务作业人员签字确认的工资发放表留存项目。（5分） 5. 每月发放工资时是否邀请项目部人员参加监督。（4分） 6. 进退场手续规范，劳务工人管理有条理。（5分）		
3	过程管理	劳务队伍配合管理	30分	1. 是否听从项目部管理人员安排和指挥，项目部要求增加劳务人员和派人是否及时。（5分） 2. 项目部承担资金压力过大，劳务费用延退支付，是否与项目部沟通并变请高劳务单价。（5分） 3. 工人出了安全事故是否积极配合公司处理（5分），工人是否有打架斗殴现象或影响公司声誉的问题。（5分） 4. 恶意讨薪，威胁项目部，一票否决。		
4		物资管理	8分	1. 材料损耗率控制在公司要求的范围内。（5分） 2. 乱扔材料，堆放随意，无防盗、防火意识。（3分）		
5		工程质量管理	8分	1. 达到项目部质量要求，分部分项工程的一次合格率100%。（3分） 2. 接收到项目质量整改通知单是否按项目要求及时整改。（5分）		
6		安全管理	16分	1. 特殊工种特种操作证上岗率达到100%。（5分），每天是否有班前安全教育并有记录，（3分）施工临电用电三级电箱是否符合规范。（3分） 2. 机具及检验仪器到现场是否完好，达到使用要求。（2分） 3. 是否为工种购买意外伤亡保险。（3分）发生一般安全责任事故考评得0分。		
7		文明施工	7分	1. 文明施工达到项目要求，文明施工是否做到完场清。（3分） 2. 是否材料堆放整齐，操作现场有垃圾、有积水。（2分） 3. 交叉作业，成品、半成品产品有预坏、污染。（2分）		
共7大项	小项		100	应得分	实得分	
				得分率		折合标准分

5. 劳务议标定案汇总表

劳务议标定案汇总表

表 3-18

工程名称：　　　单价：元

序号	分项工程名称	单位	数量	成本控制价		中标价		分包商名称：				分包商名称：				分包商名称：			
								联系人：		电话：		联系人：		电话：		联系人：		电话：	
								开标记录		二次谈判		开标记录		二次谈判		开标记录		二次谈判	
				单价	合价	单价	合价	单价	合价	单价	合价	单价	合价	单价	合价	单价	合价	单价	合价
1																			
2																			
3																			
合计																			
合价																			
与成本控制价比较																			
与投标价比较																			

利润率：

付款方式：

工期承诺：

垫资额：

质量承诺：

部门意见：	项目部：	合约商务部：	财务资金部：

建议中标单位及理由：

分公司主管领导意见：

分管领导意见：

6. 劳务合同评审表

劳务合同评审表　　　　　　　　　　　　　　　　　表 3-19

单位名称：			评审时间：	年 月 日
工程名称		合同编号		
中标单位		合同金额		
评审意见（填写明确并签字，可附页）				
项目部				
市场商务部门				
工程管理部门				
财务资金部门				
综合意见				
分管领导意见				

说明：1. 综合意见为"同意签订合同"或"进一步修改并与劳务分包谈判"。

7. 劳务合同交底记录表

劳务合同交底记录表　　　　　　　　　　　　　　　表 3-20

工程劳务合同交底记录				
工程名称		合同交底地点		
合同编号		合同签订时间		
劳务分包商		劳务分包商驻现场负责人		
合同交底主体	项管部	合同交底时间		
合同交底内容				
劳务承包方式及范围				
劳务合同总价及构成				
双方责任				
结算方式与时间				
工程变更				
所含辅料				
其他				
合同交底人签字		接受交底人员（项目部人员）签字		

8. 公司劳务分包合同、结算台账

公司劳务分包合同、结算台账

表 3-21

时间： 年 月 日

序号	工程名称	劳务分包商名称	合同编号	合同金额（元）	劳务费产值			劳务费结算情况			备注
					完成情况	奖励（+）/罚款（-）	其他费用	累计产值（元）	累计开票金额（元）	当月支付金额（元）	累计付款金额（元）
1											
2											
3											
4											
5											
6											
小计											

9. 月（总）劳务结算单

月（总）劳务结算单　　　　　　　　　　　表3-22

工程项目名称：
本次结算施工项目起止时间：
分包单位：　　　　　　　　　　　　　　　　　　　　　　　明细共　页

序号	分项名称	合同工程量	单位	签证增加工作量	合计工作量	自开工累计实际完成工作量	本次实际工程量	综合劳务单价	本工程结算金额（元）	备注
1	水泥砂浆楼地面	500	m²		500	450	300	31	9300	
2										
3										
4										
5										

施工员：　　　　　　　　项目商务人员：　　　　　　　库管员：

安全员评估意见：　　　　　　　　　　　　　质检员评定意见：

项目经理：

工程管理部审核意见：　　　　　　　　市场商务部审核意见：

3.5 建筑装饰企业物资材料和供应链管理

3.5.1 基本概念

建筑装饰企业物资材料和供应链管理是指企业为有效降低物资成本、提高项目经济效益、促进项目顺利履约，对物资材料供应商、采购、结算支付等进行的计划、组织和控制工作。主要包括：物资供应商（供应链）管理、物资计划管理、物资采购管理、物资合同管理、物资过程管理、物资余料处理管理、物资结算与支付管理。

3.5.2 主要特点

1. 种类多样性

建筑装修装饰工程在施工过程中需要使用诸多建筑装饰材料，包括石材、钢材、陶瓷、玻璃、不锈钢制品、顶棚隔断、门窗等数十种类别，每种类别项下又有不同的品种和材料，材料纷繁复杂，在物资材料管理过程中，需要根据不同材料类别进行针对性管理。

2. 供应不均衡性

建筑装饰物资材料在实际应用过程中，使用量并不是固定不变的，而是需要根据装饰设计施工图的要求，按照预算量的要求进行采购和管理，有的物资采购材料，比如玻璃、瓷砖等供应量相对较大，有得相对较少，存在不均衡性。

3. 占用资金量大

建筑装饰物资材料品种繁多且使用量大，资金的使用量也很大，因此需要在物资管理过程中强化对物资计划、采购、支付的细化管理，确保资金的合理使用。

4. 全过程性

建筑装饰材料物资管理的每个阶段不是孤立的，具有内在的连续性，一个项目工程的物资管理需要从制定计划、选择供应商开始，经历过程中的招标投标、签约、供货、验收、使用、结清货款，是一种全过程的管理行为。

3.5.3 管理难点

1. 物资材料采购及管理成本偏高

建筑装饰企业一般是以项目为中心划分成工程项目组，项目组分别采购物资材料，一定程度上造成采购成本的浪费，无法达到数量上的优势以得到更优惠的价格。此外采购大批量的项目所需物料作为保证生产的物料库存，造成仓库及工序间的材料积压，产生额外搬运、空间占用、流动资金占用等费用。

建筑装饰企业管理实战要领

2. 物资材料供应不及时

建筑装饰企业物资采购以招标、指定等采购方式为主，企业与供应商之间是以单次采购为关联的关系，供应商在得到采购订单后，考虑的是自己的供货问题，而不是建筑装修企业的生产对物料的供给要求，经常造成物料供应的提前或滞后，不能按建筑生产排程进行物料供给，也不便于事后的追踪和责任的追究。

3. 物资材料的质量难以保证

建筑装饰企业在施工过程中大多采用分散式采购，即根据需要采购，分散采购导致多源供应商提供的物料质量存在差异，不同的物料在进行建筑施工时有可能产生建筑工程质量问题，达不到预期设计效果，直接影响了建筑装修工程进度与企业的声誉。

3.5.4 管理重点

1. 加强装修物资材料计划管理

项目部应注重物资材料的计划控制管理，对工程上使用的材料提出需求总计划。施工过程中为保障物资材料及时供应，项目部应在当月提出次月的月度需用计划并注明预计材料进场时间。由于设计变更或其他原因临时增加的材料采购或原材料总计划的描述不能满足实际工程需要时，项目部必须及时提交材料增补计划或变更计划并注明原因。

2. 建立完善的物资材料台账管理

物资材料管理部门应建立健全物资材料对比台账，通过对材料总计划、需用计划及实际进场量的数据比较分析，严格控制材料进场。项目部材料管理人员应及时建立健全材料流水台账，及时准确记录材料实际进场时间、材料名称、规格型号、计量单位、数量及质量标准等信息。还应建立健全库房管理台账，及时登记核减采购入库材料，掌握计划完成情况，避免出现超储积压货停工待料。

3. 强化物资材料过程管理

物资材料经验收合格后即可入库，根据不同材料的类别、品种、规格、质量分别堆放在仓库内，并挂牌标识，以方便领料出库。物资管理人员应定期对材料数量、质量等情况进行检查，需要保养的材料定期保养，如在检查过程中，发现有变质损坏、超储积压、受潮锈蚀等情况及时向上级部门报告，并及时采取措施，防止材料进一步损坏。

4. 有效开展物资材料供应链建设

建筑装饰企业为加强物资材料供应管理，有效节约企业运营成本，应当进一步加强物资供应商的供应链建设，进行常规性、大批量、集约化的采购和合作，从而实现精确管理，提高企业运行效率和水平。

3.5.5 管理要点

1. 物资供应商（供应链）管理

（1）公司应立足资源建设的高度，加强物资供应商管理，开展供应链建设，稳固供应商队伍，提升供应商质量。

（2）公司物资主管部门应根据项目物资需求，通过各种渠道收集供应商信息，保证实时掌握市场供求信息和市场行情，确保工程所需物资具有充足的供应渠道。供应商信息可来源于业主方、设计方、竞争对手、兄弟单位、员工介绍、媒体推介、厂商自荐、公开招募等。

（3）物资供应商应按战略型、合作型、交易型和潜在型四个级别实施分级管理。对于战略型和合作型供应商在物资采购招标时应优先使用。

①战略型供应商：指考察合格，有良好的长期合作基础，公司与之签订战略合作协议的供应商，战略供应商原则上应为"生产厂家"。

②合作型供应商：指考察合格、合作意愿强、合作持续性强、合作情况好的供应商；

③交易型供应商：指考察合格、有过合作但合作次数不多、基本为断续合作的供应商；

④潜在型供应商：指考察合格、有合作潜力但尚未进行实质性合作的供应商。

（4）所有物资供应商在合作之前，都必须经过考察。战略型供应商由公司物资管理部门、商务、纪检等相关部门选择、考察、评价，其他一般供应商可由分公司物资管理部门、商务、纪检等相关部门选择、考察和评价。

（5）考察的内容包括：企业资质、业务范围、经营实力、产品质量、产品价格、工程服务、工程业绩、企业信誉等。

（6）列入物资合格供应商名册的供应商方可参加投标、议标及议价。

（7）供应商评估的主要内容包括物资采购合同的履约情况、采购数量、采购金额、现场有关环境与职业健康安全管理情况、我方与供应商的沟通程度、供应商持续改进情况等。

（8）经评估为不合格的供应商，或该供应商在建筑市场领域内发生社会影响较大的质量、安全、环境等违法行为，则取消该供应商的供应资格。对信誉低下、履约能力差、引起较大纠纷的供应商，列入《物资供应商黑名单》，3年内不得使用，3年后考察合格方可再次列入合格供应商名册。

（9）凡连续2年未与其发生采购关系的供应商，取消合格供应商资格，如需合作的，必须重新考察。

（10）公司供应同类物资的合格供应商应保持至少3家以上。

管理流程

（1）公司物资管理部门组织商务、项目部等相关人员对公司级战略供应商与其他一般供应商进行选择、考察，由考察人员提交《物资供应商考察评审表》（表3-23），物资管理部门、商务等相关部门负责人审核，分管领导审核、公司总经理审批通过后进入公司级战略供应商名册、合格供应商名册（表3-24）。

（2）项目部从公司级战略供应商、合格供应商名册中选择合适的供应商供货，并对供应商的履约情况进行评价，填写《物资供应商履约评价表》（表3-25），报公司物资管理部门。

（3）公司物资管理部门整理、汇总履约情况，报分管领导审核，总经理审批。其中公司级战略供应商与其他一般供应商经审批通过后进入更新的公司级战略供应商名册和合格供应商名册。

2. 物资计划管理

（1）物资计划共分四类：《物资需用总计划》（表3-26）、《物资采购计划》（表3-27）、《物资月度进场计划表》（表3-28）和《甲供物资进场计划》（表3-29）。

（2）《物资需用总计划》《物资月度进场计划》由项目部根据施工图预算量、施工组织设计（施工方案）和施工进度计划等进行编制，要明确工程名称、物资名称、规格型号、单位、数量、质量要求、品牌要求、用料部位、进场时间等要素，定制品要附相关图纸或样品，同时考虑库存储备需要、物资市场动态及风险控制等因素。

（3）如果与业主的合同存在甲供物资，项目部在甲供物资需用前向甲方提交《甲供物资进场计划》，并预留足够的生产及送货周期。

管理流程

（1）项目部编制《物资需用总计划》，项目经理审核，报公司商务部门、物资主管部门审核，经分管领导审 批后执行。

（2）过程中《物资需用总计划》因设计变更有调整的，项目部应在采购前及时报送公司商务主管部门核定并反馈公司物资主管部门物资管理岗位。

（3）公司物资主管部门物资管理岗位根据《物资需用总计划》、工程合同规定和分包管理方式制定《物资采购计划》，明确采购责任方、采购方式、分析材料价格风险因素，制定采购成本控制措施，报公司商务、生产等主管部门审核，抄送财务部门，经分管领导审批后执行。

（4）《物资月度进场计划》由施工员依据工程进度及材料供货周期每月编制，经项目商务经理审核，项目经理审批后方可生效，并报公司物资主管部门物资管理岗位备案。

3. 物资采购管理

（1）物资采购活动按采购模式分为集中采购、零星采购两种模式，优先采用集中采购模式。

①集中采购是指一定金额以上的单笔物资（设备）采购业务，按照公司规定的采购方式，采购权至少集中在各分公司层面及以上的采购行为。按管理层次分四种采购模式：

a. 战略采购：是集中采购的最高表现形式，主要是公司战略合作层面上，以战略合作协议的形式与国内或国际上知名的大型、高端供方建立深层次、广维度、全方位的战略合作关系，公司自由选择战略供方与之签订采购合同的采购模式。

b. 区域联合集中采购：是指由公司组织区域内分公司，通过集中招标、联合谈判的方式，共同确定供方和采购价格，统一签订采购合同/框架协议的采购模式。

c. 公司总部集中采购：公司总部集中采购是针对项目单一类别材料采购总金额达200万元及以上的物资必须集中到公司层面集中采购或公司总部物资采购中心牵头，整合下属分公司需求量，进行集中采购。公司总部负责与供方签订采购合同、下单、催货、支付货款等合同履约工作，项目负责物资收货、验收。

d. 分公司集中采购：分公司集中采购是针对项目单一类别材料采购总金额达5万元及以上、200万元以下的物资必须集中到分公司层面集中采购或分公司物资采购中心牵头，整合各项目需求量，进行集中采购。分公司负责与供方签订采购合同、下单、催货、支付货款等合同履约工作，项目负责物资收货、验收。

②零星采购：单笔采购数量和采购金额很小（采购总金额在5万元以内）类型物资原则上可由项目直接采购。按照项目实际情况需要零星采购的物资，由项目物资采购人员实施，项目经理部和物资主管部门、商务部门进行价格审核。

（2）物资采购方式按实际情况采取以下方式，优先采用级别较高的方式：

a. 战略采购：适用于与公司签订战略合作协议的供应商所供物资；

b. 招标采购：适用于采购数量较大、采购金额较大、供应商选择较多等类型物资；

c. 询比价采购：适用于采购数量和采购金额相对招标采购较小以及需要过程技术配合等类型物资；

d. 定点限价采购：对同一区域内的零星物资，由物资部门在每年一季度组织一次招标，选定不少于2家供应商，实行定点限价采购。

（3）公司要积极推动集中采购，尤其是战略采购，积极发展战略型供应商，扩大物资采购中战略采购的份额。

（4）物资采购过程中，所有参加人员应对业主认价、合同定价及与评标相关的各项信息和内容进行保密。

管理流程

（1）招标采购

a. 物资采购招议标工作小组制定招标书，填写《招标文件会审表》（表3-30），确定招标计划，主要明确采购工作节点控制和完成要求。

b. 物资采购招标工作小组根据实际情况，向物资合格供应商发出招标邀请函，并根据供应商投标意愿，发放招标书，主要明确投标方，参与投标方必须达到3家或以上。

c. 投标方的投标书按要求送达后，物资采购招议标工作小组在公司内部召开评标会议，现场开标，填写《采购开标记录表》（表3-31）。

d. 物资采购招议标工作小组与入围供应商进行议标谈判，填写《采购议标记录表》，议标后确定入围供应商优先使用次序。

e. 谈判结束后，物资主管部门填写《物资采购定案会审表》（表3-32），并与项目部和其他相关部门审核、公司/分公司分管领导审批，确定中标单位。

f. 物资采购招议标工作小组通知中标供应商，准备合同事宜。

（2）询比价采购

a. 物资采购招议标工作小组按使用要求，选定不少于3家供应商进行书面报价。

b. 物资采购招议标工作小组与各供应商进行议价谈判并填写《采购议标记录》，议价后确定供应商优先使用次序。

c. 物资主管部门填写《物资采购定案会审表》，并与项目部和其他相关部门审核，公司/分公司分管领导审批，确定中标单位。

d. 物资采购招议标工作小组通知中标供应商，准备合同事宜。

4. 物资合同管理

（1）所有物资采购行为均需签订物资采购合同，项目零星采购可实行定点限价采购或总价包干采购。

（2）物资采购合同在执行过程中需要变更的，应协商一致签订补充协议。

（3）双方确认无法执行合同时，应通过书面通知或签订协议解除合同。

（4）物资主管部门和项目部应建立《合同台账》（表3-35），关注合同履约进程，及时处理存在的风险。

管理流程

（1）公司物资主管部门负责拟定物资采购合间，内容应包括物资名称、品种、规格、质量标准、交货地点、交货方式、付款结算及纠纷解决，双方的权利和义务等内容。

（2）公司物资主管部门组织项目部和相关部门评审、会签，填写《物资采购合同会审表》（表3-33），经分管领导审核、总经理审批后签订。原则上由供应商先签署，且其签约人须是法定代表人或其授权委托人，项目部无权签订物资采购合同。

（3）公司物资主管 部门负责就采购内容又对项目部相关人员进行合同交底，填写《合同交底记录》（表3-34），并将《合同交底记录》与采购合同各一份交项目部保管。

5. 物资过程管理

（1）材料进场时，项目应及时进行数量、质量验收。材料员负责收集材料合格证、材质证明和材料检测报告。材料验收由项目库管员组织材料员、质检员和施工员等相关人员共同验收,并报项目经理批准。要求送检的材料由质检员送相关机构检测,质量证明及检测资料由质检员存档。对材料品种、质量、环境和安全有特殊要求时,应安排相关专业技术人员参与验收。对业主提供或业主控制材料,项目部应及时通知业主单位和监理单位参加材料验收。

(2)材料验收原则上在项目现场内进行,材料验收内容包括:发货票据、数量、包装、材质证明和产品合格证明、随行技术资料及相关质量、安全、环保标准资料等。

(3)《验收单》由库管员负责填写,由材料员、质检员、施工员、项目商务、项目经理等签字确认。

(4)材料发料依据:限额领料单或领料单。限额领料单和领料单必须由施工员先行开具,库管员凭单发放。

(5)库管员实时建立发料台账,填写《材料收发存台账》,并根据材料计划将库存量、待购量书面通知项目材料员,统筹安排采购任务。

(6)不合格物资处理,采购物资经验证认定为不合格时,由项目部验收人员填写《不合格物资处理记录》(表3-36),经相关人员审核后报项目经理审批后执行退货换货处理。

(7)材料验收后,项目库管员组织人员将材料按平面布置图搬运至工地仓库,按物资的属性、特点和类型设置堆放点,分类存放,对有毒、有害、易燃、易爆、腐蚀性等危险物品还须根据其性质采取安全防护措施。

(8)物资现场交接需当面清点,签字确认。现场应采取有效措施对施工成品和半成品物资进行有效保护。

(9)库管员应根据施工生产进度,对现场物资消耗进行动态对比分析,发现超耗及时向施工员及相关领导反馈,以便采取防控措施。

(10)项目经理部应保存好物资验收、发放、保管及月度统计、盘点等过程中的原始账务资料。

6. 物资余料处理管理

(1)退货:与供应商协商成功后,项目部填报《项目物资余料处理申请表》(表3-37),项目经理批准,公司物主管部门负责人审核后退货。

(2)调剂:项目完工或者阶段性使用结束后可再利用的剩余闲置物资,项目部填报《项目物资余料处理申请表》,项目经理批准,公司物资主管部门负责人审核后,可在项目经理部之间折价调剂处理。

(3)让售:内部无法调剂的闲置物资,根据实际情况对外进行折价销售,项目部岗填报《项目物资余料处理申请表》,项目经理批准,公司公司物资主管部门负责人、商务部门经理、财务资金部经理签署意见、分管副总经理审核、总经理审批后让售处理,处理金额上交公司财务资金部。

（4）报废：主要部件严重损坏、技术性能落后、耗能高，效率低、修理费用高、其性能修理后也不能达到使用和安全要求的设备和不能再使用的废旧物资，项目部填报《项目物资余料处理申请表》，项目经理批准，公司物资主管部门负责人、商务部门经理、财务资金部经理签署意见、分管副总经理审核、总经理审批后报废处理。

7. 物资结算与支付管理

（1）所有进场物资均须办理结算手续，项目部应按合同约定、供货节点或项目完工时，及时与材料供应商办理中期结算和最终结算手续。

（2）材料核算办法：

①材料采购成本：核算采购成本降低率，实际采购价格与同期市场价格对比。②主要材料消耗：核算材料节约率，材料实际消耗量与预算材料消耗量对比。③项目材料成本：核算材料成本降低率，实际材料成本与预算材料成本对比。

（3）付款依据：采购合同、资金计划、材料结算单、验收单、发票及材料款支付审批单。

管理流程

（1）物资结算程序

①项目部材料员定期汇总物资验收单，与供应商进行供货对账确认并编制《物资材料中期结算单》（表3-38）或《材料费最终结算单》（表3-39），项目商务经理、项目经理签字确认，报公司物资采购中心主任/分公司物资主管部门经理、商务、财务主管部门审核。

②《物资验收单》《材料结算单》确认无误后，与相关票据报财务资金部入账，作为成本计算和支付货款的主要依据。

③物资结算手续齐备后，货款支付可根据物资采购合同约定，按节点、按周期或按额度进行支付。

（2）物资材料款支付程序

物资主管部门根据项目结算额度与合同付款时间节点要求申请相关付款（预付款、进度款、尾款）→物资主管部门审核→商务主管部门审核→财务主管部门审核→分管领导审核→总经理审批→财务主管部门付款。

3.5.6 典型案例

1. 案例介绍

某装饰企业在生产规模不断扩大的情况下，以"提高工作效率、降低采购成本、缓解资金压力"为工作目标，大力推行物资集中招标采购，重点加强采购流程控制和供应商资源建设，在物资管理专业人员较少的情况下，实现年均物资自购总额达1亿元以上，保证了项目物资的及时供应，有力推动了项目的顺利履约。

2. 经验做法

（1）加强物资计划管理。公司要求各项目在进场一周内，必须按规定形成总体材料计划，否则不得以任何形式购买材料。物资部对各项目总体材料需求情况进行统计分析，特别是对材料预算单价进行对比，结合单项材料使用量，参照历史价格和市场行情，选择一定数量的合格供应商集中招标。通过加强计划管理工作，提高了项目成本核算能力，增强了施工员责任心，也提高了部门工作效率，有力地支持了采购成本管理工作。

（2）改进物资采购方式。及时调查市场价格情况，做好已购物资价格统计工作，由物资部门定期整理，向项目经理、采购员等发布材料指导价信息，为项目成本测算、招标采购等工作提供标准。坚持物资集中采购原则，形成了统一招标确定供应商，直接在指定供应商中采购的管理模式。针对五金、轻钢龙骨、石膏板、钢材、木材、水泥、黄沙等常规材料，具有规格统一、标准明确、价格相对透明、一次使用量大、使用次数频繁等特点，实行定期集中招标管理的办法，由物资部定期在合格供方中进行招标。各项目经理和采购人员根据公司发布的当期指导价，与供应商进行洽谈，形成意向后，报公司审批。

（3）严格控制大宗材料采购。着力加强大宗材料供应商的资源建设，通过各种渠道，不断扩大供应商来源，及时做好资信收集、综合考察等工作。在大宗材料采购过程中，充分发挥项目部的积极性，鼓励其参与采购过程，物资部根据项目总体材料需求，在合格物资供应商名册中，会同项目按规定比例确定供应商参加投标。按公司规定，由物资招标投标领导小组进行评标和定标，并与项目经理一起，做好议价和谈判工作。通过项目经理的参与，达到了成本控制更明确、质量标准更清晰、供货周期更具体的目的。同时，也增强了谈判工作的公开、公平和公正性，对物资部和项目经理的工作都有一定的促进。

（4）引导资源良性发展。在公司召开的月度生产例会上，物资部与项目经理充分沟通，对供应商的供货、服务、价格等情况进行评估，重点推荐服务好、供货及时、价格合理的物资供应商，督促项目做好与优质厂商的协调与配合，并要求采购人员及时了解厂商的困难，听取他们对做好物资供应工作的意见和建议，维护好双方的合作关系，促进物资供应链的建设和发展。同时，加大对供应商考核管理力度。由物资部牵头，会同项目部和相关部门定期对所使用的供应商进行考核，在资金实力、市场信誉、供货情况、材料质量和材料价格等方面进行严格比较，及时更新《物资合格供方名册》，对不合格厂商坚决取缔，并在全司范围内进行通报，有效地发挥了优胜劣汰的管理机制。

（5）加强物资管理队伍建设。根据生产发展的需要，公司物资部重点加强采购人员和库管员队伍的建设，通过定期开展培训教育、加大工作检查力度、实施工作绩效考核等方式，提升采购人员和库管员的综合素质，培养出了一支业务精、素质硬、相对稳定的物资管理队伍。

3.5.7 模板推荐（表 3-23 ~ 表 3-39）

1. 物资供应商考察评审表

物资供应商考察评审表　　　　　表 3-23

公司全称				厂房/办公/营业面积		m²
注册地址					邮政编码	
办公地址					邮政编码	
公司电话			公司传真		注册资金	
法定代表人			董事长/总经理		员工人数	
销售人员 1		联系电话		销售人员 2	联系电话	
生产经营范围		主要提供产品及业务			生产或代理的主要品牌	
	主营					
	兼营					
销售性质	□厂家　　□总代理　　□区域代理商　　□分销商　　□普通经销商					
供应商内部管理情况及相关资料（资料必须在有效期内，复印件最好加盖红章）	营业执照		□有　□无		必须提供	
	税务登记证		□有　□无		必须提供	
	组织机构代码证		□有　□无		必须提供	
	施工资质		□有　□无		要求施工厂家应该提供	
	安全许可证		□有　□无		按国家规定的相关行业提供	
	生产许可证		□有　□无		按国家规定的相关行业提供	
	产品认证情况		□有　□无		如有或国家有规定应提供	
	产品质量检测报告		□有　□无		必须提供	
	产品环保检测报告		□有　□无		有环保要求的产品必须提供	
	质量体系认证（如 ISO9000 等）		□有　□无		如有或国家有规定应提供	
	环保体系认证（如 ISO14000 等）		□有　□无		如有或国家有规定应提供	
	职业健康安全体系认证（如 OHSAS18000 等）		□有　□无		如有或国家有规定应提供	
	其他资质情况说明：		□有　□无		如有，必须提供	
	生产/储存/运输能力		□有力保证　□基本保证　□不能保证			
代表业绩						

续表

双方合作基本意向	1. 供方承诺向需方及时提供项目所需产品资料、产品样品、产品报价等。 2. 供方对需方所要求的质量/环保/安全标准表示支持，对需方所倡导的环保、安全建筑装饰材料的使用积极响应，并承诺在合作过程中严格按此执行。 3. 需方优先推荐使用备案合格供方的合格产品，并将在本公司工程项目中推广。

以上由供应商填写，供应商对以上资料的真实性及双方合作基本意向表示认同。

供应商签名并盖章：

考察评价	
	考察人：　　年　月　日
审批意见	经审核：□同意列为物资合格供方； 　　　　□不同意列为物资合格供方。
	审批人：　　年　月　日

2. 物资合格供应商名册

物资合格供应商名册

表 3-24

第　页　共　页

填报单位：

单位	序号	物资类别编号	物资类别	建档时间	供应商名称	主要供应物资	主要品牌	地址	企业负责人	业务联系人	固定电话	手机	近三年主要供应项目	已合作时间	考察报告编号/评估编号	合格供应商管理分级	主要使用地

汇总情况：
1. 本年年初物资合格供应商为　家。本次评审后物资合格供应商　家（其中战略型　家，合作型　家，交易型　家，潜在型　家）。相比上年新增　家，淘汰　家，黑名单　家。
2. 本次评审后物资供应商按物资类别划分如下：

编号	A	B	C	D	E	F	G	H	I	J	K	L	M	N	O	P	Q	R	S	T	U	V	W	X	Y	Z
数量																										

注：物资类别及其编号按下表填写：

编号	A	B	C	D	E	F	G	H	I	J	K	L	M	N	O	P	Q	R	S	T	U	V	W	X	Y	Z
物资类别	石材陶瓷板	木制饰面家具	钢制等金属门	木制板材	木制地板	金属玻璃等组合品	瓷砖马赛克等	金属饰面板材	吊顶隔墙材料	涂料油漆化工	防水防潮材料	电料灯具电器	厨具洁具卫浴	成品隔断	地毯布艺壁纸	黄沙水泥粘料	石膏造型制品	橡塑地板	架空地板	钢材钢板	幕墙材料	园艺绿化	劳防用品	零星材料	其他	

公司分管领导：　　　物资主管部门负责人：　　　填报人：　　　填报时间：　　年　月

3. 物资供应商履约评价表

物资供应商履约评价表　　表 3-25

项目名称：			编号：	
供应商名称		法定代表人		
公司地址				
联系人		电话	传真	

供应商基本情况：

合同履约情况：

考核评价内容	企业资信（5）	业绩信誉同行业良好（5）　一般（3）　差（0~2）
	产品质量（25）	产品质量达到合同要求（5~10）按合同要求及时提供资料（2~5）产品进场是否发生过不合格产品退场（0~5）有无发生产品质量问题给工程造成损失的情况（0~5）
	价格（25）	1. 95%材料报价低于公司询价5%以上（15~20）70%材料报价低于公司询价（10~20）70%以上材料报价高于公司平均询价（0~10） 2. 价格浮动时，材料成本上涨10%内不调整自行消化（5分）有调整（0~5）
	供应能力（20）	1. 配送时间及时（10）偶尔未达到要求（5~10）未按合同约定（0~5） 2. 配送数量规格是否准确齐全（10）偶尔未达到要求（5~10）未按合同约定（0~5）
	售后服务（20）	供应商是否有质量、服务回访（0~5）对质量供应等过程中出现的问题是否及时解决（5~10）是否提出物资变更、管理创新给项目创造效益（0~5）
	其他（5）	提供信息资源共享、指导培训、定期交流互访等（0~5）

评价得分				综合平均得分	
评价结论	优秀（90分）□	合格（70分）□	不合格（70分以下）□		
考核人员签字					
主管意见：					

4. 物资需用总计划

物资需用总计划　　　　　　　　　　　　　　　表 3-26

项目名称：　　　　　　　　　　　　　　　　　　　　　　日期：

序号	材料名称	规格型号	计量单位	需用数量（含损耗）	损耗率	用料部位	需用时间	投标预算量（含损耗）	投标预算价格	质量要求	备注

编制人：　　　　　　项目商务经理：　　　　　项目生产经理：　　　　　项目经理：
商务主管部门：　　　物资主管部门：　　　　　主管领导：

5. 物资采购计划

物资采购计划　　　　　　　　　　　　　　　表 3-27

项目名称：　　　　　　　　　　　　　　　　　　　　　　日期：

序号	材料名称	规格型号	计算单位	计划数量	采购责任方、采购方式					计划订货时间	成本控制要点及措施
					甲供	公司（战略采购、招标采购）	分公司（战略采购、招标采购、询比价采购）	项目	分包方		

主管领导审批：　　财务资金部：　　生产主管部门：　　商务主管部门：　　物资主管部门：

6. 物资月度进场计划

物资月度进场计划表　　　　　　　　　　　　　　　表 3-28

项目名称：　　　　　　　　日期：　　　　　　　　编号：

序号	材料名称	规格型号	单位	数量	质量标准	使用部位	进场日期	备注

项目经理：　　　　　　　　项目商务经理：　　　　　　　　施工员：

7. 甲供物资进场计划

甲供物资进场计划　　　　　　　　　　　　　　　表 3-29

填报单位：　　　　　　　　日期：　　　　　　　　编号：

序号	物资名称	规格型号	计量单位	需用量	使用部位	进场时间	备注

甲供单位签收：　　　项目经理：　　　项目商务经理：　　　材料员：　　　施工员：

8. 招标文件会审表

招标文件会审表　　　　　　　　　　　表 3-30

项目名称							
招标时间				招标文件编号			
物资名称	规格型号	单位	质量标准	需用数量	计划单价	采购计划	备注
主要条款							
评审部门	评审内容			评审意见		评审人	评审时间
物资主管部门	1. 标的物规格型号、数量、价格、付款方式 2. 标的物质量要求						
项目经理部	1. 标的物规格型号、数量 2. 标的物质量要求 3. 标书格式的合理性 4. 标书条款齐全性 5. 标书内容的规范性						
商务主管部门	标的物数量、价格、付款方式						
财务主管部门	1. 付款方式的严谨性 2. 付款方式的可行性 3. 付款方式描述的准确性						
评审结果							
分管领导							

9. 招标/询比价开标记录表

□招标/□询比价开标记录表　　　　　　　　　表 3-31

项目名称：　　　　　记录人：　　　　　开标时间：　　　共　页，第　页

物资情况 \ 入围厂家				名称		名称		名称		与业主签订的合同单价/业主认价	
				联系人		联系人		联系人			
				电话		电话		电话			
序号	材料名称	单位	数量	报价		报价		报价			
				单价（元）	合价（元）	单价（元）	合价（元）	单价（元）	合价（元）	单价（元）	合价（元）
1											
2											
3											
	合计										
	标书密封情况（好、一般、较差）										
	约定的付款方式及评价（好、一般、较差）										
	质量因素评价（好、一般、较差）										
	供货期及评价（好、一般、较差）										
	备注										
	参与开标人员签字										

说明：1. 采用何种方式采购就在相应的"□"划"√"；
　　　2. 采购物资内容较多，超过一页时，使用续页。

10. 物资采购定案会审表

物资采购定案会审表　　　　　　　　　　　　　　　　表 3-32

（采购方式：□战略采购　□招标　□比价　□议价　□其他）

项目名称：　　　　　　　　　　　　　　　　　　　　　　年　月　日

入围供应商情况 综合评估情况	供应商名称															
	联系人															
	联系电话															

序号	材料名称	单位	数量	预算		初报单价	议定		初报单价	议定		初报单价	议定		初报单价	议定		初报单价	议定	
				单价	金额		单价	金额		单价	金额		单价	金额		单价	金额	
总计金额																		

单价及总价比较（定量排序或定性评价，下同）	
质量因素比较	
款项支付比较	
供应周期比较	
安全、环保、职业健康比较	
服务、信誉、实力、能力等比较	
综合评定初步意见	
会审意见	项目经理部意见	
	物资主管部门意见	
	商务主管部门意见	
	财务主管部门意见	
	纪监主管部门意见	
	公司/分公司领导意见	

注：此表供参照使用，自制表格须反映定案会审过程。

11. 物资采购合同会审表

物资采购合同会审表　　　　　　　　　　表 3-33

项目名称：			
合同名称			
签约双方	甲方：		
	乙方：		
合同内容摘要	1. 材料名称：		
	2. 材料规格：		
	3. 数量：		
	4. 合同金额：		
	5. 交货时间：		
	6. 结算方式：		
	7. 质保金：		
	8. 质保时间：		
	9. 违约责任：		
评审意见	评审部门	修改意见	评审人签名/日期
	物资主管部门	□无；□有，详见附页说明	
	项目经理部	□无；□有，详见附页说明	
	商务主管部门	□无；□有，详见附页说明	
	财务主管部门	□无；□有，详见附页说明	
评审结果	□各部门对合同无异议，请领导审批。 □已根据评审意见对合同进行修改，请领导审批。 □其他：		
主管领导			
公司总经理			

物资采购合同评审记录附页

评审部门	评审要素分析和评估	评审意见（必填内容）
物资主管部门	对供应商的供货能力、配合能力和物资的技术性能评审	
项目经理部	对物资供方资格、资信、供货价格、质量、工期、技术、进度、协调配合等条款综合评审	
商务主管部门	对合法性、物资价格、结算方式、支付方式等条款	
财务主管部门	对物资价格、结算方式、支付方式等条款	

12. 物资合同交底记录

合同交底记录　　　　　　　　　　表 3-34

编号：

项目名称		材料名称	
供应商		签订时间	
合同金额		合同编号	

合同交底内容：

1. 材料概况（规格型号、产地、数量、价格，材料性能等）

2. 材料进场数量、质量验收、送检复试要求及资料收集等

3. 材料的供货厂家、供货日期

4. 合同执行过程中的注意事项

5. 供方日常联系人及联系方式

6. 其他需要说明的问题

交底单位：	接受交底单位：
交底人：　　年 月 日	接受人：　　年 月 日

13. 物资合同台账

合同台账　　　　　　　　　　　　　　　　　　　　　　表 3-35

项目名称：

序号	合同编号	材料名称	厂商名称	商标品牌	签订日期	合同金额	联系人	联系电话	备注

编制人：

14. 不合格物资处理记录

不合格物资处理记录　　　　　　　　　　　　　　　　表 3-36

项目名称		报告人员		报告日期	
序号	物资名称	规格型号	数量	生产厂家	不合格情况	备注
1						
2						
3						

处理意见及审批

处理建议： □ 拒收；□ 降级使用；□ 改为他用；□ 报废；□ 退货； □ 其他	审批意见：
生产经理：　　　　日期：　年　月　日	项目经理：　　　　日期：　年　月　日

注：不合格物资由项目经理审批。其中甲供物资业主应在审批栏中签字确认。

15. 物资余料处理申请表

物资余料处理申请表 表 3-37

工程名称： 时间：

供方名称					
物资名称	规格	单位	数量	单价	金额（元）
			合计		

处置意见：

处置方式：退货 调剂 让售 报废

材料员意见	
项目经理意见	
物资主管部门	
商务主管部门	
财务主管部门	
纪检监察部门	
分管领导审核	
总经理审批	

备注：让售和报废需经公司／分公司物资、商务、财务、纪检部门签署意见、分管领导审核、总经理审批后方可处理。

16. 物资材料中期结算单

物资材料费中期结算单　　　　　　　　　　　　表 3-38

项目名称：		供应商名称：		结算单编号：		截止日期：		
序号	材料名称	规格型号	单位	采购单价（元）	结算数量	采购总价（元）	备注	
合计（元）								

本期结算金额	本期应结算金额	
	本期应供方违约罚款金额	
	违约罚款原因	
	本期实际结算金额	
合同付款情况	本期按合同申请付款金额	
	含本期累计已结算款小计	
	含本期累计已支付款小计	
	含本期累计欠款小计	
材料供应商（签字盖章）：		
项目材料员意见：	项目商务经理意见：	项目经理意见：
物资主管部门意见：	商务主管部门意见：	财务主管部门意见：

17. 物资材料最终结算单

材料费最终结算单　　　　　　　　　　　　表 3-39

项目名称：		供应商名称：		结算单编号：		截止日期：		
序号	材料名称	规格型号	单位	采购单价（元）	结算数量	采购总价（元）	备注	
合计（元）								
材料费最终结算款（含扣款后）（元）				违约罚款或协商扣款（元）				
材料费累计已付款（元）				材料费最终欠款（元）				
材料供应商（签字盖章）：								
项目材料员意见：		项目商务经理意见：			项目经理意见：			
物资主管部门意见：		商务主管部门意见：			财务主管部门意见：			

3.6 建筑装饰企业机械设备管理

3.6.1 基本概念

建筑装饰企业机械设备管理是指在装饰装修工程项目施工过程中,对施工所需机械设备及工具的采购(租赁)、配置、安装验收、使用维护等过程进行控制,规范设备使用管理,保障项目机械设备安全、高效运行,保证施工机具满足施工生产能力的要求,充分发挥其生产效能。建筑装修装饰机械设备主要包括幕墙、石材、木制品、瓷砖等加工机械设备,以及脚手架、吊篮等安装使用设备。

3.6.2 主要特点

1. 种类繁多

装饰装修工程工序繁琐,使用的建筑材料品种较多,相应需要使用的机械设备、工具也多,需要根据施工进度和实际内容采用不同的设备工具进行作业,有使用便利的开槽机、切割机等,也有需要安装验收的吊篮、脚手架等。

2. 使用频繁

装饰装修机械设备在使用过程中,需要跟随施工作业面的变化不断进行调整、迁移,流动性大而且使用频繁,任何一项施工作业内容,都需要人、机的有效配合才能完成。

3. 时效性强

装饰装修机械设备因为种类多、使用频繁、易损耗,在实践中大多数采用租赁方式,按照使用的周期时间计算相应租赁费用,具有较强的时效性,需要在保证正常使用的情况下,充分发挥机械设备的使用效能和效率。

4. 创新性强

从最终效果上来说,装饰装修工程一般都具有多样性和创新性,每个工程都会有自己特点,特别是针对幕墙工程,这就需要在施工过程中根据施工内容相应的对部分机械设备进行创新性使用,从而满足施工要求。

3.6.3 管理难点

1. 机械设备使用管理不严

受重使用、轻管理的思想的影响,相当一部分装饰施工企业没有形成完整、严格的机械设备管理制度,机械设备采购(租赁)、过程管理台账、技术资料档案、维护管理记录等管理制度不健全,或有制度而不能按制度执行到位,造成机械设备管理工作混乱,影响工程顺利履约。

2. 机械设备配置效率不高

装饰装修工程机械配置属于成本管理的关键环节，但是经常会发生一些工程直接采购昂贵的设备，而这些设备的使用频率并不大。还有一些设备需要经常使用，而企业采用租赁方式，导致租赁费用超过购买设备的资金。机械配置使用效率不合理，无疑给工程建设增加了成本，造成了浪费。

3. 机械设备维护意识不强

在一些大型装饰装修工程施工中，特别是幕墙工程施工中，许多机械设备由企业租赁使用，实际使用过程中往往直接将机械设备的维护维修交给租赁供应商负责，忽视了自身的管理职责，部分机械设备已经超出规定的使用条件和规定期限，造成设备故障率高，很容易引发安全事故。

3.6.4 管理重点

1. 建立完善的设备管理组织体系

装饰装修企业要充分认识到机械设备管理工作的重要性，健全机械设备管理制度，建立专门的机械设备管理机构，或配备专业人员负责机械设备管理工作，在工程项目实施过程中要有专人负责机械设备管理，将设备管理工作职责权限落实到人，建立机械设备台账，做好设备技术档案等基础性工作。

2. 提高机械设备配置使用效率

装饰装修企业要统筹规划，合理配置机械设备资源。要将装饰装修工程管理与机械设备管理工作有机结合起来，根据不同工程的施工质量和工期要求，合理调配机械设备，提高机械设备使用率，创新工程机械设备管控方式，全面提升工程机械设备的管控效果。

3. 加强对机械设备的保养维护

在装饰装修工程机械设备的整个生命周期过程中，要高度重视对其维修养护工作，有效建立使用过程中的维护养护责任机制，督促落实。一方面可以提高机械设备的施工质量，保证工程施工的安全，另一方面可以延长机械设备的使用寿命，降低企业的运营成本和风险。

4. 加大新型机械设备技术培训力度

随着现代科技的不断发展，装修装饰工程机械设备自动化程度将越来越高，技术含量也越来越重。企业应当顺应发展趋势，一方面要加大新型机械设备技术培训力度，选拔和培养懂技术、会管理的综合型人才；另一方面，也要有重点的推广和实用新型机械设备，切实提高管理效益，实现发展升级。

3.6.5 管理要点

1. 机械设备供应商管理

1）供应商考察

考察的内容包括企业资质、业务范围、经营实力、产品质量、产品价格、工程服务、工程业绩、企业信誉等。供应商应当提供如下资料：企业法人营业执照；法定代表人授权委托书；税务登记证副本；生产许可证及专业资质证书；业绩及信誉资料；质量、环境、安全方面相关资料；其他必要资料。

对供应商实地考察包括如下内容：具有相应的设备维修、保养、安装、操作人员；有固定的维修、保养场所；近3年内未发生设备安装、操作、使用安全事故；其他有必要实地考察的内容。

2）供应商考核评价

供应商评估的主要内容包括设备采购合同的履约情况、采购数量、采购金额、现场有关环境与职业健康安全管理情况、与供应商的沟通程度、供应商持续改进情况等。经考核评价合格的供应商，自动转入下年度机械设备供应商名册。

经评估为不合格的供应商，或该供应商在建筑市场领域内发生社会影响较大的质量、安全、环境等违法行为，则取消该供应商的供应资格。对信誉低下、履约能力差、引起较大纠纷的供应商，列入《机械设备供应商黑名单》。

3）管理流程

（1）公司工程管理部（物资设备管理部门）组织商务、纪检等相关部门人员选择、考察和评价设备供应商；项目部协助公司进行设备供应商的考察，并向公司推荐设备供应商。

（2）由考察人员提交《机械设备供应商考察评审表》（表3-40），公司工程管理部与相关部门审核，并报公司分管领导审批，列入公司《机械设备合格供应商名册》（表3-41）；项目部按照公司设备供应商名册进行使用。

（3）公司物资（机械设备）管理员应对合格供应商的履约过程及时跟踪记录，项目竣工一个月内，工程管理部组织相关人员对供应商进行履约评价并填写《机械设备供应商履约评价表》（表3-42）。对于考核不合格的，列入《机械设备供应商黑名单》（表3-43）。

（4）公司工程管理部年终对合格供应商考核评价结果进行汇总、整理、考核评价，报领导审批后，更新供应商名单。

2. 机械设备采购（租赁）管理

（1）机械设备由公司统一组织采购，原则上不采购大型设备，特殊情况要采购大型设备，报批准后方可采购。

（2）公司工程管理部（物资设备管理部门）按照物资管理规定的要求进行相应的招标投标及询比价工作，根据招标结果确定供应商并编写设备购置（租赁）合同。

（3）设备资料主要有设备制造许可证、使用说明书和维修保养资料、主要机构电气液压系统图纸资料、整机出厂合格证和主要外协件合格证及技术资料、机械制造监督检验证书和零配件目录。

（4）公司工程管理部（物资设备管理部门）和项目部按设备购置（租赁）合同进行验收。核对发票、货单、机械设备规格型号，检查外观整机是否有损坏，包装是否完整、件数是否属实，发现问题（做好记录）及时向承运单位和供应商提出。

（5）工程管理部（物资设备管理部门）和项目部组织按相关要求对设备进行试验。试验合格后，项目部填写机械设备验收单（表3-44），同时对设备进行编号，建立自有设备管理台账。

（6）针对使用中小型机械使用为主的内外装工程，原则上要求劳务分包或专业分包自配，并纳入分包管理。

管理流程

（1）招标购置（租赁）

a.根据设备购置（租赁）方案，确定招标采购标的设备，主要明确设备购置数量、进场时间等基本要求；

b.制定招标书，填写《招标文件会审表》（表3-45），确定招标计划，主要明确采购工作节点控制和完成要求；

c.根据实际情况，向设备合格供应商发出招标邀请函；

d.根据供应商投标意愿，发放招标书，主要明确投标方，参与投标方必须达到3家或以上；

e.督促投标方按招标书要求制作投标书，书面装订，密封递交，按时送达；

f.投标方的投标书按要求送达后，在公司内部召开评标会议，现场开标，填写《招标/询比价开标记录表》。评标人对投标书综合评定，其中应重点考虑价格因素，价格分的权重应不低于百分之五十。综合评标意见，确定入围供应商；

g.由物资主管部门牵头，商务和纪检监察部门及项目部参与，与入围供应商进行议标谈判，填写《设备购置/租赁议标记录表》，议标后确定入围供应商优先使用次序；

h.经项目部认可、设备主管部门审核、公司领导批准,填写《机械设备购置（租赁）定案会审表》（表3-46），公布定标结果，明确最终定价、质量要求、付款方式、履约周期、中标供应商等内容；

i.通知中标供应商，准备合同事宜。

（2）询比价采购（租赁）

a. 根据设备购置（租赁）方案，确定需要进行询比价采购的设备；

b. 按使用要求，选定不少于3家供应商进行书面报价；

c. 由物资主管部门牵头，商务和纪检监察部门及项目部参与，与各供应商进行议价谈判并填写《设备购置（租赁）议标记录表》，议价后确定供应商优先使用次序，填写《设备购置（租赁）定案会审表》；

d. 经项目部认可、物资主管部门审核、公司/分公司领导审批，公布结果，明确最终定价、质量要求、付款方式、履约周期、中标单位等内容；

e. 通知中标供应商，准备合同事宜。

3. 机械设备合同管理

（1）所有机械设备采购/租赁行为均需签订设备采购/租赁合同。

（2）机械设备采购/租赁合同在执行过程中需要变更的，应协商一致签订书面补充协议。

（3）双方确认无法执行合同时，应通过书面通知或签订协议解除合同。

（4）工程管理部（物资设备管理部门）和项目部应建立合同台账，关注合同履约进程，及时处理存在的风险。

管理流程

（1）公司工程管理部（物资设备管理部门）负责拟定设备采购/租赁合同，内容应包括设备名称、品种、规格、质量标准、交货地点、交货方式、付款结算及纠纷解决、双方的权利和义务等内容。

（2）公司工程管理部（物资设备管理部门）组织项目部和相关部门评审、会签，填写《机械设备购置（租赁）合同会审表》（表3-47），经分管领导审核、总经理审批后签订。原则上由供应商先签署，且其签约人须是法定代表人或其授权委托人，项目部无权签订设备采购/租赁合同。

（3）公司工程管理部（物资设备管理部门）负责就采购/租赁内容对项目部相关人员进行合同交底，填写《机械设备购置租赁合同交底记录》（表3-48），并将《机械设备购置租赁合同交底记录》与采购/租赁合同各一份交项目部保管。项目部对合同履约进行日常管理，并建立机械设备合同台账。

4. 机械设备安装拆卸管理

（1）技术部门编制安装/拆卸专项施工方案，并组织相关部门进行评审与专家论证，由工程管理部组织项目部与厂家进行设备的安拆。

（2）采购的大型设备按合同由厂家负责安拆，租赁设备由出租单位负责安拆，由项目部组织验收。

（3）起重设备安装前应按规定办理告知手续，安装后应到当地政府主管部门办理使用登记。

（4）大型设备安装完成并经过安装单位自检后，应报监理单位，公司应参加设备安装验收，验收合格后方可使用。

3.6.6 典型案例

1. 案例介绍

某商业中心幕墙装饰工程建筑总面积近 10 万平方米，由于工期原因，施工过程中要求吊篮满挂，大批量吊篮设备同时租赁、同时进场、同时作业使用，给项目机械设备和安全管理带来巨大挑战。对此，项目部管理团队以公司管理制度为根本遵循，提前统筹谋划，明确主体责任，严格过程管控，极大提高了租赁吊篮的使用效能，也实现了零安全事故的目标。

2. 经验做法

（1）提前谋划，制定专项管理方案。项目部在进场之后，即根据项目特点和实际情况，组织召开机械设备租赁使用专项会议，对工程施工所需机械吊篮的规范租赁、安装、使用进行讨论，明确各项工作流程和责任人员，在此基础上结合公司相关管理制度和要求，制定了项目机械设备专项管理方案，作为后续行动指南，规范设备管理行为。

（2）全面参与，把握租赁合同要点。公司物资部门通过招标投标程序确定三家吊篮中标供应商单位后，项目部即派项目副经理和物资管理人员全程参与租赁合同的谈判、签订工作，确保租赁的安装、拆除、费用、计价原则等关键条款公平、合理、适用，便于项目管理和操作，并在签订租赁合同后及时将合同要点向各生产区域负责人、安全员等相关人员进行交底，要求在履约中，坚持按合同约定办事。

（3）严格管控，确保吊篮高效使用。坚持样板先行，吊篮供应商进场后，先行安装一台样板吊篮，待进行验收合格后，即开始大规模安装使用，确保安装质量过硬，防范安全隐患。使用过程中，由物资管理人员统筹，各区域施工员、安全员配合，对各处吊篮每天的使用时间、维护情况、安全状况等进行监督管理，对所负责的吊篮进行不间断巡查，并将发现的问题和整改情况如实记录，每周要求吊篮供应商对使用情况进行确认，确保吊篮使用效能。

（4）明确权责，避免租赁纠纷发生。吊篮使用完毕后，项目部立即发布书面通知要求供应商拆除吊篮并清退出场，同时明确以通知之日作为吊篮租赁期的终止时间，防止因供应商拖延拆除导致成本费用增加。在供应商退场后，及时组织相关人员整理过程使用记录情况，核算每台吊篮的使用情况，与供应商办理租赁费用结算谈判，明确付款时间和方式，避免经济纠纷发生。

3.6.7 模板推荐（表 3-40 ~ 表 3-48）

1. 机械设备供应商考察评审表

机械设备供应商考察评审表　　　　　　　　　　　　　　表 3-40

填报单位：

供方名称		企业性质	
注册资本		社会信用代码	
注册日期		联系人	
注册地址		联系电话	
经营范围		联系地址	
考察人员		考察时间	

企业营业执照是否有效
生产、租赁、安装资质
安全生产许可证

安装、技术、操作人员等配套服务能力
有无固定维修、保养场所

实力及信誉情况

企业质量保证、安全、体系环保体系：
1. ISO9000 证书　　　OHSAS18000 证书　　　ISO14000 证书
2. 质量检测能力
3. 有无安全事故记录及违法记录、有无环境事故记录及违法记录

其他方面的考察：

考察结论：

评审意见：

评审负责人：　　　　　　　　　　　　　　　　　　　　日期：

2. 机械设备合格供应商名册

机械设备合格供应商名册　　　　　　　表 3-41

填报单位：

序号	机械设备类别	供应商名称	主要供应设备	联系人	联系地址	联系电话	近三年合作项目	已合作时间	主要使用地

汇总情况：本年年初机械设备合格供应商为　　家。本次评审后机械设备合格供应商　　家，相比上年度新增　　家，淘汰　　家（其中不合格　　家，列入黑名单　　家）。

公司分管领导：　　　　物资设备管理部门负责人：　　　　填报人：　　　　填报时间：

3. 机械设备供应商履约评价表

机械设备供应商履约评价表　　　　　　　　　　　　表 3-42

项目名称：　　　　　　　　　　　　　　　　　　　　编号：

供应商名称		法定代表人	
公司地址			
联系人		电话		传真	

供应商基本情况：

合同履约情况：

考核评价内容	企业资信（5）	业绩信誉同行业良好（5）　一般（3）　差（0~2）
	产品质量（25）	产品质量达到合同要求（5~10）按合同要求及时提供资料（2~5）产品进场是否发生过不合格产品退场（0~5）有无发生产品质量问题给工程造成损失的情况（0~5）
	价格（25）	1. 95%材料报价低于公司询价5%以上（15~20）70%材料报价低于公司询价（10~20）70%以上材料报价高于公司平均询价（0~10） 2. 价格浮动时，材料成本上涨10%内不调整自行消化（5分）有调整（0~5）
	供应能力（20）	1. 配送时间及时（10）偶尔未达到要求（5~10）未按合同约定（0~5） 2. 配送数量规格准确齐全（10）偶尔未达到要求（5~10）未按合同约定（0~5）
	售后服务（20）	供应商是否有质量、服务回访（0~5）对质量供应等过程中出现的问题是否及时解决（5~10）是否提出物资变更、管理创新给项目创造效益（0~5）
	其他（5）	提供信息资源共享、指导培训、定期交流互访等（0~5）
评价得分		综合平均得分	
评价结论	优秀（90分）□　合格（70分）□　不合格（70分以下）□		
考核人员签字			
主管部门负责人意见：			

4. 机械设备供应商黑名单

机械设备供应商黑名单 表3-43

填报单位：

序号	供应商名称	供应设备	联系地址	联系人	以往合作项目	不良信用行为	不良信用行为发生时间	是否仍在本企业供应机械设备物资

分管领导： 物资设备主管部门负责人： 填报人：
填报时间：

5. 机械设备验收单

机械设备验收单   表3-44

验收单位：　　　　　　　　　年　月　日　　　　　统一编号：

主机		动力		附属机构				随机工具				价值	
名称		名称		名称	规格	单位	数量	名称	规格	单位	数量	项目	
名称		名称											
单位		单位										发票值	
数量		数量										购置费	
厂牌		厂牌										路桥费	
厂号		厂号										上牌费	
型号		型号										金属费	
规格		规格										保险费	
出厂时间		出厂时间										合计	
时间		时间											
随机相关资料													
机械技术状况						验收结果							

分管领导：　　　　　　物资主管部门负责人：　　　　　　项目经理部：

6. 招标文件会审表

招标文件会审表　　　　　　　　　　　　表 3-45

项目名称								
招标时间					招标文件编号			
设备名称	规格型号	单位	质量标准	需用数量	计划单价	采购计划	备注	
主要条款								
评审部门	评审内容			评审意见		评审人	评审时间	
物资主管部门	1. 标的物规格型号、数量、价格、付款方式 2. 标的物质量要求							
项目经理部	1. 标的物规格型号、数量 2. 标的物质量要求 3. 标书格式的合理性 4. 标书条款齐全性 5. 标书内容的规范性							
商务主管部门	标的物数量、价格、付款方式							
财务主管部门	1. 付款方式的严谨性 2. 付款方式的可行性 3. 付款方式描述的准确性							
评审结果								
分管领导								

7. 机械设备购置（租赁）定案会审表

机械设备购置（租赁）定案会审表　　　　　　　　表 3-46

项目名称：　　　　　　　　　　　　　　　　　　　　　　　年　月　日

综合评估情况 ／ 入围供应商情况		供应商名称														
		联系人														
		联系电话														

序号	设备名称	单位	数量	预算		初报单价	议定		初报单价	议定		初报单价	议定		初报单价	议定	
				单价	金额		单价	金额		单价	金额		单价	金额		单价	金额
	总计金额																
	单价及总价比较																
	质量因素比较																
	款项支付比较																
	供应周期比较																
	安全、环保、职业健康比较																
	服务、信誉、实力、能力等比较																
	综合评定初步意见																
会审意见	项目经理部意见																
	物资主管部门意见																
	商务主管部门意见																
	财务主管部门意见																
	公司领导意见																

8. 机械设备购置（租赁）合同会审表

机械设备购置（租赁）合同会审表　　　　　　　　　　　表 3-47

项目名称：

合同名称			
签约双方	甲方：		
	乙方：		
合同内容摘要	1. 设备名称：		
	2. 设备规格：		
	3. 数量：		
	4. 合同金额：		
	5. 交货时间：		
	6. 结算方式：		
	7. 质保金：		
	8. 质保时间：		
	9. 违约责任：		
评审意见	评审部门	修改意见	评审人签名／日期
	物资主管部门	□无；□有，详见附页说明	
	项目经理部	□无；□有，详见附页说明	
	商务主管部门	□无；□有，详见附页说明	
	财务主管部门	□无；□有，详见附页说明	
评审结果	□各部门对合同无异议，请领导审批。 □已根据评审意见对合同进行修改，请领导审批。 其他：		
分管领导			
公司总经理			

9. 机械设备购置（租赁）合同交底记录

机械设备购置（租赁）合同交底记录　　　　　　　　　表 3-48

编号：

项目名称		设备名称	
供应商		签订时间	
合同金额		合同编号	

合同交底内容：

1. 设备概况（规格型号、产地、数量、价格，设备性能等）

2. 设备进场数量、质量验收、送检复试要求及资料收集等

3. 设备的供货厂家、供货日期

4. 合同执行过程中的注意事项

5. 供方日常联系人及联系方式

6. 其他需要说明的问题

交底单位：	接受交底单位：
交底人：　　年　月　日	接收人：　　年　月　日

第 4 章
扎实打基础：管理基础工作

建筑装饰企业管理基础工作是指为实现企业经营目标和有效开展各项生产经营活动而提供资料依据、基本手段和前提条件的各项工作。它是装饰企业实行科学管理的前提，是衡量企业经营管理质量和水平的重要标志。基础工作是为企业管理服务的，建筑装饰企业只有始终抓好基础工作，才能使企业管理水平不断提高，市场竞争力不断增强。本章对建筑装饰企业合规风险、标准化、信息化、文件档案、定额计量、统计、冲突和沟通等管理基础工作的基本概念、重难点和操作要点进行了详细阐述。

合规风险管理是对企业运营过程中的风险事项进行预防、控制和化解的管理活动。标准化管理是建筑装饰企业以日常经营活动为对象，有组织的制定、发布和实施管理标准的活动。信息化管理是建筑装饰企业通过互联网信息技术与企业管理的深度融合，实现企业管理数字化和精细化，从而提高企业运营管理效率。文件档案管理是建筑装饰企业为保证文件完整度，便于资料的查找和利用，对企业各类文件资料进行收集、立卷、保管、维护的工作。定额和计量管理是建筑装饰企业根据本企业的技术水平和管理水平，对工程项目所必需的人工、材料等各类生产经营要素消耗的数量标准进行管理和计量的工作，是企业进行施工管理和投标报价的基础和依据。统计管理是建筑装饰企业为准确掌握日常经营状况，对各类生产经营活动进行统计分析的工作。冲突和沟通管理是建筑装饰企业在生产经营中，面对突发性事件进行沟通、化解的工作。上述内容归纳在本章节，可以使读者系统、全面地了解学习建筑装饰企业日常的管理基础工作，从而有效应用到实践中去，帮助企业进一步规范管理行为。

在本章内容的学习和应用中，要注重将相关工作和企业实际相结合，做到因企制宜，根据企业不同经营规模、特点和现实情况，制定科学合理的相关管控制度，从而实现企业基础管理工作水平的提升，运营管理效率的提高。

4.1 建筑装饰企业合规和风险管理

4.1.1 基本概念

建筑装饰企业合规和风险管理是指建筑装饰企业以有效防控风险为目的，以企业和员工管理行为为对象，开展包括制度制定、风险识别、合规审查、风险应对、责任追究、考核评价、合规培训等有组织、有计划的管理活动。

合规风险管理是企业内控的一个重要方面，有效的合规风险管理有助于企业应对不确定性、风险和机会，有助于保护和增加股东价值，降低未预期损失和声誉损失的可能性。

4.1.2 主要特点

1. 全面性

合规风险管理涉及企业经营管理的方方面面，因法律规范不同，合规风险牵涉面广，除综合的《民法典》《刑法》外，既有规范商业组织的，比如公司法、破产法、商标法、工商登记条例等；又有规范业务的，比如建筑法、税法、招标投标法、产品质量法等；还有规范员工的，比如劳动法、社会保险法、职业病防治法、个人所得税法等。合规风险管理的规则需要匹配到企业生产经营活动中，做到全覆盖、全领域、全员工、全流程，确保合规管理体系有效运行。

2. 系统性

合规风险管理是在对企业面临的合规风险进行识别、分析、评估的基础上，建立和改进合规管理流程，从而对风险进行有效管控和应对的一套不断完善的系统。是一个包含组织体系、规范体系、业务体系、监督问责体系、改进体系在内，构成PDCA循环的较为系统全面的管理体系。

3. 不确定性

在理论上，没有完美的"规"，因为立法存在滞后和不确定性，法律本身也在持续细化和调整。在实践中，规则存在冲突，体现为法律在适用和管辖方面都存在冲突。

4.1.3 管理难点

合规经营是企业规避风险、强化管理的重要基础，合规经营是维护企业形象的基本保证。在这样背景下，建筑装饰企业应该越来越关注其面临的合规风险，建立有效的合规管理体系，防范合规风险。当前建筑装饰施工企业合规管理的难点主要体现在三个方面：

一是建筑装饰行业点多面广产业链条长，经济关系、法律关系纵横交错，加上企业合规风险机制的不够完善，防控合规风险的能力有待提高。

二是建筑装饰行业依法依规办事环境还不够完善。随着国家对建筑业"弱化企业资质、强化个人执业"的改革，建筑装饰行业，市场准入门槛大大降低、市场竞争压力大大增加。无论是在市场营销方面、还是施工履约管理，还是存在一些有法不依、执法不严导致被动、低效运行的情况。

三是建筑装饰行业施工项目体量小、分布广、人员多，防控合规风险点多面广，加上部分基层员工合规风险意识不足，企业防控合规风险的难度大大增加。

4.1.4 管理重点

建筑装饰企业应当根据外部环境变化，结合自身实际，在全面推进合规管理的基础上，明确自身经营活动的合规边界，突出重点领域、重点环节和重点人员，切实防范合规风险。

1. 明确合规边界

合规风险管理的重点在于设置企业经营活动的合规边界。首先，要梳理清楚本企业需要遵循的"规"有哪些，来自什么层面，对企业影响程度如何，即梳理和更新适用于企业生产经营活动的法律、行政法规、国际准则、行业规则、指引、自律性组织的行业准则、行为守则、道德准则等，形成本企业的合规标准数据库。然后，匹配到企业生产经营活动中，推动合规管理与法律风险防范、监察、审计、内控、风险管理等工作相统筹、相衔接。

2. 关注重点领域

完善交易管理制度，严格履行决策审批程序，建立健全自律诚信体系，突出反商业贿赂、反垄断、反不正当竞争，规范资产交易、招标投标等活动。严格执行国家安全生产、环境保护法律法规，完善企业生产规范和安全环保制度，加强监督检查，及时发现并整改违规问题。完善质量体系，加强过程控制，严把各环节质量关，提供优质产品和服务。严格遵守劳动法律法规，健全完善劳动合同管理制度，规范劳动合同签订、履行、变更和解除，切实维护劳动者合法权益。健全完善财务内部控制体系，严格执行财务事项操作和审批流程，严守财经纪律，强化依法纳税意识，严格遵守税收法律政策。

3. 对重点环节进行审查

强化对规章制度、改革方案等重要文件的合法、合规审查，确保符合法律法规、监管规定等要求，主要对企业融资、投资、改制、并购、重大项目投标等经营活动和过程的审查，重点对风险进行识别、提示和控制，在不违法、不违规的边际内提出可能的交易路径或相关建议。在合同签订阶段，重点对合同条款和约定进行审查，确保交易内容和交易条件在合同及相关法律文件中得到完整准确的表述，各项约定能得到法律的支持；在合同履行阶段，开展项目法律文书管理、审核起草有关文函、对分包分供合同进行风险管理，开展劳务风险管理、索赔与反索赔风险管理，协助办理工程保险事宜，开展结算风险管理，规范用印和授权，处理法律纠纷等。

4. 对重点人员开展培训

要促进管理人员切实提高合规风险意识，依法依规开展经营管理活动，认真履行承担的合规管理职责，强化考核与监督问责。根据合规风险评估情况明确界定重要风险岗位，有针对性加大培训力度，使重要风险岗位人员熟悉并严格遵守业务涉及的各项规定，加强监督检查和违规行为追责。将合规培训作为任职、上岗的必备条件。

4.1.5　管理要点

1. 法律法规管理

1）法律法规获取及识别

可以通过网络、期刊、文件、通知、书籍等方式获取，收集和沟通的频次应与法律法规的适用程度相适应。

2）法律法规合规性评价

各业务部门识别出与本部门相关的法律法规，登记在《法律法规清单目录》中，并进行合规性评价。

3）法律法规汇总更新

合规风险管理部门应对本单位《法律法规清单目录》进行审核汇总，对法律法规进行一次清理，及时更新和补充，确保相关人员能获取适用法律法规文件的有效版本，对过期或作废的法律法规进行管理。

4）法律法规清单批准执行

合规风险管理部门将审核汇总的法律法规清单报相关领导审批，批准后发布至各部门执行。

2. 合法合规审查

（1）根据国家现行法律法规的有关规定和企业规章制度，对企业发生的重大生产经营管理活动，包括企业规章制度建设、招标投标、投融资、担保、产权转让，企业的分立、合并、改制、并购重组、破产、解散、上市等事项以及相关合同等法律文件进行合法合规性审查，就是否存在合规风险、法律风险及风险防范进行分析、论证和说明，提出意见。

（2）形式审查重点审查送审程序是否符合要求、送审的材料是否齐全、对待审事项的表述是否清晰；对于不符合审查要求的，应要求送审部门补充提供资料、解释说明或更正。

（3）实质审查应对待审事项是否符合国家及行业的法律、法规、规章及规范性文件的规定，是否符合企业现行规章制度，是否履行送审单位内部决策程序，是否存在合规风险、法律风险等进行分析论证，有效识别风险，分析并提出可行的风险防控建议。

3. 合同履约风险管理

（1）通过开展项目法律事务管理工作，设立项目专职法律顾问或兼职法律联络员，积极参与项目合同管理、过程履约管理、签证与索赔管理、收款和结算管理、各类法律文件评审和纠纷处理等，组织相关法律知识培训，指导和帮助项目识别和防范法律风险，提供相应法律服务与支持。

（2）每年制定项目法律事务工作考核方案及具体实施计划，并定期考核。

（3）对于无法配备项目法律顾问或法律联络员的情况，通过开展项目法务巡检工作，加大项目履约风险过程管控力度，进一步提升风险防控能力。

（4）巡检内容包括但不限于项目合同、过程履约、签证索赔、收款结算以及各类法律文件评审与纠纷处理。应重点突出对工期、签证、劳务、物资、印章等重大风险点进行检查，并关注管理短板。

（5）项目法务巡检应填写项目法务巡检表，并需经项目经理签字确认。在检查中发现的一般风险，应当立即与相关人员沟通，提出改善建议；对发现的重大风险，应当立即对项目经理及相关负责人员提示并在项目法务巡检表中重点标注。

（6）项目法务巡检结束后应将项目法务巡检问题整改通知单下发至受检项目部并要求项目经理签字确认，对检查中发现的各类问题和重大风险应明确提出整改要求、时间节点和具体责任人。

（7）检查人员应按照上述整改通知单要求，跟踪项目重大风险化解措施落实情况，帮助项目解决相关问题或化解重大风险。

4. 重要岗位培训及风险提示

（1）定期对重要岗位人员进行法律合规培训，提高其合规风险意识。

（2）通过岗位风险提示，提示相关人员其岗位普遍存在的风险点；通过合同交底，提示重要岗位人员项目特有的风险点；提示风险的同时，告知其切实可行的风险防控措施。

4.1.6 推荐模板（表 4-1 ~ 表 4-3）

1. 法律法规清单目录

法律法规清单目录　　　　　　　　　　　　　　　表 4-1

部门 / 单位名称：

序号	法律法规或标准名称	文号	适用条款	实施时间	适用活动	合规性评价（是否符合法律法规规定，填"是或否"）	应采取的措施（如前项填"否"时请列明措施）	备注

2. 项目法律文书一般范围和注意要点汇总表

项目法律文书一般范围和注意要点汇总表　　　　　表 4-2

序号	项目法律文书一般范围	法律管理要点
一、与合同商务管理相关的项目法律文书（包括分包、分供等合同文件）		
1	招（议）标文件、投标书、相关承诺	
2	中标通知书	
3	合同条款（协议书、专用条款、通用条款及附件等）	
4	合同补充条款和协议	
5	质量保修协议书	
6	监理合同复印件，发包人、监理方、分包/分供方现场管理人员授权委托书（函）及变动情况确认函	1. 授权书要由相关单位盖章、法定代表人签字，必须留原件 2. 授权事项和期限要明确
7	业主资信文件和信息	持续关注
8	业主、分包商、分供商的资信文件	
9	催付工程款通知	经建设单位验收
10	形象进度（月报表、年报表合同要求期限内）	
11	工程预付款、进度款等款项申请单、拨付通知函等	申请单经建设单位签收

续表

序号	项目法律文书一般范围	法律管理要点
12	分包任务单	①按工作量计算价款的工程任务单必须具备工作内容和工程量,且工程量应同时注明大小写,大小写数量必须一致 ②按时间计算价款的工程任务单必须具备工作内容和工作合计时间,且时间应同时注明大小写,大小写数量必须一致 ③工程任务单涉及上述必须项目的填写,尤其是工程量及时间栏不得有涂改现象,如确实存在涂改,则涂改处应有涂改人的签字说明、确认并加盖项目"校正章" ④必须由施工员签发,并经材料员、质检员、安全员、项目法律工作人员及项目经理签字认可
13	经审核的劳务及分包进度月报表、年报表	
14	工程预算书、分期、分段结算书(按合同约定)、竣工结算报告、竣工结算书、审定的工程结算书(含总分包结算)	各类结算书须经接收单位签字
15	签证、索赔申请、索赔报告及依据资料	须经建设单位签收
16	其他合同台账	

二、与技术管理相关的项目法律文书

序号	项目法律文书一般范围	法律管理要点
1	施工组织设计、进度计划	1.达到一定规模危险性较大或专业性较强的分部分项工程,有施工方案,并附有安全验算结果,有技术负责人、总监理工程师、建设单位现场代表签字后实施(包括但不限于①脚手架工程;②幕墙工程;③吊篮工程;④拆除、爆破工程;⑤国务院建设行政主管部门规定的其他危险性较大的工程) 2.对以上工程的专项施工方案,应有专家论证、审核意见 3.施工组织设计经现场建设单位代表、有签字权的监理代表签字认可,或者有主管部门审核通过
2	图纸会审纪要、设计交底文件	由设计院、合同约定的建设单位代表、有签字权的监理签字
3	设计变更单、技术核定单	由设计院、合同约定的建设单位代表、有签字权的监理签字
4	工程师(监理)指令、通知及对该指令和通知的复函	须有签字权的监理签字、下发
5	施工日志	
6	单位工程、分部分项工程交底记录	项目管理人员、分包单位授权人员签字

三、与工期管理相关的项目法律文书

序号	项目法律文书一般范围	法律管理要点
1	开工报告	经建设单位签收
2	气象记录	遇恶劣天气,注意搜集当时气象证据
3	干扰事件影响的日期及恢复施工的日期记录	遇干扰事件,注意搜集新闻报道、天气预报、拍照等作为证据资料
4	停工、复工报告(如出现)	经建设单位签收

续表

序号	项目法律文书一般范围	法律管理要点
四、与安全管理相关的项目法律文书		
1	安全生产教育培训记录	有培训时间记录,须进行培训;培训内容记录应全面;必须有参加人员签字或签到记录
2	与劳务/专业分包、租赁单位等单位签订的安全生产协议	内容须明确各自职能界限
3	安全交底记录	施工员签字、相关劳务、专业分包、租赁单位现场代表签字
4	安全整改通知单	须有下发时间、下发对象、安全隐患事实情况、安全要求和整改防范措施、整改时间期限、整改对象负责人的签收记录
5	隐患整改责任单位反馈记录	须有整改责任单位签字(盖章)
6	对安全设备定期维修、保养及检测的记录	须有相关负责人签字
7	安全检查和复查记录	须有相关负责人签字
8	安全事故记录	注意以拍照、摄像等方式保存证据;安全事故处理过程记录要有相关责任人签字
五、与质量管理相关的项目法律文书		
1	质量交底记录	项目管理人员签字、相关劳务、专业分包现场代表签字
2	分部分项工程、隐蔽工程、中间工程验收及竣工验收记录(复印件)	加盖监理、业主、技术、我方的公章,同时相关人签字
3	质量整改通知单	须有下发时间、下发对象、质量隐患实施、质量要求和整改防范措施、整改时间期限、整改对象负责人的签收记录
4	质量隐患整改责任签字(盖章)的反馈记录	须有责任单位合同约定的授权人签字
5	质量检查和复查记录	须有相关人员签字
6	质量事故记录	注意以拍照、摄像等方式保存证据;有相关责任人签字
六、与材料管理相关的项目法律文书		
1	材料检验、检测报告、产品合格证、产品说明书	如是复印件,则与原件核对无异议后,由检验人标注"与原件核对无异,核对人×××,×年×月×日"字样留存
2	对涉及结构安全的试块、试件及有关材料按规定送交工程质量检测机构进行检测的记录	结构安全的试块、试件及有关材料现场取样
3	收料单、入库单、出库单、领料单	专业施工员、材料员、供货单位负责人、领料人等共同签字;小票、单据内容与主合同一致
4	特种租赁设备的生产许可证、产品合格证;出租单位对特种设备安全性能检测合格证明	如是复印件,核对无异议后,由检验人标注"与原件核对无异,核对人×××,×年×月×日"字样留存
5	安保防护用品发放记录	由发放人和使用人签字

第 4 章 扎实打基础：管理基础工作

续表

序号	项目法律文书一般范围	法律管理要点
七、专业技术人员的执业资格证和上岗证		
1	相关人员执业资格证书或者操作资格证书	1. 包括项目经理、施工员、预算员、安全员、质量员、垂直运输机械作业人员、安装拆卸工、登高架设作业人员等特种作业人员和大型机械设备操作人员等； 2. 相关人员资格证和操作证必须验证证件原件
八、其他		
1	收发函登记管理	1. 统一编号、统一收发文格式，在收发文记录中准确记录收文或发文标题，在"收文或发文单位"栏中写全称； 2. 业主方、监理方、分包/分供商等收发文人员应为合同、函件或会议纪要中明确的收发文授权人员； 3. 对我方发出的文件，要求收文单位在我方发本上签字（必要时要求收文人员在文件的复印件上签字），并注明收文时间；对收到的文件建立反签字制度，即要求外单位发文人员在我项目的收文本上签名，并注明发文时间
2	各类台账	
3	会议纪要	与会人员签字

备注：本表所列项目各类法律文书，除注明为复印件外，一般均要求为原件，相关管理部门及岗位人员应做好原件收集保管工作。

3. 项目法律顾问服务工作内容

项目法律顾问服务工作内容　　表4-3

序号	工作类别	工作内容
1	工作策划书	制定《项目法律顾问工作策划书》
2	开展项目法律文书管理	针对项目各类法律文书管理的注意要点做交底
		提供日常咨询，协助、指导有关岗位人员对法律文书分门别类整理建档
		建立项目法律文书汇总目录台账
3	审核、起草有关文函	审核项目往来函件、会议纪要等有关文函（经济商务类），并根据需要起草相关文件
		对上述审核的文件，作为流程节点签字
4	参与开展履约策划	起草《合同法律风险分析及防控建议书》
		将《建议书》纳入项目合同履约（商务）策划，并参与交底
5	分包/分供合同风险管理	参与分包/分供商招标活动，审核、并根据需要起草招标合同文件
		协助审核分包/分供商主体资格、资信情况
		参与分包/分供合同签约谈判，进行评审

续表

序号	工作类别	工作内容
6	劳务风险管理	协助、指导项目及时与劳务分包商签订合同，明确双方用工职责
		了解施工地劳务备案合同规定，协助备案事宜，监督分包商为劳务人员依法签订劳动合同及办理保险事宜
		指导项目以实名制形式发放劳务工资，避免出现纠纷
7	索赔与反索赔风险管理	协助项目编制索赔与反索赔方案、流程，制定《项目履约时限表》
		参与具体的索赔与反索赔工作，协助项目搜集、整理索赔证据及相关规范性文件，必要时编制索赔与反索赔报告文件
		对索赔不成的事项，评估风险，出具法律意见书
		从合同法律风险防范角度，撰写索赔总结报告
8	协助办理工程保险事宜	协助办理工程保险，提供法律意见
		对意外用工伤害事故、机械毁损事故，提供保险法律咨询；协助项目进行保险理赔
9	结算风险管理	协助项目及时办理合同结算事宜，对恶意拖延结算的业主，及时向公司汇报，必要时采取法律手段
		参与办理分包/分供合同结算，协助起草结算协议、催告文函等文件，避免发生法律纠纷风险
10	协助规范用印和授权	协助项目建立、完善用印制度、流程，明确用印权限，建立用印台账
		协助、指导项目明确合同相关方有关主体的权限范围和期限等，避免表见代理风险
11	牵头/协助处理法律纠纷	一般履约纠纷，由责任部门牵头，法律顾问配合处理，提供法律意见
		发生法律纠纷或收到律师函、催款函等情况时，由法律顾问牵头，有关部门配合处理
12	参与项目例会，定期前往施工现场	驻现场的法律顾问应参加项目有关例会，非驻现场的法律顾问应参加项目重要例会
		在条件允许的情况下，前往施工现场，了解工程施工管理情况
13	开展普法培训	持续搜集、提供地方有关政策法规文件
		结合相关法律法规，牵头组织集中培训
		开展知识竞赛、沙龙、辩论等各种形式的普法活动
14	总结报告	提交阶段服务记录，法律工作年度及最终总结报告

4.2 建筑装饰企业标准化管理

4.2.1 基本概念

企业标准化管理是指企业根据国家的标准化方针、政策和经营发展目标，由企业标准化主管部门对企业标准化工作计划、组织、指挥、协调和对标准实施监督的活动过程。企业标准化管理是现代化企业重要的管理方法，通过有效地组织、协调企业标准化活动，不断提高企业标准化水平，从而实现提高产品质量、降低物资消耗、建立生产经营最佳秩序、获得最佳经济效果的目的。企业标准化管理对于提升企业经济效益，增强企业凝聚力、竞争力，促进企业健康持续发展发挥着重要作用。

4.2.2 主要特点

1. 管理对象的特定性

建筑装饰企业标准化管理的对象可分为"物"和"事"两大方面。"物"指产品、材料、设备和工具等；"事"指事物的处理方法、工作程序和规章制度等。实行企业标准化管理，就是按照客观规律的要求，运用标准化的方法，将企业生产经营活动中经常重复出现的各种"物"和"事"，用标准的形式固定下来，作为指导企业生产经营活动的准则，并在实践中加以贯彻执行。

2. 管理内容的标准性

建筑装饰企业标准化管理实质上就是建立并贯彻执行技术标准、管理标准、工作标准这三大标准体系所构成的企业标准化系统。技术标准是指导企业进行技术管理的基础和基本依据，是对企业标准化领域中需要协调统一的技术事项所制定的标准。管理标准是对企业标准化领域中需要协调统一的管理事项所制定的标准，是贯彻与实施技术标准的重要保证。工作标准是对企业标准化领域中需要协调统一的工作事项制定的标准，是以人或人群的工作为对象，对工作范围、责任、权限以及工作质量等所作的规定。

4.2.3 管理难点

1. 标准制定

建筑装饰行业整体门槛较低，企业现代化管理水平不高。长期以来，标准化在许多单位实际上搞的是"半截子"工程，大都是"重制定、轻实施"，把制定标准作为标准化的目的，追求数量，不顾质量，不关注标准是否有用，是否能真正解决问题。标准制定时缺乏充分的调查研究和实验论证，造成标准与实际脱节，无人执行，成为"垃圾标准"。

2. 标准实施

任何一项标准都需要执行人员通过具体的行为去完成。建筑装饰企业在标准实施过程中存在执行不认真、不主动情况，该实施的标准不实施，即使实施也不够认真，出现问题不积极采取措施，不仅影响标准效果的发挥，更影响了标准的权威性。

3. 信息反馈

企业普遍存在对标准的实施状况缺少有效的信息反馈和掌控。许多标准颁布后实施状况如何、是否达到了预期的目的、实施过程中存在什么问题、影响和后果是什么、影响面有多大、该如何处置,标准化管理机构和各职能部门不清楚。在三个主要环节中,信息反馈问题可以说是一个瓶颈。没有信息反馈就不会形成闭环过程,而是一个无反馈的开环过程,是一个放任自流、失控的过程,无法实现标准的改进和提高。

4.2.4 管理重点

1. 标准制定

标准制定得是否先进合理、切实可行,直接影响到标准的实施效果。因此企业标准制定必须从基础工作做起,提高制定水平。

(1)明确标准项目。有用的标准项目只能来源于需求,来源于对企业发展过程中若干技术问题、管理问题和服务问题的准确把握和细心判断。突破传统的标准化工作模式,从源头出发,将重点放在标准需求调查,把解决具体问题作为标准化的出发点。

(2)开展对标准起草人的培训。从标准制定的一般规律来看,标准审查并不能解决标准的适用性和质量问题。因此,不以标准审查为主,而将工作的重心前移,从源头上解决问题,开展对标准起草人的培训,提高标准化专业知识水平。

(3)组建标准工作组。确定标准项目后,有关负责起草的部门应成立工作组,一般由生产、使用、管理部门的代表组成,这些代表应熟悉所需起草的企业标准的对象,掌握专业技术和管理要求,人员数量可根据工作量大小和难易程度而定。

(4)深入集成收集资料。工作组必须深入调查研究,全面收集有关资料,充分掌握相关标准的现状和发展方向、使用需求、生产实际中的技术数据、统计资料等。

(5)集思广益,广泛征求意见。为使企业标准制定得切实可行,应将征求意见稿发送到有关的生产、使用、管理部门,广泛征求企业职工的意见,并对意见进行分析、处理,根据需要进行必要的试验、论证。

2. 标准实施

标准来源于实践,更要应用于实践。标准只有通过实践才能使"事"与"物"发生转变,才能使不标准的行为转变成标准行为,不规范的事情转变为规范事情,才能的产生真正的技术和经济效益。

(1)加强宣传,提高意识。全员标准化意识的提高是标准实施的有效保障,企业一把手要亲自动员讲话,要通过举办标准化管理培训班、座谈会等方式,开展宣贯培训工作,营造标准化管理的浓厚氛围,调动全体员工的积极性和能动性,保证标准得到贯彻实施。标准宣贯可以使广大员工更加深刻理解标准,接受标准,自发地执行标准,并对标准的执行情况进行自我监督,对于操作性不强、适用性差的条款及时反馈到各职能部门,以便采取相应的措施。

（2）完善机制，加强监督。任何一项工作，如果没有一套强有力、完善的管理体制机制来推行，是很难得到有效执行的，标准化管理同样如此。为做好监督检查，可按照"统一领导、分工负责"的原则进行：统一领导，由标准化管理机构统一组织、协调；分工负责，就是各职能部门按专业分工，对与本部门有关标准的实施情况进行监督检查。这种管理体制，一般不需要建立新的机构，只是需要明确标准化管理机构和各职能部门的监督检查职责，并发挥他们在监督检查工作中的作用。

（3）创新手段，强化实施。信息化是推动标准化事业科学发展的必然选择，在标准化发展中发挥着越来越重要的支撑和引领作用。企业标准化是一项系统性工作，体系完整、分类明确，但同时其又有涉及面广、知识多而杂的特点。人作为有机生命的个体，其工作表现受到各种因素的影响，不可避免地存在很多疏忽的地方。如果将制定好的标准规则交由计算机系统通过程序控制，通过信息化固化、强化标准化工作，不断提高工作质量和效率；同时，通过信息化倒逼标准化，推动标准化工作的不断转型升级。

3. 信息反馈

建立信息反馈机制，明确标准化管理机构和各职能部门在信息收集分析处理传递过程中的职责，强化标准实施过程中的协调联动，畅通信息反馈渠道，加快信息的传递速度，着力解决信息资源不足和信息不对称的问题，促进标准修订与标准实施的有效衔接。

4.2.5 管理要点

1. 制度管理要求

1）分层管理

根据管理对象（主题）的内容、性质、稳定性等要求，制度体系自上而下可分为：章程和议事规则、管理规定、管理办法、实施细则、手册（指引/指南）共五层，统称为"制度"。

制度层次			定义
第一层	章程和议事规则	企业章程	章程是企业最基本、最高层制度文件，是依法制定，规定企业名称、住所、经营范围、经营管理制度等重大事项的基本文件，不在本制度管理范围内
		议事规则	议事规则是关于企业议事机构的成员构成、工作职责、工作内容、会议程序及表决机制等的规范性文件，包括：董事会及其所属专业委员会议事规则、总办会议事规则等
第二层	管理规定		管理规定是针对某一专业管理主题的综合性描述和原则性要求，在各专业管理领域具备很高的稳定性
第三层	管理办法		管理办法是对某一项或几项管理事项、核心流程中的某一个或几个环节的细化管理要求

续表

制度层次		定义
第四层	实施细则	实施细则是操作性制度,是对一项具体管理工作、业务流程具体描述性的操作文件,能够有效指导和规范具体操作
第五层	手册(指引/指南)、作业指导书	手册(指引/指南)、作业指导书是指导性和操作性的文件,是对具体活动的工作内容、流程、标准、方法的详细说明,可以直接使用、借鉴并指导工作

2)分类管理

企业总部制度体系在横向上可按部门及专业系统实行分类管理,如:

序号	业务类别	业务类别代码	序号	业务类别	业务类别代码
1	行政办公类	XB	5	合同商务类	HY
2	人力资源类	RL	6	科技设计类	KS
3	财务资金类	CW	7	项目管理类	XG
4	市场营销类	YX	8	企业文化类	ZG

2. 制度的内容和体例

1)制度名称

制度名称应对制度内容进行高度概括,名称中统一使用本单位全称或规范简称。

2)制度编号

为便于管理,建议所有管理制度都赋予制度编号,推荐编号规则为:

(1)议事规则、规定、办法和实施细则编号:业务类别代码+ZD-序号-年代号,其中ZD表示"制度",序号从01进行排行编号,年代号表示版本,如XBZD-01-2014表示"2014年发布的编号为01的行政办公管理制度"。

(2)手册(指南)编号:业务类别代码+SC(或ZN)-序号-年代号,其中SC表示"手册",ZN表示"指南",年代号表示版本,如XGSC-2014表示"2014年发布的项目管理手册"。

(3)表格格和流程图编号:

①表格:业务类别代码+BG-序号-年代号,BG表示"表格"。

②流程:业务类别代码+LC-序号-年代号,LC表示"流程"。

3)制度正文内容

(1)议事规则、管理规定、办法和实施细则:内容一般包括总则、管理内容、附则三大部分。

总则。应包括制度制定的目的、适用范围、管理原则及要求、相关单位的基本职责、名词解释以及应防范的风险等。

管理内容。一般按照事物的逻辑顺序进行描述，包括管理流程、管理要求、风险应对措施、监督检查等，为制度的主体。

附则。一般包括制度负责解释的单位、实行时间等。

（2）手册和指南作为专项操作性文件，应按照专项事务的逻辑顺序，详细描述各项事务操作的流程、规定、要求、所用表单等具体内容。

4）制度格式

制度格式根据其企业需要确定，参考格式见模板附件。

3. 制度管理流程

1）制度立项

每年年初，办公室向总部各部门征求制度立项计划及拟转正式运行制度清单，经统筹汇总后，形成《年度管理制度立项计划》，提交标准化管理委员会审议、总常会审批后印发。

当出现下列情形之一时，应进行新增或修订立项：

（1）国家法律法规、相关政策或上级单位要求变更；

（2）公司组织机构、管理职能调整；

（3）业务程序改变；

（4）制度复审、监督与检查中发现需要新增/修订的情况；

（5）企业管理内外部环境发生较大变化；

（6）监督检查结果表明需要新增或修订；

（7）其他。

2）制度编制与评审

（1）制度编制

各部门按照《年度管理制度立项计划》，按时完成本部门所负责制度的拟定工作。制度拟定过程中，凡涉及其他部门的，要与相关部门充分沟通；涉及下级单位执行要求的，须充分征求各单位意见。必要时，拟定部门可组织会议，召集相关部门、各单位对制度进行研讨。

（2）制度评审

①制度拟订部门对本部门制度文稿审核负第一责任。制度文稿拟定完成后，须经本部门负责人及分管领导审核确认（若制度内容涉及其他部门或相关单位的，应同时经协作部门负责人签字或征求相关单位意见），填写《制度提交单》，提交至办公室。当制度修订时，还应附《制度修订表》，对修订情况进行说明。

②办公室首先对制度拟定程序合规性进行审查，并对格式是否标准、体例是否规范、与其他制度接口是否严谨进行审核，法务人员对制度的合法合规性、风险识别等

内容进行审核，提出意见，反馈至制度拟定部门进一步修改完善。

3）会审与批准

（1）办公室将修订完善后的管理制度收集整理统一提交标准化委员会会审。

（2）经标准化委员会审核后达到审批条件的，办公室应根据制度性质确定审批机构，提请相应决策机构进行审批，对于涉及广大职工权益的制度，还应提交职工代表大会审议。在提请审批时，制度拟订部门需就制度拟订的背景、必要性、问题解决的思路、流程、权限等主要事宜进行阐述汇报，并根据决策机构的审批意见进行完善，最终正式定稿。

4）制度发布

制度在履行最终审批手续后，由制度拟定部门根据本单位公文管理办法，履行发布程序，以文件形式正式印发。

制度属受控文件，发布时应严格按照发布范围发放，确保受控。

倡导通过信息化手段及时发布、更新各项制度，不鼓励以纸质印刷成册等方式印发制度汇编、手册等。

5）制度执行

制度一经印发实施，应严格执行。制度拟定责任（或牵头）部门为制度执行的第一责任主体，负责推进本专业系统（部门）制度的宣贯、监督。

各部门对制度产生异议时，应及时向制度拟订部门反映，制度拟订部门对制度的解释不得违背该制度内容。在处理期间，制度的执行效力不受影响。

对违反制度要求的单位或个人，各部门有责任要求其改正，并视情节轻重予以处罚。对因违反制度要求而给企业带来较大损失（包括财产、商誉等）的单位（部门或个人），由纪检监察部门根据相关规定进行处罚。

各部门应及时收集、整理制度运行中存在的问题，提出改进建议，以确保制度的适宜性、充分性和有效性。

办公室应通过组织实地调研、监督检查、统计分析、组织评审等方式对本单位各项制度执行效果提出意见。

6）制度清理与废止

新制度拟取代现行制度时，应在新制度中明确注明拟废止制度的名称及文号。新制度正式印发后，原制度即自行废止。

如某项制度不再适应管理需要或与其他制度发生合并时，则该项制度应予以废止，可发布废止通知或在合并的新制度中予以说明。

对于失效作废、留作参考的制度文件，做好"作废，仅供参考"标识，防止误用。

对于失效、作废、无须留用、超过保存期限的制度文件，要按照企业档案管理办法进行销毁。

每年年末,办公室应对所有制度、表格、模板进行全面清理,并对有效制度文件清单进行公布。

4.2.6 流程图及模板(表 4-4 ~ 表 4-7)

1. 制度立项计划表

制度立项计划表　　　　　　　　　　　表 4-4

序号	制度名称	责任部门	修订/新增原因	修订/新增主要内容	协作单位/部门	初稿提交时间	计划发布时间

2. 管理制度提交单

管理制度提交单　　　　　　　　　　　表 4-5

序号	制度名称	修订/新增	责任部门	责任部门审核签字			办公室审核签字
				起草人	部门负责人	分管领导	

3. 管理制度修订表

管理制度修订表　　　　　　　　　　　表 4-6

制度名称:　　　　　　　　　　　　修订部门

序号	修订原因	修订条款(修订后)	修订方式	修订前内容	修订后内容

4. 管理制度清单

管理制度清单　　　　　　　表 4-7

序号	制度编号	制度名称	责任部门	初次发布时间/文号	第一次修订时间/文号	第二次修订时间/文号	是否试行及时间	正式运行文号

5. 制度模板

1）管理办法/实施细则格式模板

第一章　总则

第一条　制定此管理办法的目的以及此管理办法依据的制度、法律法规、公司规定等。

第二条　此管理办法适用的范围。

第三条　遵循的管理思路、管理原则。

第四条　所针对防范的可能存在或潜在风险点。

第五条　所约束的工作事项中涉及的专业术语的定义。

第六条　其他必要说明。

第二章　职责分工

第七条　与此管理办法相关的部门以及这些相关的部门在此制度中约定的承担的职责描述。

第八条　其他必要说明。

第三章　管理内容

（注：管理办法的主体，针对此管理办法所规范的工作内容/约束对象，按照上级机构或要求，以及相关部门的约定，描述完成工作内容的标准，流程和行为规范等）

第九条　管理事项/流程环节……

第十条　其他必要说明。

第四章 监督与检查

（注：此管理办法约束的工作事项是否按规范执行的检查与监督的方法和内容，根据执行情况采取的激励与约束措施）

第十一条　监督与检查内容

第十二条　监督与检查方法

第十三条　激励与约束措施

第十四条　其他必要说明。

第五章 其他要求

（注：对需要特别要求事项、例外事项等的说明。如果没有其他规定，此项可空缺）

第六章 附则

第十五条　本办法的下一级制度要求（可选）。

第十六条　本办法由×××部负责解释。

第十七条　本办法自××××年××月××日起施行。

附件：

2）专项管理手册/指南格式模板

第一章 总则

1.1　目的

1.2　适用范围

（注：此操作手册/指南适用的范围及涉及的岗位）

1.3　管理原则

1.4　术语

1.5　相关文件

1.6　应对的风险

1.7　涉及机构/岗位说明

1.8 其他必要说明

第二章　管理内容一

2.1　管理内容1

可根据实际情况对模板进行修订、增项或减项等。(注：针对此操作手册/指引/指南所规范的工作，按照国家或上级机构要求，以及相关部门的约定，描述完成工作流程，工作实施中的行为规范，工作工程中需要和产生的文件表单等)

2.2　管理内容2

2.2.1 管理事项具体内容及要求。

2.2.2 管理事项具体内容及要求。

2.3　附件

2.3.1 附件1：×××

2.3.2 附件2：×××

第三章　管理内容二

3.1　管理内容1

可根据实际情况对模板进行修订、增项或减项等。(注：针对此操作手册/指引/指南所规范的工作，按照国家或上级机构要求，以及相关部门的约定，描述完成工作流程，工作实施中的行为规范，工作工程中需要和产生的文件表单等)

3.2　管理内容2

3.2.1 管理事项具体内容及要求。

3.2.2 管理事项具体内容及要求。

3.3　附件

3.3.1 附件1：×××

3.3.2 附件2：×××

第四章　附则

4.2 本操作手册（指引/指南）由×××××部负责解释。

4.3 本操作手册（指引/指南）××××年××月××日起施行。

4.3 建筑装饰企业信息化管理

4.3.1 基本概念

企业信息化管理是指企业组织运用信息技术，以及信息技术条件下的管理思想和相关技术，对企业的管理及技术能力进行综合改善，从而提升企业核心能力、获得更强竞争力的过程。建筑装饰企业信息化管理的主要内容包括：围绕企业核心业务和主导流程做好战略数据规划；调查分析信息要求和数据流，建立主题数据库；制定信息资源管理基础性规范、标准及编码体系；建立企业信息系统框架——功能模型；开发应用适合本企业的软件系统。

4.3.2 主要特点

1. 信息化管理是为达到企业目标而进行的过程

信息化管理是企业为了达到其经营目标、以适量投入获取最佳效益、借助一些计算工具和手段而有效利用企业人力、物力和财力等资源的过程。信息化是手段，运营是关键，业务流程的优化或重组是核心，增强企业核心竞争力、实现企业价值最大化是最终目的。不能为了片面地追求信息系统的准确、信息的快速获得而忽视了信息化管理的根本目的。

2. 信息化管理是信息技术与经营管理的相互融合和创新

信息化管理不是简单地用信息技术的工具来实现已经陈旧的管理逻辑，当信息系统与现行的管理制度、组织行为发生剧烈冲击和碰撞的时候，信息系统往往无法提供更多的帮助，而此时更多的是需要反推企业管理创新。企业决策者需要站在战略发展的高度，重新审视过去积淀的企业文化、企业理念、管理制度、组织结构，将信息技术融入企业新的管理模式和方法中。

3. 信息化管理是动态的系统和动态的管理过程

企业的信息化并不能一蹴而就，而是逐步深入的。企业内外部环境是动态的系统，企业管理的信息化系统软件也要与之相适应。管理信息系统的选型、采购、实施、应用也是循环的动态过程。这一动态过程是与企业的战略目标和业务流程紧密联系在一起。

4.3.3 管理难点

近年来，我国建筑装饰企业信息化获得了长足的发展，各种计算软件和工具软件层出不穷，自动控制技术日益增多，整个信息技术在量的扩大和质的提高上均有新的飞跃。但是，由于建筑装饰工程项目施工的环境比较恶劣，点多分散，应用信息技术比其他行业显得更为困难，多数企业没有信息化建设的长远规划，或者还没有给予足够的重视。

（1）软件的开发应用有待深化和普及。由于受软件本身的局限性，现场技术人员各自了解程度的不同等因素的影响，各类专项施工设计的功能还不够完善，有的计算结果还差异较大，不能完全反映计算对象的真实情况。管理软件的应用，由于受企业文化、业务数据、管理思想及模式、体制、机制的不同和传统管理方式的制约，使用尚不普及。

（2）系统的集成性、有效性差。目前，大部分企业还停留在日常工作数字化层面上，大量冗余的数据和信息重复储存与各个子系统中，形成一个个信息孤岛，不能做到信息集成，不能形成资源共享，信息化的优势没有得到体现。

（3）人才结构搭配不够合理。建筑施工企业的信息化建设，应该是由那些既懂企业的业务管理，又懂得计算机程序设计的人员来担任，但现实中难以实现二者兼备。

（4）企业领导对信息化建设重视不够。集中表现在：对信息化建设缺乏全面的认识、了解；认识过于简单，有些急于求成，有些没有发展目标；过于偏重眼前利益，对长远发展缺乏韧性和恒心，遇困难便退缩；舍不得投入，总想花小钱办大事，期待回报心切。

4.3.4 管理重点

1. 转变观念，全面做好宣传普及工作

信息化建设是一个渐进的过程，需要企业全体员工的理解和积极参与，需要各业务系统的协调配合。只有转变传统的思想观念和管理理念，引进并消化吸收当代先进的管理思想，先进的管理模式和管理手段，使大家形成广泛的共识，树立起克服困难的决心，企业的信息化建设才能得以顺利推进。

2. 领导重视，全面做好各种资源投入

企业的信息化建设，需要一定的人力、物力、财力等资源投入，需要协调理顺各方面的工作关系和业务流程，而且这种投入和协调在短期内不可能达到完善，不可能马上收到立竿见影的效果。因此，领导必须给予高度重视，为信息化建设提供合适的资源，创造适宜的工作条件和环境，促进高层次之间的协调，将问题减至最少。

3. 统一规划，严格按目标逐项落实实施

企业信息化建设，首先，应该确立一个明确、适中而且可行的企业信息目标，对规划进行反复优化和全面评价，将其分解成年度计划来分步实施；其次，认真做好实施的过程控制，加强对执行情况的检查，发现问题及时加以纠正，以求更高效地取得期望的结果。建筑装饰企业的信息化建设，原则上可以按以下四个方面逐步落实实施：

①推广普及工具类技术。普及单机版应用软件。通过广泛采用单机版工具软件和

计算软件，解决工程施工工艺等具体问题。

②建立健全的工程项目管理信息系统。工程项目管理信息系统涵盖了项目管理全部管理单元，该系统主要解决了项目的材料管理、成本管理、项目基本信息管理、项目报表四大需求。项目级系统和企业级系统间可通过数据交换中心通信实现信息管理。

③着力推进信息化标准技术。建筑施工企业的信息化分类编码，就是企业根据自己的工作、组织、资源条件按照国家现行标准建立编码系统。统一的编码系统是企业内、外部进行交流的基础，是进行信息交换和实现信息资源共享的重要前提，是实现管理工作现代化的必要条件。

④全面构建商务层面的互联网系统，电子商务是工程项目协同建设的主要组成部分，通过电子商务可连结到建筑部件、产品、材料的供应商，实现网络集中采购，以降低采购成本，确保材料质量。同时，电子商务还是建筑施工企业进行工程招标、对外宣传的理想方式。

4. 加强评估，实现信息化建设的持续改进

评估可分为内部评估和外部评估两种。其中，内部评估主要是考察信息化工作在企业内部引起的变化，可通过总结具体的成果来进行；外部评估则要通过邀请外部专家进行评估，以及搜集外部评价的方式来进行。评估的目的是评价企业信息化建设的成功度，看其是否达到了预期的目标，增强满足要求的功能。

4.3.5 管理要点

1. 明确信息化管理部门职责

中小型建筑装饰企业信息化管理职责一般由办公室承担，不设立单独部门，必要时，可在办公室下设信息中心，负责信息化基础运维及安全管理，负责信息系统的正常运行和维护等工作。较大、大型企业可成立独立的信息化管理部门，负责建立统一的IT技术标准与数据标准，同时承担信息系统开发及应用推广职能。

2. 制定信息化战略规划

企业信息化战略既可以作为企业整体规划的一部分，也可以作为专项规划单独制定，这要根据具体的业务内容和信息技术运用的程度来确定。和企业战略规划一样，企业信息化战略也应当有其发展目标和远景，同时要对企业信息基础设施的规划，以及近期的工作目标、信息部门的职责、企业的信息策略等。

3. 信息系统开发项目管理

信息系统开发项目管理一般包括项目可研和立项、项目实施、项目试运行、项目验收、实施后评价五个环节。

项目可研立项报告内容一般包括项目需求分析、项目方案设计、项目组人员组成、经费来源等。项目需求分析应包括对功能需求、性能需求、可靠性和可用性需求、扩展需求、安全需求、网络需求、数据需求等的全面分析；方案设计应包括项目背景、总体目标、系统功能、网络拓扑、系统安全、项目实施计划、人员培训、服务、验收等内容。

项目工作组在对项目实施的全过程进行深入细致的分析，应制定合理可行的进度计划，有序推进系统实施。项目实施过程中应建立节点督导和阶段评审机制，确保实施过程质量和进度满足要求。对于基础设施类和业务系统类项目，在设计方案要求的内容实施完成，并经过了必要的调试，各项功能达到预定目标后，可进入项目试运行阶段。

试运行期结束后，对发现的各种问题都进行了有效解决，可进行项目验收。项目验收要形成相应的验收报告，相关资料主要包括前期的需求分析、设计方案、软硬件产品的货物验收报告、项目实施记录、系统功能测试或调试记录、项目例会纪要、培训文档等。项目上线运行一段时间（一般为半年）后，应组织开展项目后评估工作，全面总结项目实施经验，评估项目实际应用价值，发现并整改相关遗留问题。

4. 建立统一的 IT 技术标准与数据标准

对于有信息系统开发需求和能力的大中型建筑装饰企业，企业应建立统一的 IT 技术标准与数据标准。

（1）建立数据标准化体系

数据标准化体系建设需要综合运用关键成功因素法、企业系统规划法等分析方法，一方面使用战略目标集转换法和关键成功因素法，自上而下分析企业数据类别；另一方面借助系统规划和业务流程优化思想，梳理部分业务流程，自下而上提取基础数据；进而提取并识别概念数据库、逻辑数据库、数据类、数据元素，建立数据模型，遵循关系数据库规范设计数据库结构，最终实现信息的全面性和数据的规范性。

（2）建立数据模型

数据模型包括两个层面：①逻辑模型，也称信息模型或概念模型，按照用户的观点对数据和信息进行建模，通常用实体和关系来表示，不依赖于某一个 DBMS 支持的数据模型；②物理模型，面向实际的数据库，表现为数据结构（用于描述系统的静态特性，研究与数据类型、内容、性质有关的对象，例如关系模型中的域、属性、关系等）、数据操作（主要有检索和更新两大类操作，数据模型必须定义这些操作的确切含义、操作符号、操作规则以及实现操作的语言）以及数据的约束条件。

（3）建立数据编码标准

在信息化推进过程中，一项重要的工作是建立数据编码标准，即将企业各种管理活动和行为产生的纷繁复杂的信息，梳理定义成为信息化语言可以识别应用的编码标准。此项工作非常复杂，经验表明，企业信息化工作只要数据编码标准梳理、定义清楚了，工作就成功了一半，其他方面的问题比较容易解决。

（4）信息系统集成标准化

数据标准化也是信息系统集成项目中非常重要的一点，信息系统集成是一项具有知识密集、资料密集、工作量大等特点的系统工程，包括主要信息指标体系标准化、信息系统开发标准化、信息交换接口标准化等工作。

5. 做好信息化基础运维及安全管理

1）信息化基础运维

信息化基础运维包括应用系统运维、IT设备运维、网络运维、基础软件运维四个部分。

（1）应用系统运维：各业务部门应配置1至2名兼职信息化人员进行本业务信息系统应用管理及权限管理，提供使用咨询服务，信息中心负责系统技术支持。

（2）IT设备运维：信息中心负责机房建设与IT设备运维保养工作，建立设备运行台账，做好运维工作记录。凡因疏于保养而造成的设备损坏或工作延误应追究当事人的责任。

（3）网络运维包括互联网运维管理、局域网络运维管理、网络视频会议管理三部分。互联网运维管理严格执行"谁上网，谁负责"的原则，要求文明上网，严禁浏览带有色情、反动性质的网站，不得在网上散布带有谣言、黄色、煽动、人身攻击等性质的信息；局域网运维管理要做好网络性能的跟踪与监控，制定网络访问控制制度，严格限制受限网络用户数量，做好办公地点局域网、办公地点之间的广域连接等网络资源；做好视频会议系统建设、维护等工作。

（4）基础软件管理工作包括软件保存注册、软件版权管理、软件正版化管理、软件维护及升级管理等。企业应建立软件版权管理制度，自行、合作、外包开发软件应及时进行版权注册和计算机软件著作权登记，正版软件购买应纳入信息化总体规划和年度计划预算管理，建立信息化专项资金，实行专款专用，保障软件正版化经费。

2）信息安全管理

信息安全管理工作应严格遵守公安部信息安全等级保护规定，及时对所建信息系统开展安全定级、备案、整改、测评以及安全检查工作。信息安全管理包括以下几个方面：

（1）物理安全：计算机房须配备防火、防雷、防水、防电磁等基础防护设施，严格防范计算机设备盗窃、破坏，防范系统信息窃取、篡改。

（2）网络安全：在"涉密不上网、上网不涉密"基本原则指导下，企业应根据信息系统安全等级，将系统所属设备放置到相应网络安全分区，并实行网络边界防护。建立、健全网络安全策略，防止网络非法攻击、病毒侵扰，确保网络通信稳定。

（3）主机安全：信息系统主机须建立身份鉴别和访问控制机制，有效拦截各类非法入侵行为。在主机上粘贴安全标签，落实主机安全责任人。主机用途发生变更时，要进行剩余信息保护。

（4）应用安全：业务信息系统必须建立身份鉴别和访问控制机制，在有效防范外部非法入侵的同时，严格控制用户对信息系统的访问操作，应根据业务管理规定和信息保密要求对系统流程加以控制，对系统信息传播和授权严格控制。

（5）数据安全：建立数据备份设施以确保数据安全，各级单位应根据实际需求开展数据备份工作，并建立信息安全事故应急预案。定期组织预案演练，检验应急预案各环节之间的通信、协调、指挥等是否符合快速、高效的要求。

6. 建立学习型组织和知识管理

信息化培训是企业信息化成功实施的必要步骤，而信息化厂商的演示会、报告会和信息化研讨会，以及到已实施信息系统的企业去观摩等都是信息化知识转移的表现形式。如果把培训的高度上升到建立学习型组织和知识管理层次，除了可以推进企业信息化进程外，还对企业的管理和创新有事半功倍之效。经过多年的实践，人们总结出建立学习型组织的几条必要的行动，如创造继续学习的机会、促进研究与对话、增进合作与团队学习、建立学习及分享学习的系统、促使成员达到共同的目标等。通过知识管理，企业能有效地管理、利用现有的和潜在的知识资源，促进企业学习、进化与合作，向知识型企业发展。

知识管理至少可以为企业带来如下的益处：通过数字化和知识化将大量无序信息有序化，为员工提供知识共享的环境，提高工作效率和创新能力，改善服务质量；提供适当的条件辅助员工同相关客户和工作伙伴进行交流，从所处网络环境接受知识，形成终生学习机制，增加企业知识储备，将个人知识和信息提升为组织知识，减少因个体变动而造成的损失；分析外部环境的机会和挑战，获取相关资料，调整相应企业战略；从现有数据挖掘有用知识、增强企业商务智能；通过将知识和人联系起来，帮助人们获得知识来源；方便企业的后继者轻松获取前人积累的知识，以此为基础不断创新，实现企业的可持续发展。

4.4 建筑装饰企业档案管理

4.4.1 基本概念

建筑装饰企业档案管理是指企业在生产经营中，将行政文书、项目工程资料等进行归档管理的活动。档案是企业各项经营活动的记录，是对以往的真实再现，汇集了企业发展的大量资料和信息，不仅对企业回顾发展有着重要的作用，对于企业关于未来的发展前景提供了可借鉴的经验记录，使得管理层决策能够更有针对性和准确性。对档案进行有效管理，是企业生产经营活动中不可或缺的部分，也是完善企业发展机制的一个重要组成部分。

4.4.2 主要特点

1. 服务性

档案工作与其他服务性工作不同，不直接从事企业管理等活动，而是通过提供优质的档案实体管理和档案信息服务来推动企业发展，对企业管理水平的提高、企业管理效益的创造和企业竞争力的形成发挥其独特的服务作用。服务性作为档案工作的基本属性之一，是档案工作赖以生存和发展的基本因素。

2. 文化性

档案信息资源是重要的生产要素、无形资产和企业财富，档案汇集了企业重要文化内容，是一种凝固的历史，是企业文化教育的一个特殊阵地，积累保存档案就是保存了企业文化，从一定意义上看，具有文化传承的作用，档案工作在继承和保持企业文化的统一性和完整性的过程中发挥着极其重要的作用。

3. 管理性

档案工作始终都以维护和确认档案的原始性作为基本任务，作为一项管理档案的专门业务，其管理目的是开发档案信息资源，为企业服务。由于其管理对象的独特个性，具有其他信息资源管理活动无法替代的功能与作用。另外，档案管理工作是本企业活动的历史记录，同时也为企业日常管理活动的正常进行提供依据和参考。

4. 机要性

档案工作的机要性是由档案本身的特点以及企业利益所决定的，部分会涉及企业经济和商业秘密（包括经营管理秘密和技术信息秘密），因此档案工作必须在区分关键性的档案信息秘密、重要性的档案信息秘密和一般性的档案信息秘密基础上，针对档案信息的不同秘密级别，区别对待地综合运用法规性、政策性和技术性等多种保护策略，以维护档案信息的秘密安全。

5. 科学性

档案工作是一项科学性的工作，一方面是由于档案往往伴随着社会活动的进程而直接形成的，它所包含的信息内容具有更高的可信度；另一方面是在档案工作的组织管理中，对档案工作的统筹安排、统一指挥以及对各部分关系的有效协调，都必须以管理科学的基础理论与方法作为指导。

4.4.3 管理难点

1. 档案工作重视不够

部分企业档案管理理念落后，停滞在传统档案管理层面，对档案工作不够重视，约束了档案管理水平的提高。一是有些企业主要领导对档案工作不够重视，在安排具体工作计划时往往会遗漏档案管理工作；二是对档案工作人、财、物投入不够，一些企业档案管理人员多为兼职，档案日常管理经费则能缩减的尽量缩减；三是总体档案认知不够，很多人员缺乏档案概念，收集、整理不到位，档案应有的作用得不到发挥。

2. 基础设施建设较为薄弱

随着人员、项目的不断增加，有些企业可能会通过缩减档案室来解决办公需求改善办公环境，导致档案库房条件差、面积小、容量饱和，放不下的档案只能到处堆放，档案安全得不到保障。另外，受场地、经费等限制，网络环境、硬件环境、系统软件等都达不到相关水平，配套设施跟不上，不具备理想的检索环境，导致档案没有被很好地利用。

3. 档案数字化进程缓慢

当前档案管理已进入纸质文件与电子文件共存的时代，手工查阅传统档案管理模式已远远跟不上时代的发展和信息技术的步伐。但由于档案数字化的巨额资金投入及高昂的运维费用、不确定的档案利用率等诸多因素，让很多企业顾虑重重，导致数字档案室建设推进缓慢。部分已推行数字化档案室建设的企业，后续开发利用工作没有很好地开展。档案只起到保管、查阅作用，档案信息的研究开发，服务经济、服务生产经营的工作效果还不明显。

4. 企业转型发展提出新要求

在当前装饰行业迎来重要转型机遇期，越来越多的装修装饰企业正在或准备转型发展。如何做好转型时期档案工作，对装饰企业来说是一个全新的课题，对于转型可能带来的新业务领域的档案管理，在缺乏可参考模板的困难面前，必须重新梳理、提前谋划、统一部署，要从体系建设、制度建设、人员建设等各个方面提供支撑和保障，确保档案安全。

4.4.4 管理重点

1. 高度重视项目档案管理

（1）针对装饰装修企业项目多、工期短、实际工作量大，产生文件资料与实物档案多的特点，企业的档案工作宜采取集中领导、分级保存、监督管理相结合的原则来开展。通过建立一套由企业档案主管监督指导、业务主管部门（机构）兼职档案人员密切配合、项目档案管理人员严格执行的档案工作三级责任网络，加强全员组织领导。

（2）严格按照国家《档案法》《企业档案工作规范》等档案管理办法，结合企业实际情况，制定出有实际操作指导意义的档案工作标准和细则，严格程序，明确流程，建立每个项目的档案工作网络图，做到岗有其人、人有其责，从而使档案管理的工作有据可依，建成责任明确、标准详细、流程受控、科学管理、利用高效的档案管理模式，全过程把控项目档案工作。

（3）档案管理的全员参与和全过程控制，是提升项目档案管理工作的基础和前提。针对部分项目在施工过程中存在的薄弱环节，加强日常检查监督。企业各层级专兼职档案员要各司其职，不定期沟通交流，解决工作中的难点问题。开工前要全面交底，开工后要不定期对项目资料收集、编制和整理情况进行指导，提出整改要求并及时闭环，将沟通、协调、指导工作贯穿于整个工程的全过程，为项目档案顺利归档奠定基础。

2. 高度重视档案人才队伍

（1）树立正确的档案人才观。人才是档案建设的关键，要针对在具体管理中对人才的评价标准，立足于"人人皆才""人人皆可才"的观念，在具体的人才建设中树立整体观念和动态观念，加大对档案人才的培养、选拔工作力度。

（2）加快引进和培养档案人才。要建立高效合理的人才招聘流程，对于新进档案人员，要适当安排老员工带教，防止出现较为严重的档案管理纰漏。构建综合性的人才培养体系，做好职业生涯规划设计，为档案人才后续发展提供上升空间和路径。

（3）重视信息化专业人才的培养。人的素质问题不是一朝一夕能够解决的，做好现有人员的知识更新和培训工作。要把计算机操作和有关软件使用作为档案人员基本的技能和要求，纳入到上岗培训、职称评聘、继续教育中去，选派业务骨干参加相关业务培训，提高整支队伍素质。

4.4.5 管理要点

1. 科学制定年度工作目标

围绕企业总体战略规划，按照"整体把握，科学分解，组织综合"原则，结合企业档案工作实际和对档案信息的需求，科学地制定由总目标和分目标组成的档案工作目标管理方案，通过明确档案工作5～10年发展规划目标、目标发展的接替、年度发展重点及连贯性来确定战略执行的程度，在完成日常性工作的同时持续推动战略性工作的进展，以促进企业档案工作平衡发展，促进档案人员综合素质提高，促进档案工作标准化、规范化建设。

2. 加强组织领导

结合企业实际，将档案工作纳入企业年度工作重点之中，加强对档案工作的领导，健全档案工作机构，成立档案工作领导小组，明确目标任务，强化督促检查，利用国际档案日宣传等活动契机，加大对档案管理重要性的宣传和教育，及时解决工作中的人、财、物等问题，强化责任追究，确保档案工作顺利开展。

3. 完善制度管理体系

遵循《中华人民共和国档案法》等相关法律法规以及上级档案主管部门相关管理要求，根据档案年度重点工作部署，结合企业发展实际，进一步梳理完善现行档案管理制度体系，建立配套制度，确保各项工作有序推进、有章可循、有据可依。

4. 健全专业人才队伍

重视档案人才队伍建设，做好专职岗位编制，通过公招、遴选等多种方式有序引进档案事业发展急需人才，配齐配强档案人员。关注档案人员职业生涯规划设计，通过多岗锻炼、送培、学习交流等方式提升在岗人员专业素质。做好档案系统评选表彰活动，树立学习型、实干型、创新型档案管理人才典范。

5. 夯实基础安全工作

定期修订完善《企业文件材料归档范围和档案保管期限》，以此为依据，结合相关行业标准，对本企业形成的文件材料及时归档并开展自查自纠，对历史问题要切实加强整改，确保各门类档案材料100%应收尽收、应归尽归，不缺项、漏项。合理规划档案室，定期开展安全检查，确保安全。

6. 加快信息化运用

推进数字档案馆建设，建立起线上、线下"双线"文件资料移交归档机制，组织开展档案信息系统专项培训，全面推进档案存储数字化、电子化管理，全力推进数字化档案馆运行。

7. 创新资源开发利用

注重日常工作中的素材收集和积累，在编研开发方面有所创新，通过对档案资源的深度挖掘，创作出更多的优秀作品，充分展现企业实力和风采。切实关注档案信息资源成果的利用，实现知识化管理、共享化利用。

8. 对标先进助力发展

积极参加属地档案机构和上级档案主管部门等单位组织开展的培训活动，加强与其他企业、行业（领域）的交流和沟通。各企业可选择内外部档案管理先进单位进行对标管理，加强沟通，提升水平。企业内部，档案工作薄弱单位可与先进单位结对帮扶，加强互动学习交流，改进管理短板。

4.4.6 模板推荐（表4-8～表4-20）

1. 档案的收集、编目、移交入库流程

（1）管理类档案（A）：企业在设立、变更过程中形成的文件材料，包括企业的章程、资质证照证明、重要会议、资产股东变更等，包括纸质文件和电子文件的归档。

管理类（A）归档流程　　　　　　　　　　　表4-8

工作流程	责任部门	工作要求
归档范围		见《文件材料归档范围及保管期限表》。
收集	相关部门	1. 收文、发文、纸质、电子文件均按照件号、文号、题名、日期进行登记。 2. 办结完毕的纸质文件按要求进行装订、排序、编号、加盖归档章

续表

工作流程	责任部门	工作要求
编制目录	相关部门	编制归档文件目录，原文及归档文件目录刻录成光盘
审核	档案室	审核内容： 1. 应归档文件是否全部归档。 2. 归档文件是否完整，请示必须有批复，正文、审批单、附件应齐全，会议或专项活动资料应齐全。 3. 文件格式须符合规定
移交	相关部门	填写移交清单一式两份，交接双方确认签字。各执一份备查
鉴定整理	档案室	选择应归档文件，鉴定保管期限，并排序整理
归档时间	档案室	每年6月30日前

（2）工程项目类档案（E）：指企业在工程项目开发、设计、实施、竣工等过程中形成的具有保存价值的文件材料和竣工图，主要是工程经营档案（E1）和工程施工档案（E8）

工程经营档案（E1）归档流程　　表4-9

工作流程	责任部门	工作要求
归档范围		一般包括经营承包合同、分包/分供合同工、工程项目结算文件、综合管理文件等。见《文件材料归档范围及保管期限表》
收集	项目及市场商务部门	1. 归档文件应均为原件，若出现复印件，应加盖产生单位印章，并有经手人签字。 2. 协议、结算文件应由双方代表签字确认并加盖公章
整理	市场商务部门	1. 采用组卷整理。 2. 档案类别代码为E1。 3. 编号：在二级类目下顺序编号。档号规则同E8。 4. 完成编目、装订、装盒。 5. 按要求整理电子目录及重要文件的电子扫描件
审核	市场商务部门	审核内容： 1. 应归档文件是否完整、齐全。 2. 是否均为原件。 3. 文件格式须符合规定。 4. 整理是否规范。 审核通过后在移交清单上签字盖章
移交	市场商务部门	填写移交清单，经项目负责人审核签字后，加盖项目部印章，移交公司的档案部门
归档时间		工程竣工结算后3个月内

建筑装饰企业管理实战要领

工程施工档案（E8）归档流程　　　　　　　　　　　　　　　　表 4-10

工作流程	责任部门	工作要求
合同约定	项目部	约定工程档案制作套数，通常城建档案馆、建设方、施工方各留存一套，均为原件
归档范围	项目部	国家标准《建设工程归档整理规范》GB/T50328-2014。一般包括施工管理文件、技术文件、测量文件、物资文件、记录文件、试验文件、过程验收文件、过程竣工质量验收文件及竣工图
收集	项目部	1. 归档文件应均为原件，若出现复印件，应加盖产生单位印章，并有经手人签字。 2. 竣工图应是新蓝图，并加盖竣工图章。 3. 采用施工图改绘竣工图需表面修改依据，若有重大修改或修改超过 1/3，应重新绘制竣工图
整理	项目部	1. 采用组卷整理。 2. 档案类别代码为 E8。 3. 组卷方法：按照单位工程—专业—分部—分项进行组卷。竣工图可按单位工程、专业组卷
排列	项目部	卷内文件的排列： 卷内文件应按文件内在联系及文件形成时间的先后顺序排列。竣工图按同专业图号依次排列，新绘制的竣工图附有原图时，新绘制的竣工图在前原图在后。 既有文字材料又有图纸的案卷，文字材料排前，图纸排后。 卷得排列： 工程施工档案的案卷按单位工程排序，施工文件在前，竣工图在后。施工文件和竣工图均以专业顺序排列
编号	项目部	在二级类目下按顺序编号
编目	项目部	1. 编写案卷目录、卷内目录、案卷封面、备考表。 2. 确定档案规则：全宗号—类目号—项目号—案卷号—顺序号
审核	工程管理部	审核内容： 1. 应归档文件是否完整、齐全。 2. 是否均为原件。 3. 文件格式须符合规定。 4. 整理是否规范。 审核通过后在移交清单上签字盖章
移交	项目部	填写移交清单，经项目部审核签字后，加盖印章，移交工程管理部门，由工程管理部门统一移交档案室
入库	档案室	1. 按序将纸质档案整理入库。 2. 将电子目录及重要文件刻录成光盘
归档时间		工程竣工验收后 3 个月内

（3）科研开发类档案（F）：指企业在科学研究开发过程中形成的具有保存价值的文件、图样、数据等。

科研开发类（F）归档流程　　　　　　　　　　　　　　　　表 4-11

工作流程	责任部门	工作要求
归档范围		见《文件材料归档范围及保管期限表》
收集文件	科技部门	归档文件必须完整、齐全、符合形成规律

续表

工作流程	责任部门	工作要求
整理	科技部门	1. 采用组卷整理。 2. 档案类别代码为 E8。 3. 组卷方法：按照科研项目或专题整理组卷。 4. 案卷排列：按科研开发顺序，即研究准备、研究试验与开发、总结鉴定验收、成果申报、推广应用全过程排列。 5. 编号：在一级类目下顺序编号。 6. 档号规则：全宗号—类目号—项目号—顺序号。 7. 完成编目、装订、装盒。 8. 按要求整理电子目录及重要文件的电子扫描件
审核	档案室	审核内容： 1. 应归档文件是否完整、齐全。 2. 是否均为原件。 3. 文件格式须符合规定。 4. 整理是否规范。 审核通过后在移交清单上签字盖章
移交	科技部门	填写移交清单，经部门负责人审核签字后，加盖印章，移交公司的档案室
入库	档案室	按序将纸质档案整理入库
归档时间		项目完成后 3 个月内

（4）信用类档案（Q1）：包括企业基本信息（企业名称、注册地址、组织机构代码等）、企业遵纪守法信息（依法纳税、产品质量、环境保护等）、企业主要经营信息以及企业的财务信息。

信用类档案（Q1）归档流程　　　　　　　　　　　　　　　　表 4-12

工作流程	责任部门	工作要求
归档范围		见《文件材料归档范围及保管期限表》
收集文件	相关部门	1. 应随时收集整理移交档案室。 2. 信用档案具有关联性，同一事项不同载体（文件、证书、奖杯）的资料应收集齐全完整
整理文件	相关部门	1. 采用按件整理。 2. 档案类别代码为 Q1。 3. 排列：按时间排序，同一事项存在不同载体时，按顺序排列。 4. 编号：在一级类目下顺序编号。 5. 档号规则：全宗号—类目号—顺序号。 6. 完成编目、贴标、装盒。 7. 按要求整理电子目录及重要文件的电子扫描件
审核	档案室	审核内容： 1. 应归档文件是否完整、齐全。 2. 是否均为原件。 3. 文件格式须符合规定。 4. 整理是否规范。 审核通过后在移交清单上签字盖章

续表

工作流程	责任部门	工作要求
移交	相关部门	填写移交清单，经部门负责人审核签字后，加盖印章，移交公司的档案室
入库	相关部门	按序将纸质档案整理入库
归档时间		按生产阶段归档
其他		资质证照等归档后，由相关责任部门办理长期借出原件，并负责原件管理及日常借阅

（5）声像类档案（Q2）：指企业在生产经营活动中形成的，具有保存价值的照片（包括底片、反转片）、影片（正负片）唱片、录音带、录像带等不同材料为载体，以声像为主，并辅以文字说明的历史记录。

声像类档案（Q2）归档流程　　　　　　　　　　表4-13

工作流程	责任部门	工作要求
归档范围		见《文件材料归档范围及保管期限表》
收集文件	相关部门	1. 应随时收集整理移交档案部门。 2. 同一事项的声像资料应收集齐全完整
整理	相关部门	1. 采用按件整理。 2. 档案类别代码为Q2。 3. 按要求整理电子目录及重要文件的扫描件
排列	相关部门	1. 反映同一问题或事由的若干照片应按时间或重要程度集中排列。 2. 按不同载体材料分别排架、保管。 3. 照片与底片应分开排列
编号	相关部门	录音、录像、照片、底片分别编号
编目	相关部门	1. 编制《底片目录》。 2. 编制《照片档案目录》。 3. 档号规则：全宗号、类目号、顺序号。 4. 填写备考表
装盒	相关部门	1. 底片放入底片袋内保管，一张一袋。应在底片袋的右上方标明底片号。翻拍底片，应在底片袋的左上方标明"F"字样。对拷贝底片，应在底片袋的左上方标明"K"字样。 2. 底片应装入特制的底片袋或底片夹内，再装入专业底片档案册
审核	档案部门	审核内容： 1. 应归档文件是否完整、齐全。 2. 是否均为原件。 3. 整理是否规范。 审核通过后在移交清单上签字盖章
移交	相关部门	填写移交清单，经部门负责人审核签字后，加盖印章，移交公司的档案室
入库	档案部门	按载体分别入库
归档时间		在活动结束后一个月内归档

（6）电子类档案（Q3）：指通过计算机磁盘等设备进行存储，与纸质档案相对应，相互关联的通用电子图像文件集合。

电子类档案（Q3）归档流程　　　　　　　　　　　表4-14

工作流程	责任部门	工作要求
归档范围		见《文件材料归档范围及保管期限表》
收集文件	相关部门	电子文件应转换成通用格式保存，同时将相应的背景信息和元数据一并归档。 1. 文本文件应注明文件存储格式、文字处理工具等，必要时同时保留文字处理工具软件。 2. 图像、影像、声音等文件如无法转换成通用格式，则应将相关软件一并收集。 3. 图形文件应注明其软硬件环境和相关数据。 4. 数据、程序等文件，应同时收集其软件型号、名称、版本号和相关参数手册、说明资料等。专用软件产生的电子文件原则上应转换成通用型电子文件，如不能转换，收集时则应连同专用软件一并收集。 5. 具有永久保存价值的电子文件，须制成纸质文件
整理	相关部门	1. 采用按件整理。 2. 档案类别代码为Q3
排列	相关部门	反映同一问题或事由的电子档案应按时间或重要程度的顺序集中排列
编号	相关部门	1. 存储载体内归档电子文件依据其存储逐件编号，即件号。 2. 电子档案的存储载体按照排列顺序逐盘编号，即盘号
编目	相关部门	1. 编制《底片目录》。 2. 编制《照片档案目录》。 3. 档号规则：全宗号、类目号、顺序号。 4. 填写备考表
装盒	相关部门	1. 底片放入底片袋内保管，一张一袋。应在底片袋的右上方标明底片号。翻拍底片，应在底片袋的左上方标明"F"字样。对拷贝底片，应在底片袋的左上方标明"K"字样。 2. 底片应装入特制的底片袋或底片夹内，再装入专业底片档案册
审核	档案室	审核内容： 1. 应归档文件是否完整、齐全。 2. 是否均为原件。 3. 整理是否规范。 审核通过后在移交清单上签字盖章
移交	相关部门	填写移交清单，经部门负责人审核签字后，加盖印章，移交公司的档案室
入库	档案室	按载体分别入库
归档时间		在活动结束后一个月内归档

2. 档案保管、利用、统计、鉴定、销毁流程

档案保管、利用、统计、鉴定、销毁流程　　　　　　　　　表 4-15

工作流程	责任部门	工作要求
保管	档案室	1. 存放档案必须有专用柜。 2. 档案排列顺序确定后,要编制件号或者案卷号,以固定存放位置
利用	档案室	1. 借阅档案必须填写档案利用申请表,并报相关部门负责人审核,审批通过后,档案管理人员才予以受理,进行登记,办理借阅手续。 2. 外借档案者应负责维护档案的完整与安全,要按时归还,归还档案时应认真检查、清点、发现问题应及时处理
统计	档案室	1. 建立健全档案的卷内目录、归档文件目录、案卷目录、全引目录、借阅登记簿、利用效果登记簿。 2. 确定专人负责统计工作,按时向主管领导报送统计报表。 3. 保证统计数字的真实、准确、及时
鉴定	档案室	1. 建立由主要行政领导、办公室、专业技术人员和档案员组成的鉴定小组,定期对档案进行鉴定。 2. 每次鉴定要写出鉴定报告,在保管单位备考表中注明鉴定意见,由小组负责人签名,并且注明鉴定日期
销毁	档案室	1. 经过鉴定,凡是无需继续保存的档案都必须编制档案销毁清册。 2. 要销毁的档案,必须经过鉴定领导小组审核,上报批准后方可销毁。 3. 销毁档案要指定 2 名监销人,监销人要对所要销毁的档案进行清点核对,监销后,在销毁清册注明"已销毁"字样和销毁日期,并签名。销毁清册、报告、批准文件一并归档,长期保存

3. 档案分类表

档案分类表　　　　　　　　　表 4-16

一级类目		二级类目		基本范围
类号	名称	类号	名称	
A	企业管理类	按年度		本级单位在党群工作、董事会管理、综合办公管理、人力资源管理、财务管理、资金管理、投资管理、法律事务管理、市场营销管理、安全质量管理、项目管理、科技研发管理、设计勘察管理、企业文化管理、工会团委工作、信息化管理、审计工作、纪检监察工作、行政事务管理等职能管理工作中形成的文件材料等
E	工程项目类	1	工程经营	招标投标文件、合同、中标通知、预结算文件、各类证照、成本核算文件、审计报告等
		2	工程勘察	工程地质勘察报告、水文地质勘察报告、自然条件、地震调查,申报的规划设计条件和规划设计条件通知书等
		3	工程设计	设计图纸和说明、审计方案审定书、施工图设计文件审批意见、施工图及其说明、设计计算书等
		4	机械设备设计	设计图纸和说明、审计方案审定书、设计文件审批意见、设计计算书等
		5	技术咨询	相关技术咨询往来文件、报告等

续表

一级类目		二级类目		基本范围
类号	名称	类号	名称	
E	工程项目类	6	技术标准	
		7	技术规范	
		8	工程施工	施工管理文件、施工技术文件、施工测量记录、施工物资资料、施工记录、施工试验记录、过程验收文件、竣工验收文件、竣工图
		9	工程监理	监理规划、有关质量问题的监理月报、有关质量问题的监理会议纪要、进度控制、质量控制、造价控制、分包控制、监理通知、合同与其他事项管理、监理工作总结
F	科研开发类	单个科研项目		研究准备、研究试验与开发、总结鉴定验收、成果申报、推广应用全过程文件
G	房地产（基本建设）类	1	工程综合	调研策划、立项文件、建设用地、征地、拆迁文件、勘察、测绘、设计文件、招标投标文件、开工审批文件、合约文件、财务文件、建设方负责人等机构人员文件
		2	工程监理	监理规划、有关质量问题的监理月报、有关质量问题的监理会议纪要、进度控制、质量控制、造价控制、分包控制、监理通知、合同与其他事项管理、监理工作总结
		3	工程施工	施工管理文件、施工技术文件、施工测量记录、施工物资资料、施工记录、施工试验记录、预检记录、工程质量检查评定记录、竣工测量资料、质量事故及处理记录、竣工图
G	房地产（基本建设）类	4	竣工验收	工程竣工总结、竣工验收记录、财务文件、声像、电子档案、专项验收文件、竣工备案材料
		5	营销管理	销售宣传文件、营销文件、招标投标文件、权属文件、客户资料、存量房产租售文件、售后服务文件
		6	商业管理	房屋所有权证明文件、租赁合同、承租人（单位）证件材料
H	设备仪器类	单台（套）设备		购置申请与批复、购置合同（协议）、开箱验收记录、出厂凭证、调试记录、运行及事故处理报告、维修管理、改造报废等文件
I	会计档案类	1	财务报告	月度、季度、年度财务报告
		2	会计账簿	总账、明细账、日记账、固定资产卡片、辅助账簿
		3	会计凭证	原始凭证，记账凭证，汇总凭证，其他会计凭证
		4	其他	会计移交清册、会计档案保管清册、会计档案销毁清册；银行存款余额调节表、银行对账单
J	人事档案类	1	在职人员	按照相关人事档案制度执行
		2	离退休人员	
		3	死亡人员	
		4	人档分离人员	

续表

一级类目		二级类目		基本范围
类号	名称	类号	名称	
K	产品生产类		单个型号产品	产品开发、设计研制、工艺、工装、加工制造、检验、包装、商标和产品评优全过程文件
Q	其他类	1	信用档案类	作废印章、资质证照、荣誉证书、奖杯、奖状、奖牌、题词、礼品等
		2	声像档案类	照片、录音带、录像带、缩微胶片等
		3	电子档案类	文本文件、命令文件、图像文件、数据文件等

4. 档案移交清单

档案移交清单　　　　　　表4-17

编号：

序号	档案名称	数量		备注
		卷数	件数	
	工程档案			
	经营档案			
	文书档案			
	会计档案			
	审计档案			
	法务档案			
	科技档案			
	实物档案			
	荣誉档案			
	印章档案			
	照片档案			
移交部门			移交人（签字）	
接收人（签字）			移交日期	

5. 档案借阅登记本

借阅档案登记本　　　　　　　　　　　表4-18

序号	借阅日期	案卷（或文件）题名	卷号	利用类型	数量	借阅人	借阅人电话	归还日期	备注

6. 档案鉴定、销毁申请表

档案鉴定、销毁申请表　　　　　　　　　　　　　　　　　表 4-19

经档案鉴定小组于　年　月　日鉴定后，共清理出无保存价值的　　档案　卷（册），应予以销毁，请审批。
销毁方式：
编号：

档案名称	起止卷号	共计册数	起止年度	应保管年限	已保管年限

鉴定小组意见： 年　月　日	办公室审批意见： 年　月　日
主管领导意见： 年　月　日	监销人员签名盖章： 组员： 年　月　日

7. 工程档案移交清册

工程档案移交清册　　　　　　　　　　　　　　　　　　　表 4-20

序号	案卷标题	案卷起止日期	卷内页数	保管期限	移交时间	备注

续表

序号	案卷标题	案卷起止日期	卷内页数	保管期限	移交时间	备注

移交人：　　　　　　　　　　　　　　　　　　　接收人：

4.5　建筑装饰企业定额和计量管理

4.5.1　基本概念

建筑装饰企业定额管理是指建筑装饰企业根据本企业的技术水平和管理水平，在正常的施工条件下，编制每完成单位合格建筑装饰产品所必须消耗的工时、材料、机械台班及其他生产经营要素消耗的数量标准的管理活动。除了规定各种资源和资金的消耗量外，还规定了完成的工作内容、达到的质量标准和安全要求。

建筑装饰企业计量管理是指对建设项目已完成的合格工程或工作进行验收、计量、支付等活动的总称。计量是准确考核工程进度、计划完成情况，进行施工产值统计、经济核算及财务拨款的基本依据。做好计量支付工作，对加强成本管理、优质高效完成工程任务具有重要意义。

4.5.2 主要特点

（1）企业定额中各单项的平均造价要比装饰行业平均价低，体现本企业定额的先进合理性，至少要基本持平，否则，没有市场竞争力也就失去企业定额的实际意义。

（2）企业定额要体现本企业在某方面的技术优势，以及本企业的局部管理或全面管理方面的优势。

（3）企业定额的所有单价，包括人工、材料和机械等都应实行动态管理；定期调查市场，定期总结本企业各方面业绩与资料，不断完善，及时调整，与建设装饰市场紧密联系，不断提高竞争力。

（4）企业定额要紧紧联系本企业最常见且合理的施工方案、最先进且合适的施工工艺并与其能全面接轨并执行。

4.5.3 管理难点

建筑装饰企业管理的主要对象为装饰项目，由于装饰项目的特点表现为区域的分散性、项目功能的复杂性、项目子项内容的多样性，及部分装饰产品受季节气候变化影响较大，装饰企业定额也相应存在较多难点。

（1）由于项目区域分散，各区域人工单价、主材单价存在差异，需按地域调整，相比其他定额而言，装饰定额中辅材和耗材也需随地域而调整，因此在编制企业定额时要充分考虑区域差异。

（2）由于项目功能的复杂性，同样一项施工内容所采用的工艺会有所不同，所需的人工含量和材料消耗差异较大，难以统一。

（3）由于装饰项目施工子项内容繁多，企业定额在编制时总会有部分遗漏，很难覆盖全部施工子项内容。

（4）由于部分装饰施工内容受季节和气候条件采取的措施和工艺会有所不同，而装饰工期一直存在不确定性，装饰企业定额在编制和执行时存在不确定性。

（5）由于装饰施工面移交时，土建、机电等提交的完成面标准不一，装饰基层施工内容也会存在差异，这也会影响装饰企业定额的编制和执行。

4.5.4 管理重点

（1）科学制定和及时修订各项定额。通过认真调查研究，科学分析整个装饰施工生产过程,收集和找出各种合理的施工数据,确定各种量化标准,对于每一项工作定额,都是企业定额管理的首要任务同时,根据各种情况的变化,及时合理地进行修订和调整,不断提高装饰企业定额管理水平。

(2)检查和组织企业定额的执行情况。企业定额是装饰项目部为施工作业单位提供合理劳动报酬的标准尺度,也是双方计算成本和收益以及分配收益的标准。如果任何一方减少或增加定额,将不可避免地影响项目成本的真实性。定额管理的任务是不断检查和发现新情况、新问题,并加以修改,使之符合实际。

(3)为项目组织生产活动提供参考。企业定额的主要作用是,为装饰施工单位制定投标预算提供参考标准,是装饰施工项目结算的依据。

4.5.5 管理要点

1. 建立管理组织体系

1)在企业定额编制工作开始时,必须设置成立一个专门的企业定额编制机构,配置一批专业人员,明确应收集的数据和资料。

2)定额基数信息收集

定额在编制时要搜集大量的基础数据和各种法律、法规、标准等,这些资料都是定额编制的依据。在编制计划书中,要制定一份按门类划分的资料明细表。在明细表中,除一些必须采用的法律、法规、标准、规程、规范资料外,应根据企业自身的特点,选择一些能够适合本企业使用的基础性数据资料。搜集的资料主要包括:

(1)国家现行的法律、法规、经济政策和劳动制度等与工程建设有关的各种文件。有关建筑安装工程的设计规范、施工及验收规范、工程质量检验评定标准和安全操作规程。现行的全国通用建筑标准设计图集、安装工程标准图集、定型设计图纸、具有代表性的设计图纸、地方建筑配件通用图集和地方结构构件通用图集。并根据上述资料计算工程量,作为编制企业定额的依据。

(2)现行定额:包括基础定额和预算定额、工程量计算规则。

(3)搜集的资料还包括有关建筑安装工程的科学实验、技术测定和经济分析数据,高新技术、新型结构、新研制的建筑材料和新的施工方法等。现行人工工资标准和地方材料预算价格。

(4)本企业近几年各工程项目的财务报表、公司财务总报表,以及近几年收集的各类经济数据。

(5)本企业近几年各工程项目的施工组织设计、施工方案及结算资料等。

(6)本企业目前拥有的机械设备状况和材料库存状况。资料的调查、分析、测算和研究,上述资料收集后,进行分类整理、分析对比、研究和综合测算。提取可供使用的各种技术数据。

3）企业定额内容

通过搜集资料、调查、分析、测算和研究并确定编制工期和编制进度。拟定编制计划书，内容包括：企业整体水平与定额水平的差异；现行法律、法规，以及规程规范对定额的影响；新材料、新技术对定额水平的影响等。企业定额的工作方案与计划的主要内容；根据编制目的，确定企业定额的内容及专业划分；确定企业定额的册、章、节的划分和内容的框架；确定企业定额的结构形式及步距划分原则；具体参编人员的工作内容、职责、要求等。

（1）确定企业定额的项目及其内容：根据定额的编制目的及企业自身的特点，本着内容简明实用、结构及步距划分合理的原则。将一个单位工程，按工程性质划分为若干个分部工程，最后确定分项工程的步距，并根据步距把分项工程进一步地详细划分为具体的工作内容。步距参数的设定要合理，既不应过粗，也不宜过细。同时应对分项工程的工作内容做简明扼要地企业定额的编制说明。

（2）确定定额的计量单位：分项工程计量单位的确定要合理，根据分项工程的特点，本着准确、贴切、方便计量的原则设置。

（3）确定企业定额指标：确定企业定额指标是企业定额编制的重点和难点。企业定额指标的编制，应根据企业采用的施工方法、新材料的替代以及机械设备的装配和管理模式，结合搜集整理的各类基础资料进行确定。

（4）编制企业定额项目表：企业定额项目表就是根据分项工程的人工、材料、机械台班的消耗量进行编制。是企业定额的主体部分，它由表头栏和人工栏、材料栏、机械栏组成。表头部分具体表述各分项工程的结构形式、使用材料和规格档次等；人工栏是以工种表示的消耗的工日数及合计，材料栏是按消耗的主要材料和消耗性材料依主次顺序分列出的消耗量。

（5）企业定额的项目编排：在定额项目表的编排中，按施工的程序，遵循章、节、项目和子目等顺序编排。大部分是以分部工程为章，把单位工程中性质相近，且材料大致相同的施工对象编排在一起。每章（分部工程）中，按工程内容施工方法和使用的材料类别的不同，分成若干个节（分项工程）。在每节（分项工程）中，可以分成若干项目，在项目下面，还可以根据施工要求、材料类别和机械设备型号的不同，细分成不同子目。

（6）企业定额相关项目说明编制。相关说明包括：前言、总说明、目录、分部说明、工程量计算规则、分项工程工作内容等。

（7）企业定额单位估价表的编制。企业根据投标报价工作的需要，依据《建设工程工程量清单计价规范》GB 50500 的要求和项目划分，可以编制企业定额单位估价表。企业定额估价表是在人工、材料、机械台班三项消耗量的企业定额基础上，用价格形式表达每个分项工程及其子目的单位定额估价计算表，其中的人工、材料、机械台班单价是通过市场调查，结合国家有关法律文件及规定，按照企业自身的特点来确定。

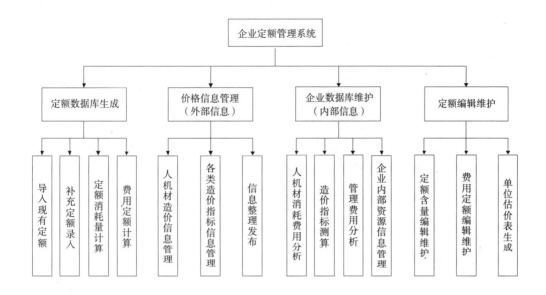

4）确定编制企业定额的目的

装饰企业定额必须能够满足工程量清单计价的要求，企业定额的编制和使用可以规范发包承包行为，规范建筑市场秩序，企业定额的建立和运用可以提高企业的管理水平和生产力水平，企业定额也是推广先进技术和鼓励创新的工具，建立企业定额，是加速提高项目综合管理能力的需要。

编制的目的一定要明确。因为编制目的决定了企业定额的适用性，同时也决定了企业定额的表现形式。定额水平的确定原则：企业定额水平的确定，是企业定额能否实现编制目的的关键，企业定额水平的确定应遵循平均先进性原则。

2. 确定企业定额体系的构成与分类

1）施工消耗量定额

施工消耗量定额是指在正常施工条件下，以施工过程为标定对象而规定的单位合格产品所需消耗的人工、材料、机械台班的数量标准。

（1）工程实体消耗量定额，即构成工程实体的分部分项工程的人工、材料、机械的消耗量标准。

（2）措施性消耗量定额，即有助于工程实体形成的临时设施、技术措施等消耗量标准。是直接用于建筑施工管理中的一种定额。它由劳动定额、材料消耗定额、施工机械台班使用定额三部分组成。

2）费用定额的概念与分类

费用定额主要是指装饰施工过程中不以人工、材料、机机消耗量形式出现的费用，即在建筑装饰施工生产过程中所支出的措施费、企业管理费、利润和税金等费用标准的总称。企业定额体系中的费用定额主要包括的内容：

（1）措施费定额，是指为完成工程项目施工，发生于该工程施工前和施工过程中非工程实体项目的措施费用标准。

（2）企业管理费定额，是指建筑装饰企业组织施工生产和经营管理所需费用标准。

（3）利润定额，是指装饰施工企业完成所承包工程获得的盈利标准。

（4）规费定额，是指政府和有关部门规定必须缴纳的费用标准。

（5）税金定额，是指按国家税法规定由施工企业代收税金的标准。

3）确定企业定额体系的编制程序与内容

企业定额体系的编制程序主要为四项，即确定定额子目的实物消耗量，确定定额子目中基础单价和工料机工程单价，确定费用定额指标及综合单价，适时开发定额管理的应用软件。

（1）确定定额子目的实物消耗量建筑

第一步，由定额编制专家组根据装饰工程工程量清单计价规范、全国统一建筑装饰工程基础定额、建筑工程消耗量定额的相关内容和要求，结合企业自身的施工管理习惯、内部核算方式和惯例、投标报价方式和惯例确定所需编制定额的步骤和工程内容。

第二步，由定额编制人员根据国家和国际现行计价规范和定额标准，结合定额编制专家组确定的所需编制定额的步骤和工程内容，对装饰定额子目进行拆分或整合，形成初步的施工消耗量定额、投标报价定额子目清单及对应的定额子目的实物消耗量。

第三步，将初步的施工消耗量定额、投标报价定额子目清单及对应的定额子目的实物消耗量，报送工程技术管理专家和企业内部征求意见，对各方面的意见进行汇总，提交定额编制专家组讨论。

第四步，定额编制专家组对各方面的意见进行讨论后拿出修订方案，定额编制人员将施工消耗量定额、投标报价定额子目清单及对应的定额子目的实物消耗进行修订后报定额编制专家组审定，企业领导审批。

（2）确定定额子目中基础单价和工程单价

由定额编制人员根据企业内部情况，结合市场价格编制人工工资单价、材料价格、机械台班单价，并报专家审定，企业领导审批。定额编制人员根据施工消耗量和对应单价，确定分部分项工程直接工程费单价。

（3）确定费用定额指标及综合单价

确定不同类型装饰工程各项费用指标，确定分部分项工程消耗的管理费和取得的利润值。

（4）适时开发定额管理的应用软件

装饰企业可以根据自身实力和实际需要适时开发应用软件。

4）费用定额的编制

费用定额是指为施工准备、组织施工生产和内部管理以及投标报价所需的各项费用标准。企业需要根据建筑市场竞争情况和企业定额管理水平、财务状况等编制一些费用定额，如现场施工措施费定额、间接费定额等。为了计算方便，还要编制计费规则、计价程序及相关说明等有关规定。费用定额的编制类型，应分为多种表现形式，如对内进行劳务分包、对外进行投标报价和核定定额工日等各项费率应有所区别，其中对外进行投标报价的费率应该最高，而且应该有一定的幅度范围和分类，以便快速报价。

3. 投标报价定额

投标报价定额又称工程量清单报价表或称单位估价表，简称报价表。报价表是依据施工消耗量定额中的人工、材料、机械台班消耗数量（考虑一定幅度差率），乘以当时当地现行人工、材料、机械台班单价（可以考虑价格风险因素），计算出以货币形式表现的分部分项工程量清单或措施项目清单，人工、材料、机械费单价，再计入单位产品的管理费和利润，最后汇总出综合单价。

投标报价定额表主要由定额编号、工程项目名称、综合单价、人工费、材料费、机械费、管理费、利润以及人工、材料、机械单价和消耗数量等组成。

以施工定额为基础定额对企业定额人工消耗指标的确定过程进行描述：

第一步：搜集资料并分析整理，计算预算定额人工消耗水平与企业实际人工消耗水平。

第二步：用预算定额人工消耗量与企业实际人工消耗量对比，计算工效增长率。

第三步：计算施工方法对人工消耗的影响。

第四步：计算施工规范及施工验收标准对人工消耗的影响。

第五步：计算新材料、新工艺对人工消耗的影响。

第六步：计算劳动的技术装备程度对人工消耗的影响。

第七步：其他影响因素的计算。

第八步：关键项目和关键工序的调研。

第九步：确定企业定额水平，编制人工消耗指标。

通过以上工作，取得编制企业定额所需的各类数据，根据上述数据，考虑企业还可挖潜的潜力，确定企业定额人工消耗的总体水平，最后以差别影响水平的方式，将影响定额人工消耗水平的各种因素落实到具体的定额项目中，来编制企业定额人工消耗指标。

4. 材料消耗量的确定

材料的分类

1）构成工程实体的材料

2）不构成工程实体的材料

5. 综合单价的确定

综合单价是指完成分项工程每计量单位合格建筑产品所需的全部费用。综合单价应包括为完成工程量清单项目，每计量单位工程量所需的人工费、材料费、施工机械使用费、管理费、利润，并考虑风险、招标人的特殊要求等而增加的费用。工程量清单中的分部分项工程费、措施项目费、其他项目费均应按综合单价报价。综合单价的确定方法有两种：一种是实物法；另一种是单价法。两种方法只是步骤不同，但实际项目内容是相同的。综合单价的确定步骤：

（1）确定计价依据。

（2）分析清单项目的工程内容。

（3）计算定额项目的工程量。

（4）确定相应项目人工、材料、机械台班消耗量。

（5）确定人工、材料、机械台班的单价。

（6）确定相应项目的人工费、材料费和机械费。

（7）计算分项直接工程费。

（8）确定清单项目管理费、利润及风险费。

（9）确定清单项目综合单价。

6. 管理费的确定

管理费是指承包人为组织和管理施工生产及正常运营所发生的各项费用，管理费是工程成本的重要组成部分。管理费的计算：

（1）以直接工程费为计算基础（适用于除人工土方工程以外的建筑工程和装饰工程）管理费 = 直接工程费 × 管理费费率。

（2）以人工费为计算基础（适用于人工土方工程），管理费 = 人工费 × 管理费费率。

（3）管理费的费率。

企业应编制费用定额，也可以参考主管部门发布的费率。

7. 利润的确定

（1）利润的概念

利润是承包人完成所承包工程获得的盈利。

（2）利润的计算

①以直接工程费和管理费之和为计算基础（适用于除人工土方工程以外的建筑

工程）

利润 =（直接工程费 + 管理费）× 利润费率

②以人工费为计算基础（适用于人工土方工程和装饰工程）

利润 = 人工费 × 利润费率

③利润率

利润率可以参考主管部门发布的费率，不同的项目利润率也不应相同。

8. 风险费的确定

从目前的情况来看，风险的考虑还是以材料风险为主。即材料差价的处理，材料差价的计算：

材料差价 =（材料的市场价格 – 价目表中材料单价）× 消耗量定额中的材料用量

材料差价的处理：

（1）编制标底时，材料差价（或材料差价 × 定额项目工程量后）计入风险费。

（2）编制报价时，材料差价并入材料费或基价中，并计取管理费和利润。

9. 装饰企业定额的执行管理

企业定额从编制到执行，必须经过科学、审慎的论证。施工企业应该设立专门的部门和组织，及时搜集和了解各类市场信息和变化因素的具体资料，在执行过程中对企业定额进行不断的补充、完善和调整。对企业定额要进行科学有效的动态管理，建立完整的定额库和资料库，针对不同的工程，灵活使用企业定额。编制企业定额时，应考虑政府对企业的各项管理费用。企业定额要尽可能做到多种计价模式都能兼容。施工企业要了解政策、调整思路，紧跟市场，尽早制定和完善适合本企业使用的企业定额，完善成本核算体系。正确执行企业定额，加强成本管理，提高经济效益，加强企业定额执行情况的统计检查与分析工作，加强企业定额的修订工作，加强收集企业定额管理的建议。在企业定额执行过程中还需要注意：

（1）编制和修正是要正确地确定定额水平。

（2）根据国家最新规范，及时修正企业定额子目的部分内容，保证企业定额的实用性和可操作性。

（3）及时根据企业的新技术、新材料的应用更新定额，使定额处于动态管理状态，保证企业定额体现企业的实力和加强企业竞争力。

（4）保持企业定额体系的完善性，形成一个相互联系的定额系统，能够灵活地使用。

（5）加强对企业定额的保密和科学化管理。

10. 装饰计量管理

1）计量内部管理

计量支付工作实行统一领导、归口管理、具体业务部门承办的管理模式。公司与项目分别成立计量支付管理领导小组,负责本级计量支付工作的开展。

(1)公司计量支付管理领导小组

组长:总经理(董事长)

副组长:分管生产、成本的领导

组员:市场商务部、财务资金部、工程管理部、安全质量部等相关部室负责人。公司市场商务部是计量支付工作的主管部门,负责督促、检查、指导、监督、审批(核)、评价项目部的计量支付工作。

(2)项目部计量支付管理领导小组

组长:项目经理

副组长:总工和项目商务经理

组员:商务人员、财务人员、工程施工员、安全员、质量员、物资管理员、测量员等。

装饰项目部是计量支付的具体承办单位,项目经理是本项目计量支付工作的第一责任人,项目商务经理是项目计量支付的主要负责人,其他为协助配合人员。

(3)公司职责

负责研究和熟悉国家有关政策法规,掌握行业动态,发布相关信息;负责制定、修订和完善公司计量支付管理办法;负责基层业务人员的培训、指导;负责督促、检查、指导项目部计量支付工作;督促项目建立计量支付台账和按时上报计量支付报表;对完工项目的末次计量支付工作进行审核、控制;指导协助项目部处理对分承包队伍计量支付中存在的争议;监督协调项目计量支付负责人变更时的工作移交;负责项目计量支付工作的考核;指导、监督计量支付档案资料的归档。

(4)装饰项目部职责

贯彻落实公司有关制度办法和工作要求,制订项目计量支付管理办法;负责施工图数量与工程量清单的对照,建立计量支付台账;积极参与投资梳理、概算清理和变更索赔上报、批复跟踪工作;按时向建设单位报送手续完善、程序合规的中间计量支付及竣工决算资料;依据合同规定,及时对分承包队伍办理计量支付手续并按规定上报公司审批;负责计量支付资料的收集、整理与归档,项目竣工后移交公司存档(包括过程资料和档案移交)。

2)对建设单位的计量支付

支付依据:国家有关法律法规和相关行业规定;施工合同或补充协议;建设单位批准的施工组织设计和经建设单位审核合格的施工图及变更设计图;建设单位、监理审批的开工报告;建设单位下达的月、季、年度施工计划;完成且经建设单位、监理工程师签认合格的工程数量;隐蔽工程检查验收证明,成品、半成品、设备及原材料出厂合格证、试验报告等;经建设单位等有关单位审核批复的变更索赔项目及费用。

对建设单位的计量管理原则：计量支付工作政策性强、技术含量高，业务人员必须熟悉国家有关法律法规和业务部门相关规定，精研合同条款，熟练掌握工程计量、概预算等业务知识并加以灵活应用，及时了解掌握现场施工动态，严格自身职业操守，以效益最大化为目的，遵循"及时全面、程序合法"的原则，积极稳妥地开展工作。

3）对分承包队伍的验工计价

项目部对分包队伍验工计价的依据：与分承包队伍签订的合同、补充协议及会议纪要；审核后的施工图纸和技术交底书；现场实际完成的合格工程量及相关隐蔽工程签证、质量合格签证、试验报告单等；经批准的设计变更签证和零星签证；经确认的物料、机械、电力消耗等；对分承包队伍的奖罚记录。公司审批（核）指导意见。

对分包队伍验工计价原则：

履行合同、合法合规原则。验工计价的计量单位、计价的项目、工程量计算规则、质保金扣留、甲供物资设备扣除等要严格执行劳务承包合同中的相关约定，并符合现行的法律及国务院各部委发布的各项规章制度要求。

严格控制工程量原则。验工计价工程量是劳务队伍实际完成的符合约定的计算规则并且达到计价条件的工程量，未达到计价条件的不得计量。工程量计量原则上严格控制在监理、建设单位（业主）批复的数量内。施工员是工程数量和材料用量的核算人，项目经理对工程量具有最终审定权；先验工后计价、量价分开原则。对已完成工程，合约商务部门参与工程管理部门和安全质量部门的质量检查及现场验收，由工程管理部门出具签认、审核后的《合格工程数量签认表》，经总工程师签字确认后再予以计价。对质量不合格或存在质量隐患的工程应先修复至合格后方可计价。

按月及时计价原则。为保证项目部每月定期顺利进行商务成本分析，项目部对劳务队伍的计价必须按月及时进行，为项目部每月拨款提供准确真实依据。

单独核算原则。验工计价要按照单位工程、分部工程、分项工程列出细目，不同部位的工程量不得累加；设计施工图内数量和变更设计数量要严格区分，不得累加。

合同约定的各种考核奖罚，附项目部公文或项目经理审批意见进行计量支付；质量罚款不进入中间验工计价，完工结算时从总额中扣除。涉及项目部供应的实物材料、设备、电费、费用扣款均从验工计价中扣除，不得由财务直接扣除；验工计价中不显示扣除质量保证金金额，由项目部财务从工程尾款按合同比例掌握。施工期间项目部组织的劳动竞赛奖罚，奖罚标准应报公司备案，严禁通过劳动竞赛变相提高合同单价。

有下列情形之一者不予办理计量支付：分承包队伍未签订合同或协议；项目部未下达技术交底，分承包队伍自行施工的项目；工程质量不合格或待处理的工程；隐蔽工程未经验收、无收方签证；未按变更设计规定办理，擅自变更施工；不服从现场指挥人员安排、野蛮施工，导致安全质量隐患或安全质量事故。

财务部门依据合同约定的进度款支付比例和质保金扣除比例，作为拨款控制依据，工程款优先用于支付当期劳务工资，劳务工资须确保发放至每个工人手中，严禁劳务队负责人代领。承包工程全部完成办理结算后，同时返还履约保证金，履约保证金不计利息。

除按合同规定拨付工程款外，项目部不得以任何理由向劳务队支付工程、材料预付款或超拨款，不得为分包单位做任何形式的担保。出现上述情况，一经发现或被举报，按公司规定对相关责任人进行严肃处理。

项目部要对计量支付的资料管理指定专人负责。计量支付资料归档包括需要移交上级档案管理部门资料和业务主管部门与项目自身留存的资料两部分。

财务部依据合同约定的进度款支付比例和质保金扣除比例，作为拨款控制依据，工程款优先用于支付当期劳务工资，劳务工资须确保发放至每个工人手中，严禁劳务队负责人代领。承包工程全部完成办理结算后，同时返还履约保证金，履约保证金不计利息。

除按合同规定拨付工程款外，项目部不得以任何理由向劳务队支付工程、材料预付款或超拨款，不得为分包单位做任何形式的担保。出现上述情况，一经发现或被举报，按公司规定对相关责任人进行严肃处理。

4.6 建筑装饰企业统计管理

4.6.1 基本概念

建筑装饰企业的统计管理是指对本单位的生产经营数据资料进行搜集、整理、分析和研究，提供统计资料和统计咨询意见，实行统计监督，其管理对象主要包括统计数据的编制、上报、分析、应用、统计资料的管理等一系列管理活动。企业统计管理的目标是：及时、准确、全面反映企业生产经营成果，为企业进行运营分析和决策提供合理依据；信息的统计和报送程序符合相关监管机构以及公司内部管理的要求。

4.6.2 主要特点

1. 专业性

企业统计是专业统计的一个分支，包括生产统计、设备统计、人力资源统计、经济效益统计等，其中主要是生产统计和效益统计。而企业生产的特点是不同的，甚至是相差非常大的，这要求企业统计人员不仅要具备统计专业知识，还要对企业的生产工艺流程，生产特点及相关知识有所了解，所以这里所说的专业性不仅是指统计知识专业性，还包括工艺流程的专业特点及本企业财务核算的特点。

2. 全面性

企业统计工作贯穿于企业管理的全过程，它所提供的信息包括企业生产经营的方方面面。企业原材料的购进、原材料的消耗，产品的生产、设备的利用情况、人力资源的利用情况、价格的变动情况等信息，都有赖于统计工作来完成。企业统计人员通过各方面统计数据的变化，能够及时发现企业管理中的薄弱环节和漏洞，有针对性地提出改进意见和措施，促使企业管理水平的提高。

3. 连续性

统计资料具有非常强的连续性，这有利于本企业生产经营情况的纵向比较。只有对连续的统计资料进行分析和研究，才能掌握事物的动态发展过程。也只有通过这种比较，才可以发现各阶段操作条件、工艺指标的变化以及由此引起的产品产量、质量、消耗的变化，进而影响到产品销售情况及企业效益，以及引起这一系列变化的原因，从而有的放矢，解决问题。

4.6.3 管理难点

1. 企业统计工作有逐渐被淡化的趋势

从大多数企业的现状来看，企业统计工作仍然是以服务政府、有关部门和企业上级主管部门为主，以服务本企业经营管理为辅；企业上报政府和有关部门的统计指标体系仍然是以经济总量指标为主，以经济运行质量指标为辅。针对这种运作模式，企业经营者认为企业统计工作仅仅是为国家尽法律义务，为上级主管部门指标数据汇总服务，而对企业自身生产经营管理作用不大。这样，企业统计工作很难得到经营者的重视。

2. 统计工作质量难以得到保证

统计基础资料不健全，统计工作不规范，基层统计人员变动频繁，统计数据源头失真等因素使企业统计工作质量很难得到保证。从目前企业中的统计人员来看，存在业务素质参差不齐，个别统计人员责任心不强，统计人员多兼职等现象，这也是影响统计工作质量的一个不可忽视的因素。同时，由于部分统计人员缺乏相应的专业知识，随着计算机的普及，各种统计系统软件被广泛应用，老化的知识结构已跟不上形势发展的需要，使企业统计工作陷入被动。

3. 企业管理体制与统计工作不相匹配

大部分企业各类业务统计都分别由不同的部门负责，并分别向主管领导呈送或对外报出。这种管理体制及运行方式至少有三个弊端：一是没有一个专门的部门从企业适应市场竞争的多侧面多角度、从经营管理的全方位来综合考虑企业需要的各种统计信息；二是对企业目前搜集汇总的各种统计信息难以进行更高层次的配套综合分析，使信息的利用仅停留在初级层次；三是企业各部门之间难以实现有效的信息交换与共享，也使信息的可利用范围及程度要打一些折扣。

4.6.4 管理重点

建筑装饰企业统计工作是企业经营管理不可或缺的重要组成部分。当前企业面临更加复杂多变的外部经营环境，企业统计管理的重点就是要围绕企业效益最大化这个中心，努力克服统计工作中的难点，充分发挥统计的整体功能，与企业发展同步。

1. 更新统计理念

企业统计工作要立足于企业自身的生存与发展，充分发挥统计工作的信息、咨询、监督职能，逐步由生产型统计转变为经营管理型统计，由速度型统计转变为效益型统计，由主要以服务政府和有关部门转变为既为政府和有关部门服好务，又为企业生产经营当好参谋，充分发挥统计在企业管理中的作用。

2. 确立信息和决策理念

企业统计人员必须把工作重心从原始数据、统计台账和统计报表等方面转移到加强统计分析，提供信息咨询，参与企业决策上来。首先要强化统计工作的信息职能，拓展统计信息资源。建立高效、通畅的统计信息渠道，利用互联网、企业局域网形成包括资源、资金、物资、市场等各类信息在内的统计信息网络。统计数据、指标是企业生产经营的真实反映，只有把统计工作提升到信息资源的高度，企业经营者才能意识到其重要性，企业统计工作才会有所突破。企业统计是经营者进行决策和管理的重要基础，要结合同行业及企业自身实际，运用科学的统计分析方法和手段，建立生产经营预测模型，对未来发展趋势及相关因素做出预测，并对经济运行实施有效的统计监督，使企业可以准确、迅速地获得生产经营过程中所需的各类市场信息，及时向企业经营者提供决策支持。

3. 增强服务意识

企业统计工作要紧紧围绕企业生产经营管理活动中出现的新情况，及时发现企业管理中存在的问题，为企业经营管理提供有效服务。首先，要加强统计分析，统计分析研究是增加统计部门决策咨询能力的关键；其次，要为企业经营者提供丰富的统计服务载体。单一的内部报表已远远不能适应需要，必须根据企业的具体情况充分利用有效的服务载体，让其为统计所用，如经营者手册、统计专题会、企业经济活动分析会、计算机局域网等统计服务载体；同时，企业统计部门还要树立为企业基层服务的思想，改善基层统计工作条件，帮助他们解决工作中遇到的各种困难，使他们树立爱岗敬业的精神，激发他们的工作热情和履行职责的使命感。

4. 夯实统计基础

企业统计基础工作的规范化、制度化是提高统计质量，确保决策准确的重要环节，企业要加强统计基础工作，保证统计数据科学、准确。

修改和完善有关的统计规章制度，确保源头数据准确可靠。尤其是要加强对企业基层的原始记录、统计台账、统计报表和统计资料管理的制度建设。

不断完善企业统计指标体系。根据企业的需要，建立一套反映企业生产经营全过程的统计指标体系，使其既满足政府和有关部门的需要，又能满足企业经营者的需要。

重视企业统计队伍建设。一是加强企业统计工作领导，确保统计人员能按照统计法规和国家统计制度开展工作；二是要选好统计人员，提高统计人员素质；三是保证统计人员队伍的相对稳定；四是加强统计人员的培训。

企业主管部门要在精简企业统计报表上进行研究，为下属企业制定一套对外填报统计报表的规章制度（主要包括企业对外填报统计报表的原则、范围和程序），建立一套反映效益、质量、能耗、物耗情况的统计指标体系，准确反映企业经济运行状况的统计报表制度，避免重复调查和指标交叉要在科学管理的基础之上。要充分利用现代化信息技术手段，不断提高统计工作效率和统计信息量，并将先进的预测、决策方法运用于统计分析中，使统计分析更具前瞻性、指导性，为企业科学决策、科学发展服务。

4.6.5 管理要点

1. 组织体系和职责配置

1）组织体系

（1）企业统计工作实行统一领导、分层负责；综合统计部门统一管理、专业统计协调配合的管理体系。

（2）各相关单位和部门按要求及时上报统计信息，各部门或单位负责人对本部门或单位统计信息负责；上级单位统计部门负责指导、协调所属单位统计部门相关工作。

（3）财务资金部门为统计工作管理部门，负责协调职能部门之间报表的横向传递，统一对外提供、定期发布统计信息。专业统计部门按要求向政府监管部门上报专业统计信息的同时，应抄送同级综合统计部门，并定期向综合统计部门提供专业统计信息。

2）管理职责

（1）综合统计管理职责

①贯彻执行国家的统计法规、统计制度，组织完成上级主管部门、政府统计部门和行业管理部门发布的各项统计调查任务。

②制定统计工作相关管理规定，组织编制统计报表、制定调查方案，设置统计方法、标准（主要指标释义），并负责组织实施与检查。

③开展统计调查、统计分析和统计监督，定期或不定期向单位领导、有关部门提

供各种形式的统计数据和分析报告。

④审核、确认各类文件、报告、资料中的统计数据，组织综合与专业统计资料的传输、交换工作。

⑤制定统计信息化发展规划，推进统计信息化工作，提高统计工作效率。

⑥组织、协调、指导所属单位综合统计及同级职能部门专业统计工作。

⑦会同有关部门对统计人员进行统计教育、培训，督促统计人员持证上岗。

（2）专业统计管理职责

①按照职责分工，建立健全专业统计体系，有序开展本专业统计工作。

②审核、汇总各单位上报的专业统计资料，及时、准确地编制专业统计报表并上报上级主管部门，同时抄送综合统计部门。

③结合综合统计报表的相关指标，建立健全专业统计报表、统计台账和原始记录，并接受同级综合统计部门的指导和管理。

④配合综合统计部门实施统计工作规定，完成国家、地方的统计调查任务和专业统计人员培训、交流工作。

⑤组织本专业的业务运行情况统计调查，开展统计分析和统计监督，及时向综合统计部门抄送相关分析和调研资料。定期向对口分管领导或单位主要领导报送统计分析报告。

3）岗位设置及职责

（1）各级单位负责人为统计工作第一责任人，履行《中华人民共和国统计法》规定的法律责任，对本单位统计信息负责。各级单位总会计师或者分管财务领导为本单位统计管理工作负责人，统筹推进统计工作开展。

（2）各级财务资金部为综合统计部门。财务资金部应设专职综合统计岗位，项目部设置兼职统计岗，承担统计工作职责。

（3）各级相关职能部门为各专业统计管理部门，应设置专职或以统计业务为主的兼职统计岗位，完成本专业统计工作，承担统计工作责任。

2. 统计制度

1）信息把控

为了对工程项目信息进行全面管理，严格把控项目源头关，把好风险防控关口，从工程项目信息的获取、信息评审与备案、工程项目信息的跟踪、协调等方面制定出台《××单位项目信息管理办法》。

2）客户管理

针对企业的重点客户、关键客户、优质客户，特点为合作频率高、项目体量大、价值创造能力强、能有效提升企业经营业绩和市场品牌的客户，增强大客户吸附能力和价值创造能力，从大客户管理原则、大客户分级及认定、大客户营销策划及营销模式选择、大客户资源开发与维护、履约管理、服务管理、管理工作评价等方面，制定出台《××单位大客户管理办法》。

3）营销管理和投标管理

为进一步实施"大市场、大业主、大项目"的市场策略，加强对大项目的承接力度，提高营销质量，从大项目的分级、营销策划、营销实施、营销考核，制定出台《××单位大项目营销管理办法》；为强化对市场督导工作的管控，对营销策略、工作部署和营销计划的落实及工作成效进行监督、检查、评价、指导和反馈，制定出台《××单位营销督导管理暂行办法》；为加强投标工作的管理，规范投标行为，防范投标风险，维护企业利益，从坚持的原则、应对的风险、招标文件评审、投标组织与策划、投标文件评审、投标总结、投标纪律等方面，制定出台《××单位工程投标管理办法》。

4）营销激励

为进一步规范企业市场营销激励管理，激发营销人员的积极性和创造性，从兑现的原则、兑现的金额、兑现的条件等方面制定出台《××单位市场营销激励指导意见》。

3. 统计报表的制定与填报

1）统计报表分类

根据组织实施主体不同，统计报表分为企业外部统计报表和企业内部统计报表。

2）企业外部统计报表

企业外部统计报表根据制度发布主体的不同，分为政府统计报表和行业统计报表。

（1）政府统计报表制度是指由国家统计局或者由国家统计局和国务院有关部门共同制定的统计报表制度；或由县级以上地方各级政府统计机构或政府统计机构和有关部门共同制定的统计报表制度。

（2）行业统计报表制度是指由国务院有关部门或者县级以上地方各级政府有关部门根据其业务监管的需要制定的统计报表制度。与政府统计报表相比，行业统计报表的专业性较强。

（3）企业外部统计报表以法人单位为统计对象，由各级法人单位直接对外报送。

3）企业内部统计报表

企业内部统计报表由综合统计部门及专业统计部门根据管理要求制定。

（1）统计报表的设计应突出重点，避免表式、指标重复，在满足统计分析需求的同时，应尽量减轻基层单位填报负担。

（2）统计报表均应明确统计指标解释、计算方法及有关要求，并进行统一编号。

（3）综合统计报表由综合统计部门统一制发。专业统计报表由相关职能部门与综合统计部门协商后制定。所有定期统计报表均需报综合统计部门核准、本单位主要领导批准后执行。各级单位应减少临时统计报表的制定，如因特殊情况确需制定临时统计报表，应报综合统计部门核准、分管领导批准后进行临时统计。

（4）原则上统计部门不允许对报表进行随意更改、删减或增加，如确有需要，应报综合统计部门核准、本单位主要领导批准后修改。

（5）综合统计部门应定期或不定期对所有报表进行评审，必要时进行清理和优化，以保证报表的适用性、有效性。

4）统计报表的填报

（1）统计报表应按照国家和地方统计机构的统计范围、指标解释、计算口径、上报要求，及时、准确、全面地填报。

（2）对于综合统计报表，二次及以上的数据填报，应首先向横向部门进行数据采集，确未进行采集的，方能组织进行采集填报；跨专业系统相关数据在报出前须经专业部门负责人审核确认。

（3）统计报表的编制应依据真实、可靠的原始记录和准确的工程测量，严禁无依据地捏造、估报、瞒报、乱报。

（4）统计报表应按时填报，严禁借故拖延，严禁迟报、拒报。

（5）统计报表指标应全面填报，遗漏填写重要指标的，视为无效报表予以退回。

（6）上报统计报表时，应按要求上报编制说明和统计分析。

（7）各级单位统计人员和单位负责人对所填报或审核的统计数据负责。经负责人核准签字后的统计数据，任何人不得私自修改。如果发现错报、误报、漏报，应当责成有关统计人员进行核实后更正，并重新履行签批程序。

（8）统计报表在报出后如发现有误，应在规定报送时间内及时向受表单位申请更正，同时作出书面更正说明，过期更正视为无效。

（9）未经综合统计部门核准、备案，没有统计报表制发机关、表号的定期统计报表，以及未经批准的临时性统计调查表，下级统计部门和统计人员有权拒绝接收和填报。

（10）统计报表的上报可采用统计报表计算机网络、传真、电子邮件、电话、邮寄等多种形式。除特殊、紧急情况下采用传真、电子邮件、电话报送外，正式报表应通过计算机网络报送，邮寄纸质报表作为备案存档。

（11）纸质版统计报表在上报前必须经填报人和单位负责人签章，并加盖公章，标明单位名称、报告期别、实际报送时间后方可报出。通过计算机网络报送的统计报表数据必须与单位负责人签字确认的纸质版统计报表数据一致。

4. 工程项目统计管理

1）项目招标投标过程中的统计

在项目招标投标之前通过统计掌握翔实的资料对项目做出合理有效的评价，明确相应的经济指标和财务指标，做出合理的决策，提高中标率。

2）成本控制中的统计

在工程项目中，应当以工程需要的人财物的实际情况为依据进行统计资料并决策，其次对完成后的当期的施工任务要进行科学的统计，并将人财物的使用数量与工程完工数量进行对比，从而为接下来的工作是否需要改进提供依据或借鉴。

3）工程项目组织管理中的统计

工程项目管理要想发挥最高的成效，只有具备准确的统计信息并通过信经过数量性和综合性的分析，才能建设出一个科学合理完善的管理机构，有效的指导项目管理工作。建立管理机构后，在整个项目管理过程中，管理人员都要通过统计工作掌握现场的更好情况与信息，减少未知因素造成的不良影响。还可以在关键点设置检查项目，让管理人员对其开展随时监控，从而在问题发生后，能够及时发现并作出处理。总之，就是要以统计信息为基础，建设项目工程管理的路径，并将责任与工作内容下分给各级工作细目，实现项目工程的全方面、全时段沟通。

4）施工项目进度计划的统计

在工程项目进行中，统计人员必须定期对施工实际进度情况进行调查统计，首先要对施工项目进度的相关材料进行收集，其次要对计划与当前进度进行统计整理与对比分析，及时纠偏，实现进度控制。

5）在质量管理中的统计

当前施工企业为了提升核心竞争力都进行了质量管理体系认证，其中，统计技术作为一个重要的质量体系要素被提出。实际上，开展统计工作可以将影响工程质量的一些技术数据进行统计分析，更好地了解质量变异的性质、程度与原因，从而使工程质量处于受控状态。

5. 统计分析与应用

1）统计分析

相关专业部门应定期（按报表统计或报送周期）将报表抄送综合统计部门，以便综合统计部门进行综合分析。

综合统计部门应及时开展统计分析，履行统计工作的服务、监督、管理职能。统计分析应以大量的统计资料为依据，运用科学的分析方法，通过定性分析与定量分析对单位经济运行情况作出合理的判断和解释。

常用的分析方法有：现状分析（利用数据的对比，了解经营现状，及时发现问题）、成因分析（通过对数据的深度剖析，发掘问题原因，找到解决问题途径）、业绩评估（使业绩定量化评估成为可能，提高企业管理水平）、市场分析（通过对内部、外部数据的准确分析，发现企业市场商机）、趋势分析（通过对历史数据的有效分析和现状的详实调查，对企业未来发展趋势进行科学预测，制定规划，规避风险）。

2）统计信息的应用

对国家部委政府部门报送。综合统计部门负责对国家部委、政府部门报送各类综合统计报表、资料；职能部门负责专业相关报表数据的采集、审核、汇总、上报和备案，并对上报数据负责。各专业统计需要向国家部委、地方政府机构报送的本部门管理以外的数据和资料时，不得自行向下布置、采集数据，应由本级综合统计部门协同采集后上报相关数据，做到数据同源，避免数出多门。各级综合、专业统计对外报送资料时，应严格执行签批程序，涉及本单位重大影响的数据资料，如收入、利润、资金等需经单位负责人或主管业务负责人审批后方可上报或公布。

对媒体披露及评比活动申报用的信息。综合统计部门为数据归集、整理部门。涉及专业统计的数据，相关职能部门应及时向综合统计部门提供。申报国内外重大评比活动、接受国内外新闻媒体采访、刊登、播放需提供数据资料时，应由财务资金部整理并报本单位主要领导审批后，方能对外公布。

为公司经营管理和决策提供统计信息服务。为各类会议或领导讲话中引用，或投标报价、资质评审、融资等经营活动提供所需的数据资料时，统计数据资料实行分类负责制：综合性指标数据由综合统计部门负责提供。数据资料需求单位以工作函件形式向综合统计部门提交需求说明，综合统计部门按需求提供数据资料。专业管理性数据由综合统计部门向相关职能部门横向采集后提供。各职能部门应对所提供专业统计数据资料的真实性、准确性负责。

6. 统计基础工作

1）原始记录管理

统计部门须妥善留存完整、真实的原始记录。原始记录是企业经济活动的最初记载和反映，是进行统计业务核算的依据和基础资料。

统计部门应按照国家法定的标准计量单位和计算方法及时填制原始记录，严禁估算、冒算。

原始记录应按专业分工实行分类管理，由专人据实填写和保管，任何人不得干涉和擅自修改。

2）统计台账管理

统计部门必须建立健全各类统计台账，即根据原始记录和原始报表，用表格形式定期归纳整理成账册，作为编制统计报表的重要依据。

统计部门应将统计台账按专业分工实行统一管理、统一编号、统一制发，可据实际管理需要调整结构、细化指标。

统计台账登记要及时、准确，不得随意涂改，必须以原始记录为依据，做到账证、证实相符。

3）统计信息资料管理

统计信息资料是指本单位已经或准备下发执行的,填报（登记）的各种报表、台账、卡片、临时性调查及其他信息资料,包括定期统计和临时性调查等信息资料,以及部门之间单向或双向提供、交流的信息资料。

4）定期统计信息资料管理

由综合统计部门制定本单位报表、资料管理制度,并负责组织实施。综合统计部门对本单位上报国家部委、监管部门的报表、内部管理报表、台账、卡片及其他信息资料进行统一编号、备案。各职能部门业务管理范围内的内外部统计报表和资料,在布置下发前,须将报表、资料制度初稿和报表（台账）表式报综合统计部门核准,经确认后由综合统计部门统一编号、备案后下发。涉及多部门指标的综合性内部报表、资料原则上由综合统计部门统一印发。

5）临时调查信息资料管理

在定期报表数据均不能满足需要的情况下,综合统计与专业统计应协调统一制定临时调查表。在制定临时调查表的同时要制定临时调查方案,说明调查的目的、调查的时间、调查的范围、调查的对象及调查填报说明。临时调查内容确有定期调查必要的,经综合统计部门核准,可在年底纳入定期报表制度。定期报表制度中已经包括的资料、数据不能再向各单位重复索取。在典型调查或重点调查能满足要求的情况下,尽可能不搞全面调查。

6）信息资料的归档和保管

工作中形成的原始资料,须整理装订成册,编制移交清单,定期向档案室移交归档。原始资料移交归档时,应检查文件资料的文本及附件是否完整,如有缺失应由当事人立即查补归档。统计资料应准确确定保管期限,按照永久、长期、短期分类保管。定期进行库藏统计资料的整理、核对工作,做到账实相符,清除不必要保存的资料,对破损或载体变质的资料,要及时进行修补和复制。库藏资料因移交、作废、遗失等注销编号,登记时要注明原因,并保存依据。

统计资料的内部查阅、借阅须经过确定的审批程序。

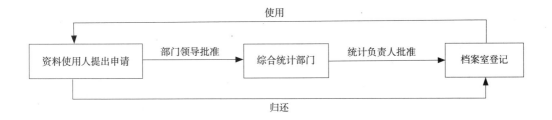

7）统计工作交接

因晋职、解聘、调动等原因,需调换统计人员时,应在办清工作交接手续后,原统计人员方可离职。

（1）交接内容：各项统计管理制度及在本单位的实际运用情况。本单位或本岗位历年（公司档案管理规定存放年限内）原始记录、统计台账、统计报表等资料（含电子版）。本单位或本岗位统计信息归集流程及各类报表填报时效与程序。本单位或本岗位统计应有（所需）的其他文本及电子版资料。

（2）交接程序：统计人员办理移交手续前，必须及时整理应该移交的各项统计资料，并对移交资料及未完成事项写出书面清单与说明。移交资料准备完整后，由统计负责人监交，对移交资料进行清查、核对。经监交人清查确认无误，交接双方和监交人在移交清册上签名或盖章。

（3）交接责任：移交人员对所移交的统计资料、原始记录和其他有关统计资料的真实性、完整性负责。若因特别事由，某项工作或资料未交接完毕的，移交人在以后的工作中仍需协助接交人办完移交时的未完成事项。统计人员离职前应当培训、指导接替业务的新人完成一个完整的统计工作填报周期，使其能独立开始统计工作后方可离开本岗位（若因特别事由，必须离开本岗位的，在调换岗位后，仍负有指导培训义务）。

4.6.6 推荐模板

1. 施工项目合同构成分析台账

施工项目合同构成分析台账　　　　表 4-21

施工项目合同构成分析台账							表格编号					
填制单位：											年	
工程名称	首次合同				追加合同额（万元）		统计产值的合同额及其构成（万元）					
	合同签约日期	合同额（万元）	其中：		补充合同	经济变更签证	合计	其中：				
			自营部分	业主指定分包部分				自行完成	业主分包	总承包管理费	甲供料	设备费
1	2	3	4	5	6	7	8	9	10	11	12	13

续表

合计									

注：8=9+10+11+12+13；8=3+6+7

项目经理： 　　　　　　　　　　　　　　　　　　填表人：

2. 工程合同统计台账

工程合同统计台账　　　　　　　　　　　　表 4-22

×××××公司管理表格		
工程合同统计台账	表格编号	

填制单位：	年

合同编号	工程名称	合同签约日期	按国家或地方正常定额、取费计算的总造价（万元）	压价比率（%）	合同约定工程预付款（万元）			合同约定工程进度款		合同约定工程垫资额（万元）		
					金额	支付方式	比例（%）	支付方式	支付比例（%）	金额	垫资比例（%）	返还方式
合计												

项目经理： 　　　　　　　　　　　　　　　　　　填表人：

3. 建设项目基本情况统计台账

表 4-23

建设项目基本情况统计台账					表格编号：	
填制单位：					年	
建设项目名称		单位工程个数（个）		月份	实际完成产值（万元）	
工程类别		合同额（万元）			本月	年累计	自开工累计
工程用途		其中：业主指定分包		1			
工程结构		总建筑面积（m²）		2			
工程业主		主体建筑层数（层）		3			
工程监理单位		建筑总高度（m）		4			
工程设计单位		基础设施项目总长度（m）		5			
工程总承包单位		工程预付款比例（%）		6			
工程施工单位		工程垫资比例（%）		7			
工程地点		工程进度款拨付比例（%）		8			
工程经营方式		合同竣工日期		9			
工程承包方式		实际开工日期		10			
工程成本控制方式		实际竣工日期		11			
合同开工日期		工程质量要求		12			
项目经理姓名		项目经理资质等级		上年底跨转产值（万元）			
项目经理文化程度		项目经理职称		本年底剩余产值（万元）			

4. 单位工程进度统计台账

单位工程进度统计台账　　　　　　　　　　　　　　　　　　表 4-24

\multicolumn{8}{c}{×××××公司管理表格}							
\multicolumn{6}{c}{单位工程进度统计台账}	表格编号：CWBG-36-2014	
单位工程名称		合同额（万元）		开工日期		截至上年底完成产值（万元）	
施工单位		建筑面积（m^2）		竣工日期		截至本年底剩余产值（万元）	
报告期年度	实际完成建筑业总产值（万元）			期末达到形象进度			
	本月	自年初累计	自开工累计				
1月							
2月							
3月							
4月							
5月							
6月							
7月							
8月							

项目经理：　　　　　　　　　　　　　　　　　　　　　填表人：

5. 建筑业总产值完成情况对比分析统计台账

建筑业总产值完成情况对比分析统计台账　　　　　　　　　表 4-25

注：按半年度对比分析

\multicolumn{11}{c}{×××××公司管理表格}										
\multicolumn{10}{c}{建筑业总产值完成情况对比分析统计台账}	表格编号
\multicolumn{4}{l}{建设项目（单位工程）名称：}			合同额：				年
\multirow{3}{*}{对比分析指标}	\multicolumn{9}{c}{建筑业总产值}	
	\multicolumn{3}{c}{一月}	\multicolumn{3}{c}{二月}	\multicolumn{3}{c}{三月}	
	本月	自年初累计	自开工累计	本月	自年初累计	自开工累计	本月	自年初累计	自开工累计	
一、实际完成量										

续表

报业主（监理）审批量							
业主（监理）确认批复量							
业主实际付款量							
主营业务收入							
二、总包完成量							
自行完成量							
分包完成量							
收取管理、协调费							

项目经理： 　　　　　　　　　　　　　　　　　　　　　　　填表人：

6. 主要实物工程量及主要材料消耗统计台账

主要实物工程量及主要材料消耗统计台账　　　　　表4-26

	×××××公司管理表格				
	主要实物工程量及主要材料消耗统计台账		表格编号		
实物工程量	计量单位	实际完成	主要材料	计量单位	实际消耗量
一、安装工程			一、水泥	吨	
1.机械设备安装	台		二、钢材	吨	
2.电气设备安装	台/米		其中：线材	吨	
3.通风空调工程	台/平方米		三、木材	立方米	
4.给排水、采暖、燃气工程	套/米		四、商品混凝土	立方米	
5.通信设备、线路工程	台/米		五、铝材	吨	
6.工业管道工程	米		六、玻璃	重量箱/平方米	
二、装修装饰工程			七、燃油	吨	
1.楼地面工程	平方米		八、电力	千瓦	
2.墙、柱面工程	平方米				
3.门窗工程	平方米				
			填制单位：		
			单位工程名称：		
			建筑面积：		

项目经理：　　　　　　　　　　　　　　　　　　　　　　　填表人：

4.7 建筑装饰企业沟通与冲突管理

4.7.1 基本概念

沟通管理是为了实现企业目标，在恰当的时候及适宜的场合，用得体的方式进行的企业内部和企业外部的知识、信息传递和交流的双向互动过程。沟通管理是企业管理的核心内容和实质。企业日常管理工作离不开沟通，良好的沟通才能使企业组织内部正常运行，并树立健康正确的外部形象，同时可以减低组织的管理成本，进而降低组织之间的交易成本。

但是，由于组织之间以及组织中员工之间本质的区别，沟通并不会达到尽善尽美的效果。这样，组织摩擦和人员摩擦不可避免地发生，带来额外的管理组织成本。这种摩擦程度越大，组织的协调成本越高，这就是冲突的由来。冲突是由于某种差异而引起的抵触、争执或争斗的对立状态，是两个或两个以上的社会单元之间，由于目标、各自的特点和利益的不同，所产生的对立态度或行为，是一种在满足各自需要的过程中遇到挫折、阻力时的心理紧张和压力及其外部表现。

在实际工作中，充分了解冲突的性质及其产生原因，并且采取恰当的方法避免或解决冲突，对于任何管理者或组织成员来说都非常重要。这种正确看待和处理不同意见，理解不同的观点，充分利用双向沟通或争论，有效控制和化解冲突，进行决策和解决问题的方法即为冲突管理。管理者需要提高冲突管理的意识，灵活运用各种策略，根据企业特点，因地制宜地提出系统的解决思路，力求提高冲突管理的有效性。

4.7.2 主要特点

1. 随时性

沟通经常发生在没有事先准备并难以事先预料的各种交际场合，其具体形式、效果会因人、因时、因地而异。

2. 双向性

沟通一定是一个双向的过程，任何单向的通知都不叫沟通。沟通者既是"发话人"，又是"听话人"，沟通过程中双方不断更换传播的角色，只要对话不中断，就能保持双向的交流，从而产生相互的影响作用。

3. 情绪性

沟通大多数是在面对面的情况下进行的，能够直接表达和感受对方的情绪。当一方积极主动，而另一方消极应对时，沟通是不会成功的。

4. 互赖性

沟通是双方面的事情，只有沟通双方互相信赖，才能进行良好有效的沟通。

4.7.3 管理难点

1. 沟通管理的难点

（1）下行沟通多上行沟通少

当前一些建筑装饰企业中，日常管理通常为管理层向下传达信息，且基本均采用文件下发的形式，简单地要求下属按照文件内容执行，而不向下属分析原因，也不向下属征求意见，容易使员工无法透彻地理解信息内容并反馈在执行中出现的问题，最终导致执行时出现偏差，降低沟通的有效性。同时，由于有的企业规模相对比较庞大，结构层次较多，相应地信息传达速度很慢，影响信息传达的及时性，并且在传达过程中，经过层层过滤，容易造成信息在传递过程中的失真或流失，最终使得底层员工理解到的信息往往和上级所要求的存在一定差距。

（2）纵向沟通多横向沟通少

组织内部沟通多为上下级部门之间的信息传递和反馈，部门与其他部门之间缺少相应的跨部门横向沟通渠道，信息交流经过的环节较多，相互之间的合作往往需要通过高级管理层审批协调，沟通层级无形中增多，缺乏直接有效的信息传递机制，从提出构想到推向市场的耗时过长，导致多数落后于扁平化管理的企业，无法在第一时间抢占市场。同时，企业内部在考虑问题时多从自己部门利益出发，在某些环节出现问题时相互推脱责任，缺乏有效的沟通问责机制，致使问题迟迟无法得到解决，办事效率低下，内部和外部的满意度较低。

（3）沟通渠道较少，会议沟通占据大量时间

目前大多数企业内部沟通多采用下发文件指示、向上文件汇报和召开会议的方式。企业每年要花大量的时间和金钱在会议上，多数会议召开过于频繁、会议时间冗长以及会议过程流于形式，通常企业员工在会上为了避免冲突和保持良好的人际关系或者表示对上级的尊重敬畏，不愿意反对他人意见，也不会提出创新建议和不同意见，往往附和领导者意思，或因领导者坚持己见态度强硬而保持沉默，致使大部分会议都没有起到实际作用，会议达不到集思广益的目的，形成不了有效沟通，更谈不上解决会议议题。

（4）外部沟通缺乏有效的反馈机制，与时俱进速度缓慢

部分企业的外部沟通仍多趋向于通过大量的广告宣传推销，而忽略了利用基层员工收集反馈来促进营销，或者是由于内部沟通传导机制的不健全导致收集到的反馈信息无法及时传递到相关部门，无法促进产品服务的修正更新；而在与上下游企业的沟通中，企业没有考虑到他们是利益的共同体，未与供应商、经销商建立畅通的通信网络，双赢意识不强。

2. 冲突管理的难点

（1）对建设性冲突强调不够，忽视了冲突积极性的一面

中国文化中强调"和为贵"和"忍"的思想，实际上是在忽略或回避冲突，没有意识到适度的冲突水平对于组织的生存和创新是很有利的。冲突管理首先应当解决的是组织成员对于组织冲突的态度，使他们认识到建设性冲突对于组织的重要意义，主动去激发和保持组织内适度的冲突。

（2）在冲突处理策略时，过分强调忍让、妥协和退避，忽视其他策略的运用

根据托马斯的二维模式，冲突管理策略有竞争、回避、妥协、迁就和合作五种模式，大多数企业忽视了对于竞争策略和合作策略的运用，实际上，在竞争日趋激烈的今天，无论对于组织中的个体，还是对于组织与组织之间的关系来说，冲突的解决更多采用"竞合"的策略。

（3）对人情、关系和面子的过度强调可能导致冲突处理的低效率

由于对人情、关系和面子的重视，多数人在处理冲突时往往采取多次协商的方式，有可能延误冲突处理的最佳时机。另外，讲人情，重关系可能导致冲突解决中缺乏原则，"大事化小，小事化了"。虽然从网络理论和社会资本的角度来看，中国传统文化中对人情和关系的重视，在某种程度上可以解决由于资源稀缺造成的冲突，提高资源的搜寻效率，减少交易成本。但是，人情和关系的维持，需要经常性地投入时间、精力或物质财富，也会导致冲突处理成本的上升。

4.7.4 管理重点

1. 项目经理部内部的沟通

项目经理所领导的项目经理部是项目组织的核心。通常项目经理部各种资源由项目经理部中的职能人员具体实施控制，项目经理和职能人员之间及各职能人员之间存在着共同的责任。在项目经理部内部的沟通中，项目经理起着核心作用，如何进行沟通以协调各方职能工作，激励项目成员，是项目经理的重要课题。

（1）项目经理与技术专家的沟通是十分重要的，他们之间存在许多沟通障碍。技术专家常常对基层的具体施工了解较少，只注意技术方案的优化，而对社会和心理方面的影响则注意较少。项目经理应该积极引导，从全局的角度考虑，既发挥技术人员的作用，又能使方案在全局切实可行。

（2）建立完备的项目管理系统，明确划分各自的工作职责，设计比较完备的管理工作流程，明确规定项目中的正式沟通的方式、渠道和时间，使大家能够按程序、按规则办事。但同时，项目经理不能够对管理程序寄予太大的希望，认为只要建立科学的管理程序，要求成员按照程序办事就能够比较好地解决组织沟通的问题。

（3）由于项目的特点，项目经理应该从心理学、行为学等角度激励各个成员的积极性。虽然项目经理没有给项目成员提升、加薪的权力，但是通过有效的沟通，采取一系列的有效措施，同样可以使项目成员的积极得到提高。

（4）对以项目作为经营对象的组织，应形成比较稳定的项目管理队伍，这样尽管项目是一次性的，但作为项目小组来讲，是相对稳定的。各个成员之间彼此了解，能够大大减少组织摩擦。

（5）由于项目经理部是临时性的组织，特别是在矩阵制的组织中，项目成员在原职能部门仍然保持其专业职位，同时又为项目服务，这就要求职能人员对双重身份都具有相当的忠诚性。

（6）在项目组织内部建立公平、公正的考评工作业绩的方法、标准，并定期客观的对成员进行业绩考评，去除不可控制、不可预期的因素。

2. 项目经理与职能部门的沟通

项目经理与组织职能部门经理之间的沟通是十分重要的。职能部门必须对项目提供持续的资源和管理工作支持，职能部门与项目之间有高度的依存性。

（1）在项目经理与职能经理之间自然会产生矛盾，在组织设置中他们间的权力和利益平衡存在着许多内在的矛盾性。项目的每个决策和行动都必须跨过这个结合点来进行协调，而项目的许多目标与职能管理目标差别很大。项目经理本身能完成的事情极少，他必须依靠职能经理的合作和支持，所以在此点的协调沟通是项目成功的关键。

（2）项目经理必须发展与职能经理良好的工作关系，这是项目经理的工作顺利进行的保证。项目经理和职能经理间会有不同的意见，会出现矛盾。职能经理常常不了解或不同情项目经理的紧迫感，职能部门会扩大自己的作用，以自己的观点来管理项目，这有可能使项目经理陷入困境。当项目经理与职能部门经理沟通协调不及时，产生矛盾后，项目经理可能被迫到企业的高层处寻求解决，将矛盾上交，但这样常常更会激化两个经理之间的矛盾，使以后的沟通更加困难。

（3）项目经理和职能经理之间有一个清楚的快捷信息沟通渠道，不能发出相互矛盾的命令。

（4）重要的信息沟通工具是项目计划，项目经理制定项目的总体计划后应取得职能部门资源支持的承诺。这个职权说明应通报给各个职能部门，若是没有这样的说明，项目管理就很可能在资源分配、人力利用和进度方面与职能部门做持续的斗争。

3. 项目经理与业主的沟通

业主代表项目的所有者，对项目具有特殊的权力，而项目经理为业主管理项目，服从业主的决策、指令和对工程项目的干预,项目经理的最重要的职责是保证业主满意。要取得项目的成功，必须获得业主的支持。

（1）项目经理首先要理解总目标、理解业主的意图、反复阅读合同或项目任务文件。对于未能参加项目决策过程的项目经理，必须了解项目构思的基础、起因、出发点，了解目标设计和决策背景。否则可能对目标及完成任务有不完整的,甚至是无效的理解,会给工作造成很大的困难。如果项目管理和实施状况与最高管理层或业主的预期要求不同,业主将会干预,要改正这种状态。所以项目经理必须花很大气力来研究业主,研究项目目标。

(2)让业主一起投入项目全过程,而不仅仅是给一个结果。尽管有预定的目标,但项目实施必须执行业主的指令,使业主满意。而业主通常是其他专业或领域的人,可能对项目懂得很少,因此常常有项目管理者抱怨:业主什么都不懂、瞎指挥、乱干预。从另一个角度来看,这不完全是业主的责任,很大程度上是由于项目的管理者与业主的沟通不够形成的。

通过沟通使项目经理在作出决策安排时能考虑到业主的期望、习惯和价值观念,了解业主对项目关注的焦点,随时向业主通报情况。在业主作决策时,提供充分的信息,让他了解项目的全貌、项目的实施情况、方案的利弊得失及对目标的影响。

(3)业主在委托项目管理任务后,应将项目前期策划和决策过程向项目经理作全面的说明和解释,提供详细的资料。众多的国际项目管理经验证明,在项目过程中,项目管理者越早进入到项目中,项目实施得将越顺利。最好是让项目管理者参与目标设计和决策过程,在整个项目过程中保持项目经理的稳定性和连续性。

(4)项目经理有时会遇到业主所属组织的其他部门,或者合资者各方都想来指导项目实施的情况。对于这种状况,项目经理应该很好地听取这些人的意见和建议,对他们做出耐心地解释和说明,但不能让其直接指导实施和指挥项目组织成员。

4. 项目管理者与承包商的沟通

通常承包商指工程的承包商、设计单位、供应商。他们与项目经理没有直接的合同关系,但他们必须接受项目管理者的领导、组织和协调、监督。

(1)在技术交底以及整个项目实施过程中,项目管理者应该让各承包商理解总目标、阶段目标以及各自的目标、项目的实施方案、各自的工作任务及职责等,并向他们解释清楚,作详细说明,增加项目的透明度。

(2)指导和培训各参加者和基层管理者适应项目工作,向他们解释项目管理程序、沟通渠道与方法。经常对项目目标、合同、计划等进行解释,在发布命令后作出具体说明,有利于有效地消除对抗。

(3)项目管理者在观念上应该强调自己是提供服务、帮助,强调各方面利益的一致性和项目的总目标性。因而,即使业主将具体的工程项目管理事务委托给项目管理者,赋予项目管理者很大的权力,但是项目管理者不能对承包商随便动用处罚权,当然不得已时除外。

(4)在招标、签订合同、工程施工中,应让承包商掌握信息了解情况,以做出正确的决策。

（5）为了减少对抗、消除争执，取得更好的激励效果，项目管理者应该鼓励承包商将项目实施状况的信息、实施结果及实施过程中遇到的困难等向项目管理者汇总和集中，寻找和发现对计划、控制有误解，或有对立情绪的承包商，以及可能存在的干扰。各方面了解得越多，沟通得越多，项目中存在的争执就越少。

5. 有效管理冲突

（1）树立积极的冲突观，认识冲突影响的两面性。充分发挥建设性冲突的积极作用。适当激发建设性冲突，提高组织的活力和创新能力。要想真正激发出建设性的冲突，首先要改变深藏于人们内心的"唯上"思想，鼓励人们发表不同意见，组织的管理者不仅要对上级负责，更要善于倾听下属的意见，真正理解"良药苦口利于病，忠言逆耳利于行"的含义。

（2）逐渐淡化"官本位"思想的影响，针对不同岗位对能力要求的差异，配置相应能力的员工，并为不同岗位的员工设计差异化的职业生涯，克服角色定位偏差所带来的冲突。

（3）针对中国人对"面子"的重视，建立完善的第三方机制来处理冲突。中国文化中对面子的重视，使得人们较少采用当面对质的方式去处理冲突，而更倾向于采用中间人或第三方的方式从中周旋。除了调解和仲裁机制外，考虑到中国文化对上级比较尊重的传统，人们往往将自己的上级作为中间人，借助于上级的权威去调解下属个人或部门间的冲突。

（4）针对"义"与"利"的冲突，既不能一味强调"义"（即道德），忽视市场经济条件下物质激励对员工的作用，也不能过分强调纯粹物质利益的关系，导致"见利忘义"现象的泛滥。吸取"和为贵"思想的精华，注意平衡各方面的利益，努力实现双赢或多赢的局面。

（5）提供心理咨询和治疗服务，适当的心理辅导对于缓解员工的工作和生活压力，减少冲突的产生，提高组织运行的效率是十分重要的。

（6）完善冲突处理机制。综合运用协商、调解、仲裁和诉讼等冲突处理机制，提高冲突处理的效率。

4.7.5 管理要点

1. 有效沟通

有效的沟通是信息凭借一定的符号载体，在从发送者到接受者进行传递，并获取理解与回应的过程。

1）使用恰当的沟通节奏

面对不同的沟通对象，或面临不同的情境，应该采取不同的沟通节奏，这样方能事半功倍，否则可能造成严重的后果。如在一个刚组建的项目团队中，团队成员彼此会小心翼翼，相互独立，若此时采取快速沟通和参与决策的方式，可能会导致失败。

2）考虑信息接收者的观点和立场

有效的沟通者必须具有"同理心"，能够感同身受、换位思考，站在信息接收者的立场、以接收者的观点和视野来考虑问题。若信息接收者拒绝其观点与意见，那么信息发送者必须耐心、持续地做工作来改变信息接收者的想法。

3）充分利用反馈机制

在沟通时要避免出现"只传递而没有反馈"的状况。一个完整的沟通过程必须包括信息接收者对信息所作出的反应，只有确认接收者接收并理解了信息发送者所发送的信息，沟通才算完整与完成。信息发送者只有通过获得信息接收者的反馈，才能检验沟通是否达到目标。信息发送者可采用提问、倾听、观察、感受等方式来获得信息接收者的反馈。

4）以行动强化语言

中国人历来倡导"言行一致"。用语言说明意图仅仅是沟通的开始。只有将语言转化为行动，才能真正提高沟通的效果，达到沟通的目的。如果说的是一套，做的又是一套，言行不一致，这种所谓的沟通结果是可怕的。在企业中，传达政策、命令、规范之前，管理者最好先确定自己能否身体力行。唯有如此，管理沟通才能真正踏上交流的坦途，在企业内部营造一种良好的相互信任的文化氛围，并使企业的愿景、价值观、使命、战略目标付诸实施。

5）避免一味说教

有效沟通是彼此之间的人际交往与心灵交流。信息发送者一味地为传递信息而传递信息，全然不顾信息接收者的感受和反响，试图用说教的方式与人交往就违背了这个原则。信息发送者越投入，越专注于自己要表达的意思，越会忽略信息接收者暗示的动作或情绪、情感方面的反应，其结果必然是引发信息接收者对其产生反感，进而产生抵触情绪。

2. 冲突应对

1）工作中冲突的避免

在日常的管理事务中，许多冲突都是可以避免的。要想避免管理过程中的冲突，管理者应该做到以下几点：

（1）承认这样一个事实：人们的价值观、需求期望以及对问题的看法往往存在差异。

（2）对他人和自己都要诚实。

（3）抽出足够的时间和精力与常打交道的人多进行一些交流，更好地了解他们的价值观及信仰等。

（4）不要以为自己总是对的，他人一定错了。

（5）不要对不同意自己的看法的人心存敌意。

（6）学会倾听。

（7）为下属发表看法和意见提供适当的渠道。

（8）善于从以往的工作冲突处理中总结经验和教训。

（9）学会换位思考。

2）工作中冲突的处理

如果某种冲突不可避免地发生了，就要采取积极的、建设性的措施来处理这些冲突。成功的处理方法必须建立在对工作冲突本身有正确、充分了解的基础之上。可结合当时的实际情况，采取以下方法进行处理。

（1）否认或隐瞒。这种方法是通过"否认"工作中存在冲突来处理冲突。当冲突不太严重或者冲突处于显露前的平静期时，采用这种方法比较有效。

（2）压制或缓解。掩盖矛盾，使组织重新恢复和谐。这种方法只有在冲突不太严重，或者冲突双方都不惜一切代价保持克制时，才能取得满意的效果。

（3）支配。这种方法是冲突中的某一方利用自身的地位和权威来解决矛盾。冲突的旁观者也可利用自身的权威和影响，采用类似的方法来调解冲突双方的矛盾。这种方法只有在凭借的权威确有影响力或冲突双方都同意采用时，才能取得满意的效果。

（4）妥协。这种方法要求冲突双方都为达到和解的目的而做出一定的让步。采用这种方法的前提是冲突双方都必须有足够的退让余地。当冲突双方势均力敌，或者期望为一个重要而又复杂的问题找到暂时的解决方法，尤其是时间紧迫急需推出一个权宜之计时，妥协不失为一种良策。

（5）合作。只要认识到人与人之间确实存在着许多差别的事实，我们就可以通过和解的方式来处理冲突。双方可以通过坦诚的讨论、积极的倾听，充分理解双方的差异，以双赢的方式处理冲突，冲突双方都会感到自己是受益者。不过要使这种方法行之有效，一方面要有足够的时间保证，另一方面还必须让员工相信这种方式，而且冲突双方都必须具有较高的素质。

3）冲突的沟通策略——整合性谈判

整合性谈判是解决冲突问题的重要途径。相比较分配性谈判，整合性谈判更注重于双方的基本利益、共同满意的选择和产生明智协议的公正标准，整合性谈判追求一种双赢的局面，关注双方的长期关系。出现冲突时，以整合性谈判来解决冲突问题需注意以下几点：

（1）把人和问题分开。如果谈判双方把注意力集中于实质性冲突而不是情感冲突，那么冲突问题更容易得到处理。在处理具体实质问题之前，人和问题必须相分离并分别处理。聚焦于问题，而不是另一方，这样有助于维持双方的关系。

（2）着眼于利益，而不是立场。所谓立场，就是在谈判中所提的要求或者说是想法；而利益是隐藏在要求背后的动机。要取得立场上的一致，极容易使谈判陷入僵局。冲突管理的目标是满足双方的利益。立场，实质上是一方为获得一定利益的特定的解决方法，而获得某种利益可以有多种可行方法。如果谈判双方一开始就以坚持自己立场为目的，那么，极容易忽略了满足双方需要的创造性选择方案。

（3）寻找互相得益的可行方案。当双方处于紧张的冲突阶段时，双方很难提出双方都能接受的创造性处理方案。只要双方共同努力，即使各方的利益互不相干，仍然有使双方互相得益的方案存在。

（4）坚持使用客观标准。在有些谈判中，不可能出现"双赢"的局面。这时，如果双方仍然以自己的意愿为基础来解决冲突，只能导致无休止的争论。费希尔认为，解决问题的办法在于以独立于双方意志以外的东西为基础，即以客观标准为基础。人们通常引用的客观标准有：市场价格、惯例、道德标准、科学判断、职业标准、习惯、效率和互惠等。

4.7.6 典型案例

1. 案例介绍

A建筑装饰企业在承建的某商务大厦装饰工程施工过程中，将部分水电安装劳务分包给了B公司进行施工，根据双方签订的合同约定月进度款付款比例为核定产值的80%，工程整体完工后后付至核定产值的90%，B公司保证在对外支付款项中优先支付劳务工人工资，确保工程完工后付清全部工人工资。但在实际履约过程中，B公司并未按照约定优先将收取的工程款支付给劳务工人，项目完工后尚有30余名劳务工人暂未结清劳务款项，累计金额达130余万元。由于B公司负责人长期不出面解决劳务欠款事宜，30余名劳务工人集体在某商务大厦门前拉横幅索要工程款，并邀请数家当地媒体报道，给A建筑装饰企业及建设单位声誉造成严重不良影响。针对此事，A建筑装饰企业迅速组建专门处理团队，核查相关资料，并主动联系当地公安、劳动监察部门澄清事实，协助联系B劳务公司负责人制定解决措施，最终该事件得以顺利解决。

2. 经验做法

（1）组建专门危机公关团队。在该事件发生后，A公司第一时间由总经理组织相关部门负责人及管理人员、项目经理召开专题会议，组建由总经理担任组长，项目经理、法务人员、劳务管理人员、工会工作人员担任组员的危机公关小组，全力推动事件快速解决。

（2）迅速核清案件全部事实。安排项目经理、劳务管理人员及法务人员立即对事件的整体情况进行梳理，并调取劳务分包合同、付款凭证、劳务工人花名册等相关资料，形成初查报告，明确公司不存在欠付劳务款的事实，系劳务分包单位私自挪用劳务款，导致工人无法按时发放。引发事件发生的主要责任不在公司，而在于劳务分包单位。

（3）多方沟通澄清事实情况。该公司在核实清楚情况后，立即安排有关人员分头沟通澄清事实，一方面由项目经理、劳务管理人员带队前往事件现场，与劳务代表谈判，并邀请媒体参与，澄清事实，避免误会加深；另一方面由公司法务人员主动与公安及劳动监察部门联系，沟通情况，并提供相关证据资料，证明该公司已经履行相应付款义务，明确责任主体。

（4）主动联系推动事件解决。A公司分管生产领导主动以公司名义与B劳务公司负责人联系，得知系劳务分包负责人因其他项目资金需要挪用该项目资金，导致该项目劳务工人工资无法得到有效落实。对此，经充分沟通协商，A公司提前预支50万元劳务款，B公司自己筹措80万元，在五日内将欠付劳务工人工资结清。双方达成一致意见后，B劳务公司负责人出面澄清了相关事实，并将有关解决方案再劳动监察部门备案。最终，该事件在短短一天内迅速得以解决，并且赢得劳务工人和媒体的一致称赞。

项目是中心
——代后记

项目是中心，主要讲的是建筑装饰企业以项目为中心开展各类管理活动，以此实现企业的稳步发展。项目的承接、履约、盈利等活动是建筑装饰企业管理工作的重中之重。以项目为中心，应该是建筑装饰企业的主题主线，背离这个中心，企业就不可能抓好自身管理，不可能取得长远发展。所以确定项目是中心这个定位，是建筑装饰企业管理的出发点和最终落脚点，是建筑装饰企业稳步发展的关键。

项目是建筑装饰企业的战略支撑。"涓涓细流汇积成海、点点繁星凝聚苍穹"。对于建筑装饰企业而言，项目就如同这流水繁星般存在，助力企业不断发展壮大，支撑企业战略有效落地。传统的建筑装饰企业可以说"因项目而生，因项目而亡"，项目管理成功与否决定着企业发展目标的实现。从建筑装饰企业的发展来看，完成企业战略目标是实现企业发展的有效保障，项目作为企业基层构成单元和生产一线根据地，理所应当的成为实现战略目标的重要载体和关键途径。一方面企业战略的制定要以项目为支撑才能符合实际发展需要；另一方面，企业制定的战略举措必须通过项目才能得以贯彻落实，两者相辅相成，共促发展。现今较多建筑装饰企业由于未能正确认识项目是企业战略目标实现的首要保证这一事实，导致企业战略同其工程项目管理相脱节，从而造成项目治理缺失、企业发展受限，战略无法执行、实现。作为建筑装饰企业，更需要建立战略目标和项目目标的管理关系。无论是打造核心产品、核心技术还是核心业务，都需要清楚的认识到项目才是实现各项目标的载体，战略和项目应该形成彼此支撑的良性互馈关系。

项目是建筑装饰企业竞争力的基础，项目竞争力彰显企业竞争力。"工欲善其事必先利其器"。何为器也，对于企业而言就是行业竞争力。建筑装饰行业的竞争力主要表现在市场竞争力和履约竞争力，市场竞争力是考验企业承接项目的能力，包括企业的资信、方案设计能力、施工技术能力、项目经理能力等多方面要素。履约竞争力，具体表现为施工组织、专业技术水平、科技应用、产品质量等方面。具备行业竞争力的企业就是有能力承接高精尖项目，实现高质量、高标准项目履约活动且对工艺、技术较为复杂的各项建设任务均能完成的专业化公司。因此，以项目为载体开展的竞争力评价，才是建筑装饰企业竞争力的基础，优质的项目履约、高品质的建筑产品，才是彰显企业竞争力的最直观表现。

项目是建筑装饰企业管理的支柱，企业的各项管理不落实在项目管理就是花拳绣腿。企业的发展得益于有效的管理，以管理促发展，向管理要效益是现代企业经营管理活动不可或缺的重要组成部分。建筑装饰企业的管理核心正是项目管理，以项目为中心的各类企业管理措施的制定和落实，是企业持续发展的核心源动力。一方面企业管理对项目实施提出了指导和帮助，项目作为管理工作的载体，实现了管理意图；另一方面项目可以直接体现甚至可以量化管理效益，检验管理工作的成效，促进管理方式的调整转换，确保企业发展目标的实现。当然，也可以从最浅显的角度去理解项目对于管理的意义，即所谓"有的放矢"，没有项目载体的管理，只会是水中月、镜中花，不断循环空转。对于建筑装饰企业而言，脱离项目的企业管理或不落实在项目管理上的各类企业措施，就是花拳绣腿，看似热闹，实则无效。

　　项目是建筑装饰企业命运共同体的依靠，项目利益与企业利益、员工成长利益是一致的。企业的发展从经济学的角度来看，是一个不断实现价值创造的过程，衡量价值的普遍标准就是效益。我们一般所说的企业效益即是企业产生的自身利润。对于建筑装饰企业来说，项目利润是企业利润的核心组成部分，项目的效益决定着企业的效益。若项目利益都能成功实现，则企业很大可能步入良性发展通道。如业内某优秀上市企业，近五年项目平均利润率能达到 15.3%，优秀的项目创效能力为企业持续健康发展奠定了基础，近几年其企业净利润稳定增长，公司市值在资本市场也不断提升，获得投资者认可。由此可见，项目利益是与企业利益紧密相连，而企业利益与员工的成长又息息相关，是员工职业发展和收入稳定增长的基础和保障。项目作为价值创造的核心载体，将员工、项目、企业三者紧紧的联系在一起，使之成为共享发展命运的利益共同体。

　　万丈高楼平地起，一砖一瓦皆根基。对于建筑装饰企业来说，管理的第一要务就是项目，那么所谓的管理必然是围绕项目开展的一系列组织活动。不同的企业虽管理架构不同，管理层级和管理者也不同，但以实现项目履约、盈利、安全为目标的核心管理任务不会发生改变，各个管理层或管理者的管理活动围绕项目开展的基础不会发生改变。

　　建筑装饰企业的综合管理，要以项目为基础开展。综合管理中，包括企业战略、组织机构、文化管理等，每一项均与项目息息相关，都需要在项目落地。围绕项目抓企业战略，就是不仅要在宏观层面对企业的发展目标、长远规划做统筹考虑，还要在微观层面将项目的承接、履约、交付等管理活动融入企业战略的制定和执行上，在战略层面牢牢把握住核心目标和管理对象，确保不跑偏、不走样。围绕项目抓组织管理，要以项目的需求为核心，设置与之相匹配的组织体系，使上下沟通连贯、效率最优、效果最好，同时要围绕项目的管理结果进行考核，引导组织机构以服务好项目为最终目标。围绕项目抓文化管理，是要以项目为承载，在文化建设和氛围营造上，着重宣传引导企业舆论导向，以为项目服务、解决项目问题、推动项目完美履约创效作为自身工作的核心价值取向，凝聚共识，打造企业核心价值文化。

　　企业专业管理涉及面很广，对建筑装饰企业来说，市场营销、生产、质量、安全环境、文明施工、合约商务等等都是专业化管理的组成部分，必须从项目入手，抓好这些专业化管理。市场营销是前端，是在项目承接前期的系列工作，市场营销部门一般也是建筑装饰企业的龙头，市场出现场，现场促市场，这充分说明了市场营销工作的重要性以及与项目相互促进的密切联系。抓好市场营销，就要基于不同项目情况，对接不同业主需求，出具不同设计方案，使用不同技术工艺，最终击败竞争对手获取项目。而生产、质量、安全环境、文明施工管理紧跟市场营销，是后续实现项目成功履约、打造完美产品的关键。生产和质量管理是项目履约管理关键工序，安全环境和文明施工是项目顺利履约的有力保障，做好这些重要的专业化管理工作，都需要管理者严格的施工组织和专业化的工序安排才能实现。合约商务管理是专业管理重要组织部分，穿插于项目全过程管理当中，从承接到履约、交付都需要合约商务人员开展各项工作，以确保项目各项盈利目标的实现。综合来看，专业化管理是项目履约过程中最为重要的工作，是从项目到产品的重要参与者和见证者，必须常抓不懈，出精品、出品牌。

　　建筑装饰企业的要素管理，一般认为是企业发展的资源支撑，其构成的核心要素一般为人、财、物三项，也包含施工技术工艺等要素。抓"人"，包括抓好企业管理人员和劳务作业人员，管理人员主要通过引进、培养方式锻造符合企业发展需求的人才，劳务作业人员主要是通过劳务公司资源、各工种班组进行吸附。企业人才资源应尽量向项目生产一线倾斜，机关管理人员与项目生产人员应保持合理的比例层次，劳务作业人员应以技术、工艺、效率等进行考核并优胜劣汰，实行劳务实名制，建立优化劳务管理体系。抓"财"，是要从预算、资金、税务、成本、核算等各个领域做好项目管理和企业运营工作，一手抓资金，一手抓效益，从降本增效方面开展好财务管理工作。抓"物"，核心是要储备物资供应资源，建立合格供应商名录库，不断提高集中采购力度，提高议价能力，提升供应商质量水平和配合力度，为项目各项管理活动服务。抓好人、财、物这些企业管理的核心要素，也就为项目顺利履约创效创造了极为有利的局面。

　　建筑装饰企业必须不断提升基础管理能力，在企业体系建设、企业制度建设、企业档案管理、信息化等方面不断夯实管理基础，实现健康发展。基础不牢，地动山摇。项目营销是龙头，项目履约创效是关键，那企业为项目提供的基础管理就是实现既定目标的坚强保障。要抓好这些基础管理工作，必须要对项目管理进行深入剖析，找到项目管理过程中的痛点、难点、要点，加强项目经验的总结提炼，通过信息化、制度化、标准化等各种手段解决问题，再予以推广应用，以此提升企业整体基础管理水平。

张绪海
2021 年 12 月 28 日